PONIÉNDOLE CARA A LA VIOLENCIA

TRABAJAR LAS EMOCIONES PARA SU TRANSFORMACIÓN

EMILIO TRESGALLO

Ilustraciones de **LUCÍA POLANCO**

Diseño Estudio SM

© 2023, Emilio Tresgallo
© 2023, Lucía Polanco
© 2023, PPC, Editorial y Distribuidora, S.A.
Impresores, 2
Parque Empresarial Prado del Espino
28660 Boadilla del Monte (Madrid)
ppcedit@ppc-editorial.com
www.ppc-editorial.com

ISBN: 978-84-288-4083-5
Depósito legal: M-28010-2023

AGRADECIMIENTOS

A esas personas que han dejado huella en mi persona: Emilia, Eloy y Pablo.
Amelia, Andrea, M.ª Aurora, Membiela, Pilar Tormo,
Lourdes Chesa, Beatriz Álvarez, M.ª de Codés, J. M. Ruiz, Gilda Ruiloba, Carlos Alútiz,
Lucía Polanco, Javier Urra, Laura Rojas-Marcos, Antonio Fernández Ruiz, Evaristo León,
José Ignacio Jáuregui, Pedro Revuelta, Pepe Olano y Guido González Velasco.

(Emilio Tresgallo)

A la gente que siempre ha estado a mi lado y me apoya.
A Emilio, por su fe inquebrantable.

(Lucía Polanco)

Es nuestro deseo que este libro sirva para "sanar las heridas emocionales" de cuantas personas se acerquen a él, buscando respuestas y refugio. A Gloria y a Julio, que gracias a una *mano amiga tendida*, han resurgido de sus heridas, como de sus cenizas, resurgió el Ave Fénix.

PRÓLOGO

Conocí a Lucía Polanco en un recital de poesía en Selaya. A través de una amiga común supe que era pintora, y de las buenas. Conocí su obra en unos abanicos que me cautivaron, y posteriormente acudí a una exposición suya en Ámbito Cultural en el Corte Inglés, quedando totalmente atrapada por sus pinturas. Nunca había sentido esa sensación, sus cuadros transmitían vida, emociones, protesta por lo injusto, silencios obligados, pero no deseados. Confieso que me removió por dentro, su pintura tiene fuerza: habla por sí sola.

A través de ella he conocido a Emilio Tresgallo; sus palabras, al hablarme de él, estaban llenas de admiración y camaradería. Me habló de un proyecto común en el que estaban inmersos. Me comentó que trataba de temas actuales y que ellos, en cierto modo, pretendían llamar la atención, que se hablase, debatiese y llegase a conclusiones capaces de erradicar esta violencia que se ha convertido en una lacra social, como son la violencia en el ámbito familiar (violencia filio-parental, violencia de género) y en el escolar (bullying y cyberbullying).

Sentí una gran responsabilidad ante la propuesta de escribir el prólogo de esta obra pero, al mismo tiempo, ha sido todo un honor contribuir con mi pequeña y modesta intervención en un proyecto escrito e ilustrado por dos grandes paladines, defensores a ultranza de las causas nobles y justas.

Este libro es un trabajo en el que confluyen dos grandes autores de mundos diferentes, como son la investigación y escritura y la pintura, pero con iguales objetivos y deseos: concienciar y erradicar todo tipo de violencia en nuestra sociedad.

En esta obra podemos encontrar unos extraordinarios dibujos de Lucía Polanco que nos sumergen en un mundo de dolor, silencios obligados, llanto, desesperación, insomnio, miedo y muerte.

Por su parte Emilio Tresgallo, ha invertido muchas horas en investigar y escudriñar en las grutas más profundas de la violencia. Nos hace partícipes con la fuerza de la palabra para introducirnos en el mundo de los sentimientos que nos permita analizar y remover nuestras emociones a través de unas tablas que podemos encontrar al pie de cada dibujo, se trata de trabajar la inteligencia emocional.

Este libro es muy recomendable para todo tipo de lectores y en particular para los alumnos a partir de sexto de primaria y alumnado de los Centros educativos de ESO, Bachillerato y universidad. Mentalizar a nuestros jóvenes que la violencia solo genera violencia, dolor, desesperación y muerte es el objetivo. Nadie merece sufrir el acoso y la violencia. Todos tenemos derecho a ser libres y felices.

Hemos contraído una deuda con los autores de esta obra por su dedicación, valentía y deseos de cambiar las cosas, y esto nos conduce a acercarnos, empaparnos e involucrarnos más allá de este "Libro Violencia".

Gilda Ruiloba Gutiérrez.
Escritora y Secretaria de la Junta Directiva
de la Sociedad Cántabra de Escritores.

Las semillas de la violencia se siembran en los primeros años de la vida.
Se cultivan y desarrollan durante la infancia, y comienzan a dar
sus frutos malignos en la adolescencia.

(Rojas Marcos, 2005, pp. 19-20)

INTRODUCCIÓN

El volumen es un libro que aborda el tema de la violencia en el ámbito familiar (violencia filio-parental, violencia de Género) y en el escolar ("bullying" y "cyberbullying"). Su objetivo consiste en sensibilizar al lector sobre esta lacra. Por tanto, el problema se aborda desde una doble visión: la de la artista, dibujante y pintora Lucía Polanco; y desde la óptica pedagógica, llevada a cabo por el docente Emilio Tresgallo.

Para conseguirlo, se realiza una simbiosis entre lo artístico y lo pedagógico. De esta forma, se pretende lograr la fusión de ambos mundos. Así, cada dibujo lleva emparejada una tabla, la cual permite realizar el análisis del mismo, a la vez que el lector desarrolla competencias y habilidades que le permiten remover emociones y despertar sentimientos. Es decir, todo lo necesario para trabajar la inteligencia emocional.

La lectura de este libro no es tradicional, ya que es imprescindible observar las diferentes ilustraciones de forma detenida, precisa y sin prisas, deteniéndose en cada detalle, con actitud crítica y penetrante, para luego poder plasmarlo en la tabla que, complementariamente, se ofrece como base.

Con un total de siete capítulos diferenciados, podemos identificar lo siguiente:

- En el capítulo I se aborda la violencia en la familia (violencia de género) y la ejercida por los hijos hacia sus progenitores (violencia filio-parental). En ambas, se analiza su etiología y las secuelas que dejan en las víctimas.
- El capítulo II aquilata el concepto de "bullying" y los integrantes del denominado "triángulo agresivo" (agresor, víctima y espectadores "silentes").
- El capítulo III desentraña la tipología del bullying, señalando los acosos más frecuentes (el físico, el verbal, el social, el sexual, el psicológico y el ciberbullying).

- En el capítulo IV se analizan las principales causas que justifican la aparición de dicho fenómeno: el abandono de la tarea familiar, la competitividad escolar y/o social, la acción de los posibles "trepas", la desestructuración familiar, gratificación inmediata, ausencia de límites y normas en los agresores como reflejo de sus ámbitos familiares, el abandono del sector educativo (dejando al profesorado "inerme" frente a la inmensidad del quehacer educativo), falta de integración del alumnado inmigrante, ausencia de vocación de un pequeño sector docente, la inadecuada gestión de la disciplina por los agresores/as y la ausencia de valores reinante en el mundo actual.

- El capítulo V versa sobre el acoso tecnológico y los peligros que conlleva. Se trabaja con cuatro tipos de cyberbullying, algunos de ellos poco conocidos por las familias y por el profesorado (como el sexting, grooming, Momo y Olivia). Acosos en los que fácilmente puede caer el alumnado cuando navega de forma desordenada e indiscriminada.

- En el capítulo VI se acomete el tema de las múltiples secuelas de dicha lacra. Con veintinueve ilustraciones destinadas a concienciar al alumnado, padres y madres, profesorado y otros colectivos de la gravedad de las mismas: abulia, agorafobia, angustia, anorexia, ansiedad, falsa atribución, bajada del rendimiento académico, delincuencia, depresión, desamparo, desensibilización, disforia, disminución del apoyo social, enuresis, estrés postraumático, fatiga crónica, fobias, melancolía, neurosis, onicofagia, pánico, pesadillas, tristeza y suicidio. La inmensa mayoría integradas en la denominada DSM-5 (2014). Guía práctica de la denominada Asociación Americana de Psiquiatría (APA). La cual permite organizar la información que facilita el diagnóstico y tratamiento de los trastornos mentales.

- Y el capítulo VII se centra en los medios de ayuda y, en consecuencia, es un libro eminentemente práctico. Facilitando herramientas que ayudan a resolver el problema del bullying desde el centro educativo, con los medios de que dispone (los mediadores escolares) y el Coordinador de Bienestar Emocional (que en el libro se denomina "COBI"). Así mismo, se facilitan medios externos y prácticos como son dos teléfonos interesantes: el de ANAR, para ayudar al alumnado y a los centros educativos; y el de prevención del suicidio ("La Barandilla").

Continúa el presente volumen con sendos epílogos. Uno de ellos es artístico y el otro pedagógico. Ambos, quedan justificados al poseer dos partes bien diferenciadas: la artística y visual, expresada mediante setenta ilustraciones; y la pedagógica, expresada en las setenta tablas que complementan las imágenes y permiten trabajarlas. La transversalización entre lo artístico y lo pedagógico permite realizar una vinculación efectiva para adecuarse a la realidad del alumnado, el cual que demanda más imágenes que contenidos teóricos.

Finaliza con las necesarias Referencias bibliográficas, acordes con la última normativa APA (7.ª th).

PROYECTO DE FOTO-ELICITACIÓN
"PONIÉNDOLE CARA A LA VIOLENCIA. CULTIVAR LAS EMOCIONES PARA SU TRANSFORMACIÓN"

A) Fundamentos que sustentan el proyecto

Los fundamentos que sustentan dicho proyecto se basan en varias premisas:

1.- Moderno proyecto de foto-elicitación adaptado a las necesidades del siglo XXI

Cotán y Ruiz (Coords.) et al. (2021) dan a conocer el moderno sistema de la foto-elicitación. Técnica cada vez más utilizada en el mundo educativo como propuesta formativa, para provocar el diálogo, evocar, rememorar experiencias y situaciones personales, generar opiniones y discusiones sobre los significados allí encerrados.

Ramos y Feria (2016) se hacen eco de la importancia de dicha técnica en los procesos de enseñanza-aprendizaje, alcanzando un amplio impacto en su quehacer pedagógico, enseñanza de la escritura en diversos entornos multiculturales, sentido de apego y pertenencias (Zenkov et al., 2014).

Esta técnica es muy conocida en Estados Unidos, pero no tanto en España. Goza de gran aceptación en otros campos profesionales (terapia, diagnóstico y su evaluación). También está surgiendo de forma emergente en la sociología y la antropología, como elemento coadyuvante para comprender la vida de distintos colectivos (Copes et al., 2018).

Cotán et al. (2022) señalan la necesidad y la novedad de trabajar en la actualidad, en el aula, con una estrategia metodológica narrativa (foto-elicitación) como método narrativo-visual de aprendizaje. La pedagogía Dialógica, de Paulo Freire (Banks, 2007), ya hace referencia a los pensamientos positivistas relativos a los medios audiovisuales, en los que se aprecia la necesidad de reclamar el uso de la fotografía como espacio diálogo-crítico, permitiendo llevar a cabo las distintas narrativas y análisis, asistiendo a los continuos cambios y en la forma de abordarlos.

Ceballos y Susinos (2019) inciden en señalar la relevancia de las investigaciones que evidencian las posibilidades para analizar y debatir a partir de la proyección de la fotografía. Algunas experiencias se han llevado a cabo no tanto en la educación superior, sino en la Educación Infantil, Educación Primaria, Educación Secundaria y Bachillerato. Etapas en las que la opinión y la participación del alumnado, goza de mayor predominio y tradición (Parrilla y De la Fuente, 2013).

2.- Proyecto basado en una Educación Humanista y en los Valores

Saavedra, Martín y López Pérez (2020) aportan una concepción general de la vida, contemplando todas sus facetas. Sostienen la creencia en los recursos que posee el ser humano para: asumir su desarrollo, impulsar sus búsquedas y lograr su plenitud. Poniendo el énfasis, en los valores de la creatividad, la libertad y la felicidad, al igual que los derechos humanos universales.

El autor trata de aportar su trabajo, para intentar "salvar" al hombre y a la mujer, al alumnado y también a los padres, que son objeto de múltiples agresiones, mediante la denominada violencia filio-parental.

3.- Pretende luchar por un Mundo más Justo e Igualitario (erradicando la violencia)

Miranda (2023) señala la necesidad de lograr la igualdad entre el hombre y la mujer, y entre el alumnado, diseñando estrategias destinadas a garantizar la igualdad. Actualmente, es un tema muy candente en relación a la necesidad de lograr la igualdad entre el hombre y la mujer y entre los alumnos, en todos los ámbitos de la vida, y en especial en el ámbito familiar, en el escolar y en el social.

4.- Trabaja la Educación Integral de la persona

La ley 3296 de 2022 (BOE-A-2022-3296) en sus fines (art. 3) señala la necesidad de adaptar el sistema educativo a los retos y desafíos del siglo XXI, acorde con los objetivos fijados por la Unión Europea y la UNESCO para la década 2020-2030 en la Educación Primaria, Educación Secundaria Obligatoria y Ciclos Formativos de Grado Básico.

Así mismo concluyen (Art. 4) que la finalidad de la educación es la de facilitar la adquisición de nociones básicas de cultura, el hábito de la convivencia y la afectividad, cuyo objetivo se encamine a lograr el sentido crítico, la creatividad y la afectividad, tendentes a garantizar una formación integral, que contribuya al pleno desarrollo de la personalidad y prepararlos para cursar la Educación Secundaria Obligatoria, con aprovechamiento.

5.- Sensibiliza al alumnado y a la sociedad en general, frente a cualquier tipo de violencia en diversos ámbitos (violencia de género - violencia filio-parental - violencia escolar "bullying")

Calvo y Camacho (2014) sensibilizan frente a la violencia de género en atención a las secuelas que puede provocar (disminución de la autoestima, ansiedad y depresión). Además, de lesiones físicas (cefaleas, cansancio generalizado y dolores de espalda entre otros). Detectan trastornos inespecíficos en el 29.6% de la población femenina y en el 52.6% factores de riesgo de la violencia de género (abortos previos, relaciones sexuales no consentidas y un aumento de la violencia).

En cuanto a la violencia filio-parental, Contreras, Fresno y Hernández (2022) concluyen que dicho problema se debe a la falta de efecto de los cuidadores y una crianza permisiva, ausencia de normas y límites dentro de la familia, afectando a las citadas relaciones. Se producen en contextos de discusión, cuando los adolescentes buscan privilegios (dinero, Internet, o permiso para llegar tarde a casa).

Por lo que respecta al "bullying", Garaigordobil y Martínez-Valderrey (2018) constatan que las víctimas padecen sobreprotección de sus familias, lo que les impide la adquisición de habilidades para enfrentarse al mundo. Lo cual da una idea de la trascendencia del tema abordado. Tresgallo (2020) señala que los agresores y sus familias casi nunca se sienten culpables, por lo que no pueden aportar datos, dado que nunca llegan a reconocer su culpabilidad.

6.- Proyecto que suplementa el Currículo formal (con materias no atendidas en el mismo)

Bisquerra (2003) analiza el fenómeno de las emociones. Concluye la trascendencia de la educación emocional y lo define como una innovación educativa, dado que, responde a las necesidades sociales no atendidas en las materias académicas ordinarias. Acorde con la trascendencia de las emociones, González y Gonzalo (2020) añaden que de nada sirve hablar un idioma si, en lo más esencial, no sabemos comunicarnos. Por ello, la inteligencia emocional es la asignatura que nos servirá para toda la vida.

7.- Facilita el Descubrimiento del Mundo Emocional del alumnado (evitando comportamientos de riesgo)

Bisquerra (2003) constata que la educación emocional, previene comportamientos de riesgo en el alumnado, en atención a su prevención (anorexia, baja autoestima, conducta sexual no protegida, consumo de sustancias, delincuencia, depresión, estrés, sida y/o suicidio). El 28% del alumnado de Educación Secundaria Obligatoria, se implican en conductas antisociales, el 54% consumen alcohol y un 30% han pasado por estados depresivos (acrecentados durante la pandemia).

8.- Actualiza el método Socrático de la "Mayéutica" ("hazte preguntas como un niño")

Punset (2017) resalta la importancia de formularse preguntas en la niñez. Después, poco a poco se evoluciona y al crecer, se piensa de forma errónea, que se han logrado las respuestas. De esta forma, el ser humano se cansa de buscar y se deja de preguntar. Sócrates, murió por defender el derecho y la necesidad que el ser humano tiene de formular cuestiones, preguntas o dudas, a lo largo de la vida, y no solo cuando se es niño.

En este trabajo, se pretende que el alumnado se formule cuestiones como esta: ¿es justo que las víctimas sigan sufriendo, mientras los espectadores miran hacia otro lado, permaneciendo impasibles? En este sentido, se puede traer a colación el trabajo de Tresgallo (2020) en el que señala que, en el maltrato entre iguales, hay tres componentes bien diferenciados: el agresor, la víctima y los espectadores "silentes". Estos últimos son denominados así porque, conociendo el problema, en la mayoría de las situaciones, no se implican. Urge, en consecuencia, sensibilizar al alumnado para que delate dichas injusticias.

9.- Acrecienta el autoconocimiento del alumnado, mejorando su felicidad

Punset (2017) atestigua que la vida es un viaje de autodescubrimiento. Pero la realidad constata que al ser humano le cuesta comprenderse a sí mismo. De hecho, en una investigación (N=13.000 profesionales de ámbitos diversos) se constata que prácticamente no existe conexión entre la autoevaluación del rendimiento de una persona y la verdad de una evaluación objetiva del mismo. El mayor autoconocimiento, facilita el camino para una mayor felicidad.

10.- Promueve la Interacción entre el alumnado y la retroalimentación entre el docente y los discentes (evitando el tedio y el aburrimiento)

De la Fuente (2017) defiende el método Socrático positivo, consistente en formular cuestiones, tratando de encontrar contradicciones, para llegar a un conocimiento real, facilitando la autorreflexión y fortaleciendo su propio conocimiento. De esta forma, se logra una clase activa, evitando el aburrimiento, motivando al alumnado ya que el hombre debe estar siempre ocupado.

En el presente proyecto, no sólo se le da cabida al alumnado (sino que es el protagonista), para que a la vista de las ilustraciones pueda expresarse, intercambiar y contrastar ideas e información con sus compañeros para favorecer el enriquecimiento mutuo, aprendiendo a expresarse, a escuchar y ser escuchados con respeto y empatía.

De esta forma, se trabaja el "rol" de cada sujeto. Faceta muy necesaria, para situarse en el papel de la víctima, como sufridora (en cualquiera de los tres tipos de victimización aquí abordados: violencia de género, violencia filio-parental y violencia entre iguales ("bullying").

11.- Facilita la disminución de los factores de riesgo al trabajar el mundo emocional

Bisquerra (2003) clasifica en cinco categorías, los diversos componentes de riesgo de los factores que pueden provocar desajustes en los adolescentes: el individuo, la familia, el grupo de iguales, la escuela y la comunidad. Además de los procedentes del seno familiar propiamente dicho: tensión marital, conflictos entre diversos miembros de la familia, desorganización en la estructura familiar, estatus socioeconómico, familia numerosa, alta movilidad, lazos inseguros con los padres, supervisión inadecuada, severidad e inconsistencia de los progenitores, interacciones inadecuadas con el grupo de iguales, rechazo y presión negativa del grupo de iguales.

12.- Favorece las competencias emocionales y la comunicación en el aula

Bisquerra (2003) concluye que el desarrollo de la competencia emocional, sirve de escudo preventivo en el alumnado. Tal es el caso de las habilidades sociales, disposición favorable, habilidades de solución de problemas sociales, autoeficacia, mejora de la autoestima, habilidades de comunicación efectiva, compromiso con el profesorado (como referencia de adulto) y el acceso a escuelas de calidad.

13.- Amplio despliegue en el trabajo de las Emociones y los Sentimientos en el alumnado pudiendo plasmarlas en una tabla, realizada para lograr dicho objetivo

Bisquerra (2003) investiga la actividad cerebral, destacando entre las emociones innatas y las voluntarias. Las primeras, hacen referencia a las que surgen de forma automática o inconscientemente (las denominadas emociones). Mientras que las voluntarias hacen referencia a los llamados sentimientos, los cuales se pueden mantener durante más tiempo (semanas o incluso meses). La emoción tiene tres componentes básicos: el neurofisiológico, el conductual y el cognitivo. La respuesta neurofisiológica se puede manifestar con respuestas variadas (taquicardia, sudoración, hipertensión, rubor, sequedad de boca, secreciones hormonales, respiración, etc.).

14.- Proyecto Innovador, Actual y basado en la Imagen. Combinando la faceta artística y la pe-dagógica

Del comportamiento de un sujeto se pueden inferir múltiples manifestaciones: verbales, no verbales (faciales), el tono de voz, el volumen, los movimientos del cuerpo u otros y denotan señales bastante precisas sobre los estados emocionales de cada sujeto y/o alumno. En dicho proyecto, se acrecienta la expresión oral y escrita, como medio para la liberación de las emociones del alumnado.

Bisquerra (2003) señala la gran importancia de la inteligencia y los procesos mentales mediante la introspección. Más tarde, se estudiará el denominado "factor g", extrayendo las siete habilidades mentales primarias (comprensión verbal, fluidez verbal, capacidad para el cálculo, rapidez perceptiva, representación espacial, memoria y razonamiento inductivo). Las cuales han servido de base para las denominadas inteligencias múltiples.

La presente investigación puede ayudar al alumnado a desarrollar muchas de sus capacidades, valiéndose de la foto-elicitación. Especialmente, en el caso del alumnado que tiene dificultades para expresarse delante de otras personas y/o compañeros, permitiendo de esta forma, poder sacar lo mejor de sí mismo, descubrir sus potencialidades y ofrecérselas a los demás, de cara a lograr un mejor clima de convivencia en los más variados ámbitos de la vida.

15.- El presente proyecto persigue la felicidad del alumnado, como símbolo de la mejor inversión de la sociedad del siglo XXI. Un verdadero compromiso de los autores del presente trabajo, fusionando dos mundos: el artístico de Polanco y el pedagógico de Tresgallo

Berrocal et al. (2008) realizan una exhaustiva investigación de las sociedades posmodernas del primer mundo. Llegan a la conclusión de que en la actualidad las mismas, desean algo más que la pura y pragmática riqueza. En virtud de dichas necesidades y exigencias, detectan que las sociedades hipermodernas, buscan que sus ciudadanos estén más satisfechos con sus vidas, porque es una paradoja muy dolorosa para el sujeto, vivir en una sociedad opulenta que cubre sus necesidades físicas y/o materiales, *pero no les hace felices.*

Conscientes de semejante presupuesto y del tamaño de la apuesta por el presente formato (la imagen y la investigación pedagógica), Polanco y Tresgallo aportan un duro y arduo trabajo de dos años de duración, con la idea de que, como señala el autor citado anteriormente, sirva para hacer ver a la sociedad que la verdadera medida del progreso no la da únicamente el aporte económico, sino más bien la calidad con la que se atiende a los niños, a la mujer y a los progenitores (objeto del presente trabajo): su salud y protección frente a cualquier tipo de violencia, su seguridad material, su educación formal y emocional, su integración en los diversos grupos de iguales y/o sociales, a la vez que se sientan queridos, valorados e integrados en sus familias y sociedades en las que han nacido.

16.- Proyecto realizado acorde con la LEY ORGÁNICA DE PROTECCIÓN INTEGRAL A LA IN-FANCIA Y A LA ADOLESCENCIA FRENTE A LA VIOLENCIA (Ley Org. 8/2021, 5 de junio)

Dado que dicho proyecto se trata de llevar a la escuela (en sus diversas etapas, a partir de 6.º de Educación Primaria, se hace necesario destacar que está realizado pensando en la protección integral del alumnado, en virtud la citada ley (conocida como LOPIVI).

Objetivos de la presente Ley Orgánica:

a) Garantizar los derechos fundamentales de los niños y niñas.

b) Facilitar el desarrollo de su personalidad.

c) Velar por la protección integral (sensibilización, prevención, detección precoz, reparación de daños, etc.).

d) Defender su integridad ante casos de violencia, maltrato físico, psicológico o emocional, humillaciones, denigraciones, corrupción, violencia sexual, acoso por medio de las redes).

e) Favorecer la igualdad de trato a los niños favoreciendo la coeducación.

f) Exigir su aplicación en personas menores de edad, que se encuentren en territorio español, independientemente de su nacionalidad.

g) Favorecer la formación de los tutores en los centros educativos, tanto de titularidad pública como de los privados-concertados.

h) Dotar de habilidades al alumnado para responder a dichas situaciones de violencia.

Estos aspectos también han sido tenidos en cuenta en el presente proyecto. Así, por ejemplo, se ha considerado el acoso en la escuela y también desde las redes sociales. Figuran cuatro tipos de ciberbullying (sexting, grooming, Momo y Olivia).

Por los que respecta a la concienciación y la prevención, se han elaborado veintinueve ilustraciones relativas a las secuelas del bullying, para trabajar la sensibilización frente a dicha lacra, tendente a su desaparición.

i) En el presente curso 2022/23 se exige una persona que vele por el bienestar emocional (Coordinador de Bienestar y Protección del Menor). En este proyecto se ha hecho un esfuerzo especial, por romper sesgos, estereotipos y actitudes machistas tradicionales. De esta forma, figura un dibujo (Figura 67) siendo en este caso una chica, la que encarna a la Coordinadora de Bienestar Emocional. Un aspecto que puede parecer baladí, pero al autor, le parece muy pertinente. Aparece en el patio de recreo, que acostumbra a ser el ámbito con mayor nivel de acoso y conflictividad en los centros educativos.

Lodeiro (2001) detecta en el mismo un 20% de maltrato entre iguales. Serrano e Iborra (2005) señalan un porcentaje del 53.3%, Oñederra et al. (2005) un 60%, y finalmente Tresgallo (2021) constata un 26.4% en la Comunidad Autónoma de Galicia (motivo de su tesis doctoral). Es necesario destacar que algunas de estas cifras, no deben ser extrapolables a nivel nacional, pero sí que sirven para afianzar la idea de que los patios de recreo, deben de ser vigilados muy de cerca en los períodos de recreo y/o con ocasión de actividades de gran afluencia, como en festividades muy señaladas, como pudiera ser el día de la Paz. No es raro que, en dichos eventos, los presuntos agresores, aprovechen el anonimato, para martirizar a sus posibles víctimas.

17.- En el proyecto prevalece la Ética Profesional, citando adecuadamente a todos aquellos auto-res de los que se ha tomado algún dato, citándolos en las referencias

Como no podía ser de otra manera, todos los autores que sirven de base para llevar a cabo la fundamentación del proyecto y que se citan, figuran en las referencias bibliográficas, acorde con la normativa APA (7.ª th). Dicha situación es lógica y normal en cualquier investigación que aspire a su ulterior publicación. Pero, además, de cara al alumnado, también puede ser una muestra de ejemplo y coherencia profesional. Modestia aparte, algo digno de ser imitado por el alumnado, como fruto de la necesidad que en ocasiones sienten los pupilos, de imitar a sus mentores.

Los autores del proyecto desean que su trabajo surta un efecto positivo en la familia (erradicando la violencia vicaria), en la escuela y en la sociedad en general. Dicha labor no ha sido un camino de rosas. La tarea de las ilustraciones (realizada por Polanco, versada en Bellas Artes) y la pedagógica (por Tresgallo) se ha llevado a cabo todo el tiempo que ha durado la realización de la obra, desde dos comunidades distantes 450 kilómetros. Y es que Polanco, ha trabajado desde Cantabria, y Tresgallo, desde Galicia. Aún pareciendo difícil la materialización del proyecto, por su complejidad, ha resultado un trabajo que les ha infundido más ahínco, constancia y fe en sus posibilidades. Porque como bien se dice en ocasiones: "Hace más quien quiere, que quien puede" y "Querer, es poder".

Atrás quedan bocetos realizados, rehechos y muchos tirados a la papelera porque se estimaba que no cumplían con los parámetros de calidad que ambos autores se han propuesto.

Esto ha dado como consecuencia un nivel de logro aceptable. Se conoce porque algunas imágenes han sido testadas (al mostrárselas a profesionales de la educación de niveles de Educación Primaria y de Educación Secundaria Obligatoria).

Pero además también han sido visualizados por libreros, pudiendo aportar su opinión. Ambos sectores, señalan que las imágenes logran una calidad y expresividad notables. No siendo necesaria, por tanto, una explicación suplementaria, por ser imágenes muy explícitas.

18.- Trabajo pedagógico realizado con la normativa APA (7.ª th) como indicativo de Calidad

La redacción se ha realizado con el mayor rigor científico y acorde con las exigencias de la normativa vigente en la actualidad (APA, 7.ª th).

Cada autor citado en el texto figura necesariamente, en las referencias. Éstas, llevan una sangría (francesa) con el objetivo de que queden resaltados los apellidos de los autores citados. Dicha característica, le otorga mayor visibilidad, empaque y fiabilidad en torno a las fuentes. Además, una obra debe ser juzgada por la bibliografía consultada, analizada, citada y también por su actualidad en el tiempo.

B) Guía para el profesorado

1.- Destinatarios

Apreciados docentes. El proyecto que tenéis en vuestras manos tiene como finalidad sensibilizar al lector, pero de forma especial al alumnado. Según se ha observado, al poder pulsar las opiniones de expertos (profesorado, libreros y los propios autores) debería trabajarse a partir de 6.º de Educación Primaria. El motivo, es que algunas ilustraciones no podrían ser comprendidas o integradas por un alumnado excesivamente joven.

Los destinatarios idóneos, lo constituye el colectivo de Educación Secundaria, Bachillerato, Formación Profesional, Grados de Magisterio, Trabajo Fin de Grado, Trabajo Fin de Máster, u otros colectivos del ámbito universitario.

2.- Profesionales que pueden beneficiarse de este proyecto

- Maestros de Educación Primaria.
- Profesorado de Educación Secundaria Obligatoria y Bachillerato.
- Profesorado de Formación Profesional.
- Profesorado universitario (del Grado de Magisterio).
- Profesorado que imparte Trabajo Final de Grado o Máster (en los que el objetivo es luchar contra todo tipo de violencia).
- Pedagogos y orientadores escolares. (especialmente con alumnado que necesite expresarse y que esté necesitado de algún tipo de terapia y atención a la diversidad).
- Psicólogos.
- Psiquiatras (aunque excede del ámbito educativo, se pueden utilizar para que los pacientes, se abran a una mayor y más amplia capacidad de expresividad, por problemas de timidez o similar).
- Para trabajadores sociales que ayudan a mujeres maltratadas, u otras víctimas de la violencia en cualquiera de sus expresiones.

3.- Temas abordados

- Violencia en la familia (violencia de género).
- Violencia filio-parental (ejercida por los hijos hacia sus progenitores).
- Violencia entre iguales ("bullying").

4.- Total de imágenes

El proyecto aborda los tres temas citados anteriormente y se vale de setenta ilustraciones en blanco y negro para lograr:

- Un mayor impacto en el lector (alumnado, profesorado, familias, etc.).
- Todas las imágenes, se muestran en blanco y negro, lo cual facilita una edición más económica.
- Una vez abocetados y, tras pasar el filtro de calidad exigido por el autor y la ilustradora, se les ha pasado a tinta, para lograr una mayor calidad, expresividad e impacto.

5.- ¿Cómo utilizarlo?

- El proyecto presenta dos partes diferenciadas: las ilustraciones y las tablas. Consta de 70 figuras y 70 tablas.
- A cada ilustración presentada, le corresponde una tabla. Por ejemplo: a la Figura 1, le corresponde la Tabla 1.
- Cada tabla siempre se corresponde con su correspondiente Figura (se sabe porque portan el mismo número). Y así sucesivamente.

- Una vez mostrada una determinada Figura, el alumnado trabajará dicha ilustración en la tabla paralela.

- La tabla, en su parte superior tiene varios apartados.

- Se le pide al alumnado que, a la vista de una determinada ilustración, piense lo que le sugiere. En ese momento, realizará un "torbellino de ideas".

- Las ideas se anotan en la zona punteada. Dependiendo de que la ilustración mostrada sea un agresor, una víctima o un espectador (se cubrirá en la zona señalada).

- Estas ideas pueden servir para ponerlas en el encerado y comenzar a debatir. Puede dar mucho de sí, dependiendo del nivel de expresividad del grupo.

- Una vez finalizada dicha tarea, se puede emprender el trabajo de las emociones (emociones removidas en el lector, alumnado, etc.).

- Hay un elenco de quince emociones al igual que los sentimientos. A cada alumno le puede sugerir una emoción distinta. Luego la pueden anotar mediante una cruz, en el cuadro habilitado para ello (lo mismo con los sentimientos). Pueden señalar varias respuestas en los correspondientes cuadros, poniendo una cruz.

- Posteriormente, si se trabajan de manera individual, las podrán confrontar por parejas o en grupo cooperativo. Finalmente, se pueden compartir en gran grupo (con toda la clase). Sería necesario poner de moderadores y secretarios, a las personas que nunca tienen protagonismo.

- De igual forma se podrán trabajar los sentimientos.

- Dependiendo de la pericia de cada docente, podrán anotar las expresiones del cuerpo, de los rostros, etc.

- Se trabajan las habilidades, al tener que observar cada ilustración. En primer lugar, el alumno desarrolla la observación (de forma atenta y detenida). Luego, tendrá que reflexionar lo que le sugiere dicha ilustración, y lo puede plasmar como siempre en las casillas (preparadas para tal efecto).

- Por tanto, el alumnado necesita ver, y así está desarrollando la observación, también tendrá que pensar (reflexión). Resumiendo y obteniendo conclusiones (análisis y síntesis, etc.).

- Cuando una persona que es víctima o lo ha sido, puede detectar cuáles han sido anteriormente sus puntos débiles, límites, fracasos, etc. (algo similar a lo que se realiza cuando se hace un DAFO). En él, se aportan Fortalezas, Debilidades, etc. Lo cual, puede servir para que la víctima pueda descubrir si ha superado dichos límites o necesita ayuda del orientador (por ejemplo).

- Los agrupamientos van encaminados a la organización del profesorado. El día anterior a la tutoría puede señalar una o varias cruces, dependiendo del agrupamiento que desee establecer en su aula.

- El apartado de las competencias también es para el docente. Podrá señalar lo que en ese momento desea trabajar (aspectos verbales, escritos, etc.). Y así sucesivamente.

- Finalmente, como trabajo que se precie, se debe evaluar para conocer el nivel de satisfacción y aprovechamiento del alumnado. Poco Satisfactorio (significará que en el alumnado no ha producido el eco esperado).

- El trabajo en las tablas debe ser explicado por el profesorado antes de comenzar, para asegurarse de que toda la clase comprende bien la tarea a realizar. Se deben permitir dudas y preguntas.
- Se puede seleccionar un secretario que puede ir tomando nota de los aspectos más importantes que van aconteciendo. También es interesante alguien que otorgue el turno para hablar.

6.- ¿Cuándo utilizarlo? Temporalización

- A lo largo del curso se pueden establecer distintos momentos para la realización de las actividades. Se pueden llevar a cabo en las tutorías (una vez por semana).
- Dado que durante el curso hay unas 34-35 semana lectivas, el proyecto podría durar dos cursos (una ilustración por semana).
- También se podrían utilizar en otras clases, dado que las ilustraciones bien podrían utilizarse en la clase de igualdad, ética u otras.

En conmemoraciones especiales (tendrían especial trascendencia las fechas oportunas):

- Día Internacional para la prevención de la explotación sexual y el tráfico de niños y mujeres (23 de septiembre).
- Día de la paz (30 de enero).
- Día Internacional de la Mujer (8 de marzo).
- Día de San José (día del padre) (19 de marzo).

- Territorios por la Igualdad (22de febrero, 2 de marzo, 26 de marzo).

- ·Día Internacional contra la explotación Sexual Infantil (4 de abril).

- Día Internacional contra el acoso escolar (2 de mayo).

- Día de la madre (7 de mayo).

- Día Internacional de la familia (15 de mayo).

- Día Internacional de niños víctimas de inocentes de la agresión (4 de junio).

Estas son fechas indicativas. Pero se pueden obtener más, teniendo en cuenta los calendarios escolares. Además, se pueden realizar tutorías introductorias a dichas festividades, trabajando el presente material.

C) Componentes de la tabla y propuestas de actividades

(Figura en la parte superior de la tabla y tiene como base la ilustración mostrada).

a) **Torbellino de ideas** (lluvia de ideas que pueden surgir al visionar, analizar y desentrañar las personas presentadas en cada dibujo (el agresor, la víctima y/o los espectadores). Se puede escribir en las zonas habilitadas para ello (zona punteada). De este modo, el lector se implica en el proceso de descubrimiento y sensibilización del problema planteado.

b) **Emociones** (se puede poner una cruz en las emociones removidas en cada persona, con cada dibujo; figura un cuadrito para colocar la cruz).

c) **Sentimientos** (se pueden poner una o varias cruces en los sentimientos despertados al visualizar de forma crítica, los dibujos).

d) **Habilidades desarrolladas** (al observar y analizar los dibujos propuestos, se desarrollan habilidades, como la observación, escucha, reflexión, etc.).

e) **Descubrimientos personales** (aquellos aspectos que cada lector encuentra en sí mismo, fruto de la observación, el análisis y la reflexión). Puntos fuertes, debilidades, temores, vergüenzas a las que nunca te has enfrentado, por ejemplo.

f) **Agrupamientos** (el lector puede realizar estas actividades de manera individual, pero puede reunirse con otros (familiares o amigos). También se puede llevar a cabo en los centros educativos. El alumnado puede realizar dichas actividades de forma unilateral, por parejas, en grupo cooperativo o con toda su aula: Actividad Individual (AI); Grupo Cooperativo (GC) o en Gran Grupo (GG).

g) **Competencias y Habilidades Desarrolladas** (al realizar todas las actividades anteriores, se han cultivado siete competencias fundamentales:

- *Competencia en Comunicación Lingüística* (CCL) habilitada y desarrollada en la interacción con otras personas de forma oral y/o escrita.

- *Competencia Matemática y Competencias Básicas en Ciencia y Tecnología e Ingeniería* (STEAM, siglas en inglés) desarrolladas cuando se observa, se indaga, se comprueba, se utiliza el pensamiento crítico o cuando se evalúa). Desarrollo y aplicación del razonamiento para resolver problemas y situaciones de la vida cotidiana.

- *Competencia Digital* (CD) implementada en el uso seguro y ético de las Redes Sociales, para analizar, conseguir y/o para intercambiar materiales de información.

- *Competencia en Iniciativa y Espíritu Emprendedor* (CIEE). Implementar actividades culturales, sociales, deportivas u otras, de forma original.

- *Competencia Personal, Social y de Aprender a Aprender* (CPSAA). Ser capaz de plantearse metas, identificar conocimientos y habilidades propias, aceptar críticas, aprender de los errores para seguir creciendo personalmente. Aprender a gestionar el propio aprendizaje, planificar y aprender de los errores propios.

- *Competencias Sociales y Cívicas* (CSC). Actuar como ciudadanos responsables, capaces de participar en la vida social, respetando las normas básicas. Respetar, colaborar, empatizar, compartir o resolver conflictos, son habilidades imprescindibles en dicha competencia.

- *Competencia en Conciencia y Expresiones Culturales* (CCEC). Descubriendo la propia identidad y abriendo horizontes hacia la multiculturalidad.

h) **Evaluación** (como en toda actividad que se precie, es necesario llevar a cabo una actividad evaluativa, para pulsar la idea final del lector o del alumnado en relación a las actividades propuestas en el libro. Se ofrecen cuatro propuestas: *Nada Satisfactorio* (NS); *Satisfactorio* (S); *Muy Satisfactorio* (MS); *Excelente* (EX).

i) Para que el lector se haga una idea más clara y detallada, se aporta la tabla, la cual es el complemento perfecto de cada ilustración visionada.

1

VIOLENCIA EN LA FAMILIA

La familia constituye uno de los pilares fundamentales en la conformación de la personalidad del ser humano y satisface algunas de las necesidades básicas del mismo. Rojas-Marcos (2016) señala tres aspectos fundamentales que deben ser satisfechos:

a) El **sentimiento de seguridad** que debe ser atendido en sus necesidades más perentorias (la comida, la bebida o la defensa frente al frío).

b) El **afecto**, como elemento fundamental entre el menor y su madre al existir un vínculo especial entre ambos. Durante los primeros meses se convierte en su principal figura cuidándolo y protegiéndolo.

c) El **estímulo** que debe ser potenciado: necesita saber que, en algunos momentos, es de día y en otros, **es de noche**.

En medio de esta situación idílica, en los tiempos actuales, surgen múltiples dificultades y la familia, parece no poder cumplir todos los presupuestos para sus integrantes, resultando perjudicados algunos de sus componentes más indefensos (los niños y las mujeres). Evidentemente, surge la denominada violencia familiar, violencia doméstica o violencia de género. Jiménez (2020) indica que se refiere a cualquier acto de violencia llevada a cabo por quienes mantienen o han mantenido un vínculo afectivo, conyugal, de pareja, paterno-filial o similar con la víctima. Existen algunos factores que facilitan dichas situaciones (culturales, económicos, sociales u otros). De esta forma, el citado autor, constata que las parejas establecen lazos poco duraderos (cinco años de media). Dicha situación, impide la estabilidad afectiva y emocional de los hijos, disminuyendo su capacidad de resiliencia y autoestima.

Jiménez (2020) asegura que los hijos no son víctimas por ser testigos de dicha violencia paterna, sino más bien que "viven la violencia" (física o psicológica) pensando que ésta es una forma normal de relación entre los progenitores. De este modo, crecen y se acrecientan los mitos sobre violencia de género, normalizando dichas conductas violentas, cuando en realidad no lo son. El citado autor desentraña algunos de los tópicos que en la actualidad están causando daño, al darlos como válidos y aceptados por algunos sectores sociales (especialmente entre el género masculino):

- Dar por sentado que la función social de la mujer es únicamente la crianza y el cuidado del hogar.
- Creer que el hombre es superior a la mujer (siendo el más capacitado e inteligente).
- El hombre es el que tiene derecho a ejercer su carrera profesional, obviando la necesidad de desarrollo personal y profesional de su "compañera".
- El cabeza de familia es el hombre que, en consecuencia, toma las principales decisiones familiares.
- El hombre es el que ejerce el control sobre la prole.

Por consiguiente, se comienza a normalizar la violencia en el seno familiar. Patró y Limiñana (2005) analizan dicho fenómeno llegando a algunas conclusiones que permiten comprender dicho fenómeno:

- La violencia es normal, aprobándose y generalizándose en la sociedad.
- Existen circunstancias que pueden explicar o justificar dicha violencia.
- El más fuerte ejerce el poder.
- El castigo es necesario.
- Cuando no se es el más fuerte, se debe ser sumiso.

- La falsa idea de los hijos de que la culpa la tiene la madre y, por ello, su padre la maltrata.

- Y creen que la madre no les puede proteger.

- Los hijos, cuando adquieren conocimiento de la situación, caen en la cuenta de que el hogar no es un lugar seguro.

- La víctima (la madre) se lo merece.

Pérez-Camarero (2019) realiza un análisis de la violencia en los jóvenes y destaca algunos aspectos esclarecedores. Son chicos dinámicos y activos el 35%; se muestran posesivos y celosos el 24%; superficiales el 23%; trabajadores y estudiosos el 25,4%.

Por su parte, Ruiz Repullo (2018) aporta algunas **propuestas** para facilitar la citada igualdad:

1. Educar al alumnado con un carácter crítico.

2. Eliminación de los estereotipos masculinos, detección y posterior desciframiento de sus posibles significados y consecuencias negativas.

3. Trabajar con cuentos en los que desaparezcan los modelos arcaicos (mujer guapa, cuidadosa y sumisa).

4. Transformar las ideas de los posibles roles docentes en la escuela. La profesora como símbolo del cuidado. El profesor ostentando la autoridad.

5. Medios de comunicación y/o redes sociales en los que no figure la figura femenina como subordinada y explotada.

6. Crear una escuela que vele por la prevención de la violencia y trabaje en pro de la igualdad.

7. Trabajar en favor de una diversidad desde la familia, la escuela y la sociedad. Acrecentar la misma, respetando la diferenciación sexual, las creencias personales, religiosas, la clase social y las diversas opciones sexuales.

8. Preparar al alumnado para el futuro, en los diversos ámbitos (laboral, personal y familiar, con futuras parejas).

9. Incorporar al currículo la formación emocional como base para la adecuada gestión de las propias emociones y comprender las de los demás, facilitando el necesario desarrollo integral del alumnado como personas humanas.

10. Abordar los conflictos que puedan surgir en la convivencia cotidiana de forma constructiva, proactiva y presididos por el diálogo, el respeto, la tolerancia y la empatía.

Figura 1

Violencia de género (I): sumisión

Tabla 1

Torbellino de ideas que te inspira la lámina presentada. *Escribe en el espacio punteado (…….) una sola palabra.*			EMOCIONES removidas en el/la lector/a. Coloca una cruz **X**	SENTIMIENTOS * despertados por el/la lector/a. Coloca una cruz **X**	HABILIDADES desarrolladas por el/la lector/a. Coloca una cruz **X**	DESCUBRIMIENTOS personales del/a lector/a. Coloca una cruz **X**
Sobre la persona						
del/la **Agresor/a**	de la **Víctima**	del/los **Espectador/es**				
1.-	1.-	1.-	1.- Alegría ☐	1.- Celos **(N)** ☐	1.- Observar ☐	1.- Culpabilidades ☐
			2.- Aceptación ☐	2.- Culpa **(N)** ☐	2.- Reflexionar ☐	2.- Fracasos ☐
2.-	2.-	2.-	3.- Amor ☐	3.- Desesperanza **(N)** ☐	3.- Analizar ☐	3.- Límites ☐
			4.- Anticipación ☐	4.- Frustración **(N)** ☐	4.- Imaginar ☐	4.- Inseguridades ☐
3.-	3.-	3.-	5.- Asco ☐	5.- Hostilidad **(N)** ☐	5.- Expresar ☐	5.- Vulnerabilidad ☐
4.-	4.-	4.-	6.- Aversión ☐	6.- Ira **(N)** ☐	6.- Argumentar ☐	6.- Vergüenzas ☐
			7.- Coraje ☐	7.- Miedo **(N)** ☐	7.- Empatizar ☐	7.- Satisfacciones ☐
5.-	5.-	5.-	8.- Curiosidad ☐	8.- Tristeza **(N)** ☐	8.- Tristeza ☐	8.- Logros ☐
6.-	6.-	6.-	9.- Desagrado ☐	9.- Alegría **(P)** ☐	9.- Filtrar Infor. ☐	9.- Disfrutes ☐
7.-	7.-	7.-	10.- Esperanza ☐	10.- Amor **(P)** ☐	10.- Interactuar ☐	10.- Habilidades ☐
			11.- Expectativa ☐	11.- Esperanza **(P)** ☐	11.- Planificar ☐	
8.-	8.-	8.-	12.- Felicidad ☐	12.- Felicidad **(P)** ☐	12.- Tolerar ☐	
9.-	9.-	9.-	13.- Ira ☐	13.- Gratitud **(P)** ☐	13.- Resolver ☐	
			14.- Miedo ☐	14.- Compasión **(P)** ☐	14.- Transformar ☐	
10.-	10.-	10.-	15.- Odio ☐	15.- Sorpresa **(NE)** ☐	15.- Evaluar ☐	

*Positivo **(P)**; Negativo **(N)** y Neutro **(NE)**

AGRUPAMIENTOS para trabajar con el alumnado en el aula. Coloca una cruz **X**	**A.I.** ☐	**T.C.** ☐	**G.G.** ☐				
COMPETENCIAS/ HABILIDADES *Desarrolladas*	**CL** ☐	**STEM** ☐	**CD** ☐	**IEE** ☐	**CPSAA** ☐	**CSC** ☐	**CCEE** ☐
EVALUACIÓN DE LA ACTIVIDAD REALIZADA	**NS** (0-4) ☐		**S** (5-6) ☐		**MS** (7-8) ☐		**EX** (9-10) ☐

VIOLENCIA DE GÉNERO (I): SUMISIÓN

Violencia de género (del latín "vis": fuerza, y "latus": llevar a cabo). "Cualquier acto o intención que origina daño o sufrimiento físico, sexual o psicológico a las mujeres, incluyendo las amenazas, la coerción o privación arbitraria de libertad, ya sea en la vida pública o privada". (Calvo y Bejarano, 2014). Entre 15%-71% de mujeres habían sufrido violencia física o sexual a manos de sus parejas. Fuente: (Ferrer-Pérez y Bosch-Fol, 2019).

Violencia de género (II): violencia física

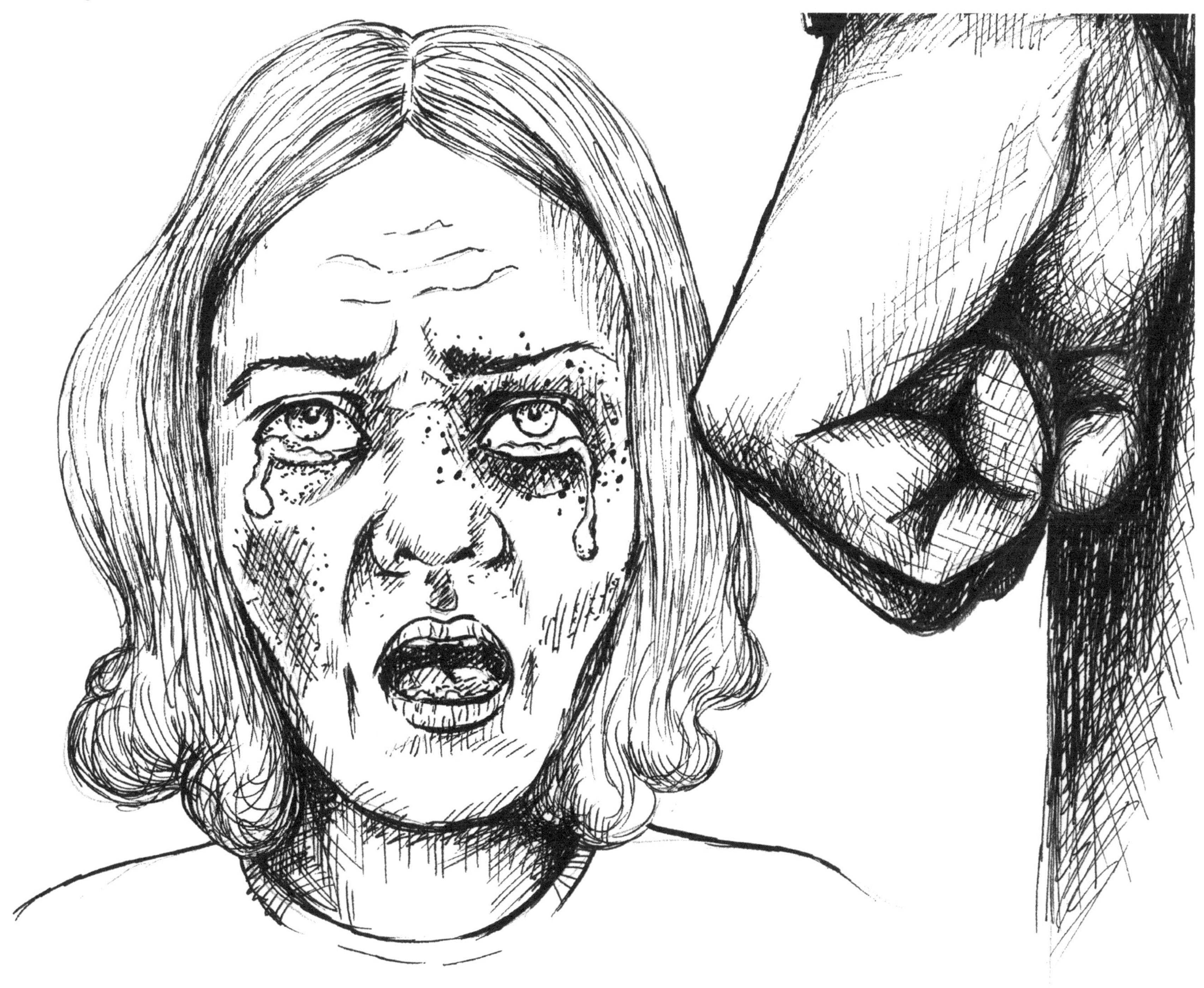

Tabla 2

Torbellino de ideas que te inspira la lámina presentada. Escribe en el espacio punteado (…….) una sola palabra.			EMOCIONES removidas en el/la lector/a. Coloca una cruz **X**	SENTIMIENTOS * despertados por el/la lector/a. Coloca una cruz **X**	HABILIDADES desarrolladas por el/la lector/a. Coloca una cruz **X**	DESCUBRIMIENTOS personales del/a lector/a. Coloca una cruz **X**
Sobre la persona						
del/la **Agresor/a**	de la **Víctima**	del/los **Espectador/es**				
1.- ……………………	1.- ……………………	1.- ……………………	1.- Alegría ☐	1.- Celos **(N)** ☐	1.- Observar ☐	1.- Culpabilidades ☐
			2.- Aceptación ☐	2.- Culpa **(N)** ☐	2.- Reflexionar ☐	2.- Fracasos ☐
2.- ……………………	2.- ……………………	2.- ……………………	3.- Amor ☐	3.- Desesperanza **(N)** ☐	3.- Analizar ☐	3.- Límites ☐
			4.- Anticipación ☐	4.- Frustración **(N)** ☐	4.- Imaginar ☐	4.- Inseguridades ☐
3.- ……………………	3.- ……………………	3.- ……………………	5.- Asco ☐	5.- Hostilidad **(N)** ☐	5.- Expresar ☐	5.- Vulnerabilidad ☐
4.- ……………………	4.- ……………………	4.- ……………………	6.- Aversión ☐	6.- Ira **(N)** ☐	6.- Argumentar ☐	6.- Vergüenzas ☐
5.- ……………………	5.- ……………………	5.- ……………………	7.- Coraje ☐	7.- Miedo **(N)** ☐	7.- Empatizar ☐	7.- Satisfacciones ☐
			8.- Curiosidad ☐	8.- Tristeza **(N)** ☐	8.- Tristeza ☐	8.- Logros ☐
6.- ……………………	6.- ……………………	6.- ……………………	9.- Desagrado ☐	9.- Alegría **(P)** ☐	9.- Filtrar Infor. ☐	9.- Disfrutes ☐
7.- ……………………	7.- ……………………	7.- ……………………	10.- Esperanza ☐	10.- Amor **(P)** ☐	10.- Interactuar ☐	10.- Habilidades ☐
			11.- Expectativa ☐	11.- Esperanza **(P)** ☐	11.- Planificar ☐	
8.- ……………………	8.- ……………………	8.- ……………………	12.- Felicidad ☐	12.- Felicidad **(P)** ☐	12.- Tolerar ☐	
9.- ……………………	9.- ……………………	9.- ……………………	13.- Ira ☐	13.- Gratitud **(P)** ☐	13.- Resolver ☐	
			14.- Miedo ☐	14.- Compasión **(P)** ☐	14.- Transformar ☐	
10.- ……………………	10.- ……………………	10.- ……………………	15.- Odio ☐	15.- Sorpresa **(NE)** ☐	15.- Evaluar ☐	

*Positivo **(P)**; Negativo **(N)** y Neutro **(NE)**

AGRUPAMIENTOS para trabajar con el alumnado en el aula. Coloca una cruz **X**	**A.I.** ☐	**T.C.** ☐	**G.G.** ☐				
COMPETENCIAS/ HABILIDADES *Desarrolladas*	**CL** ☐	**STEM** ☐	**CD** ☐	**IEE** ☐	**CPSAA** ☐	**CSC** ☐	**CCEE** ☐
EVALUACIÓN DE LA ACTIVIDAD REALIZADA	**NS** (0-4) ☐		**S** (5-6) ☐		**MS** (7-8) ☐		**EX** (9-10) ☐

VIOLENCIA DE GÉNERO (II): VIOLENCIA FÍSICA

Violencia de género. Violencia que sucede en pareja, ejercida por un varón contra una mujer que ha sido su pareja sentimental. "Problema de salud pública mundial de proporciones epidémicas". Fuente: (DeVries et al., 2013; FRA, 2014; OMS, 2013; Stockl et al., 2013).

ETIOLOGÍA DE LA VIOLENCIA DE GÉNERO

Dado que anteriormente se ha incidido abundantemente sobre el problema de la violencia de género únicamente, se facilitan algunas de las posibles causas de dicha lacra que, en el año 2020, produjo 47.000 muertes de mujeres y niñas en el mundo. Golbert (2022) señala que en el Reino Unido las agresiones son más frecuentes cuando pierden determinados equipos de fútbol. La autora, indica que se trata de una de las violaciones de los derechos más extendidos en el mundo y que una de cada tres mujeres, sufren algún tipo de violencia.

Calvo y Camacho (2014) estudian el fenómeno y aportan algunas de las presuntas **causas**:

1. Bajo nivel socioeconómico y cultural de las víctimas.

2. La difícil detección de dicha cuestión, dado que determinadas víctimas lo silencian por miedo o indefensión.

3. No ser considerado como un problema de salud pública, a pesar de que causa múltiples secuelas: maltrato físico 9,8%; maltrato sexual 5,1% y maltrato emocional 22,3%. Además de ansiedad, depresión y otros problemas citados anteriormente.

4. Problema poco visible, por estar inmerso en el ámbito familiar.

5. Lacra de profundas raíces sociales y culturales, vinculada al desequilibrio de poder entre el hombre y la mujer (siempre a favor de éste cuando utiliza la fuerza).

6. Control minucioso del agresor sobre posible acceso de la mujer al mundo del trabajo. Cuanto menos se relacione y salga del ámbito familiar, menos se notarán las posibles secuelas del acoso en pareja.

Urra (2018) también se hace eco del problema, aportando algunas razones:

1. La confusión del amor con el sexo, en una gran mayoría de hombres y chicos.

2. Las pertinentes actitudes "narcisistas" anteponiendo el yo al nosotros.

3. Incapacidad para afrontar la frustración ante un no de la posible pareja.

4. El miedo paralizante de las presuntas víctimas (sin poder denunciar la victimización).

5. La constante amenaza del agresor, en múltiples ocasiones sin palabras, aunque sí con miradas y/o gestos.

Actuaciones desde la familia y la escuela:

- Poner normas y límites a los hijos desde la tierna infancia.
- Educar a los hijos en el respeto al otro (a sus ideas, a su persona, a sus posesiones y a sus sentimientos).
- Fomentar el "nosotros" facilitando el sentido de grupo y la empatía.
- La formación por parte de los progenitores basada en la coherencia. Para ello, se hace necesario que éstos "prediquen" con el ejemplo.
- Establecer momentos de diálogo durante las comidas. Especialmente durante las cenas, para conocer los problemas que cada componente de la familia ha podido vivir durante la jornada. Obligar a los hijos a cenar todos juntos y a una hora común. Así se intensifica la armonía familiar y grupal.

- Exigir a todos los miembros de la familia que al entrar al "comedor" dejen "aparcado" o apagado el móvil, para favorecer el diálogo, la escucha activa y la interacción familiar.

- Enseñar desde la familia, la trascendencia de respetar los momentos y el lugar del otro, favoreciendo su privacidad. También necesaria en la pareja.

- Preparar a los jóvenes para un posible noviazgo o relación futura. También para una posible ruptura sentimental.

- Cada persona tiene una determinada personalidad, con sus peculiaridades, y se debe respetar. Ser conscientes, de que el amor no lo puede todo.

- Hacer que la familia sea un lugar donde se cultiven los valores (como la amabilidad, la empatía, la responsabilidad, la verdad, etc.).

Figura 3

Etiología de la violencia de género

Tabla 3

<table>
<tr>
<th colspan="3">Torbellino de ideas que te inspira la lámina presentada.
Escribe en el espacio punteado (…….) una sola palabra.
Sobre la persona</th>
<th>EMOCIONES
removidas
en el/la lector/a.
Coloca una cruz X</th>
<th>SENTIMIENTOS *
despertados
por el/la lector/a.
Coloca una cruz X</th>
<th>HABILIDADES
desarrolladas
por el/la lector/a.
Coloca una cruz X</th>
<th>DESCUBRIMIENTOS
personales
del/a lector/a.
Coloca una cruz X</th>
</tr>
<tr>
<th>del/la Agresor/a</th>
<th>de la Víctima</th>
<th>del/los Espectador/es</th>
<th></th><th></th><th></th><th></th>
</tr>
<tr>
<td>1.- …………………………</td><td>1.- …………………………</td><td>1.- …………………………</td>
<td>1.- Alegría ☐</td><td>1.- Celos (N) ☐</td><td>1.- Observar ☐</td><td>1.- Culpabilidades ☐</td>
</tr>
<tr>
<td></td><td></td><td></td>
<td>2.- Aceptación ☐</td><td>2.- Culpa (N) ☐</td><td>2.- Reflexionar ☐</td><td>2.- Fracasos ☐</td>
</tr>
<tr>
<td>2.- …………………………</td><td>2.- …………………………</td><td>2.- …………………………</td>
<td>3.- Amor ☐</td><td>3.- Desesperanza (N) ☐</td><td>3.- Analizar ☐</td><td>3.- Límites ☐</td>
</tr>
<tr>
<td></td><td></td><td></td>
<td>4.- Anticipación ☐</td><td>4.- Frustración (N) ☐</td><td>4.- Imaginar ☐</td><td>4.- Inseguridades ☐</td>
</tr>
<tr>
<td>3.- …………………………</td><td>3.- …………………………</td><td>3.- …………………………</td>
<td>5.- Asco ☐</td><td>5.- Hostilidad (N) ☐</td><td>5.- Expresar ☐</td><td>5.- Vulnerabilidad ☐</td>
</tr>
<tr>
<td>4.- …………………………</td><td>4.- …………………………</td><td>4.- …………………………</td>
<td>6.- Aversión ☐</td><td>6.- Ira (N) ☐</td><td>6.- Argumentar ☐</td><td>6.- Vergüenzas ☐</td>
</tr>
<tr>
<td></td><td></td><td></td>
<td>7.- Coraje ☐</td><td>7.- Miedo (N) ☐</td><td>7.- Empatizar ☐</td><td>7.- Satisfacciones ☐</td>
</tr>
<tr>
<td>5.- …………………………</td><td>5.- …………………………</td><td>5.- …………………………</td>
<td>8.- Curiosidad ☐</td><td>8.- Tristeza (N) ☐</td><td>8.- Tristeza ☐</td><td>8.- Logros ☐</td>
</tr>
<tr>
<td></td><td></td><td></td>
<td>9.- Desagrado ☐</td><td>9.- Alegría (P) ☐</td><td>9.- Filtrar Infor. ☐</td><td>9.- Disfrutes ☐</td>
</tr>
<tr>
<td>6.- …………………………</td><td>6.- …………………………</td><td>6.- …………………………</td>
<td>10.- Esperanza ☐</td><td>10.- Amor (P) ☐</td><td>10.- Interactuar ☐</td><td>10.- Habilidades ☐</td>
</tr>
<tr>
<td>7.- …………………………</td><td>7.- …………………………</td><td>7.- …………………………</td>
<td>11.- Expectativa ☐</td><td>11.- Esperanza (P) ☐</td><td>11.- Planificar ☐</td><td></td>
</tr>
<tr>
<td></td><td></td><td></td>
<td>12.- Felicidad ☐</td><td>12.- Felicidad (P) ☐</td><td>12.- Tolerar ☐</td><td></td>
</tr>
<tr>
<td>8.- …………………………</td><td>8.- …………………………</td><td>8.- …………………………</td>
<td>13.- Ira ☐</td><td>13.- Gratitud (P) ☐</td><td>13.- Resolver ☐</td><td></td>
</tr>
<tr>
<td>9.- …………………………</td><td>9.- …………………………</td><td>9.- …………………………</td>
<td>14.- Miedo ☐</td><td>14.- Compasión (P) ☐</td><td>14.- Transformar ☐</td><td></td>
</tr>
<tr>
<td>10.- …………………………</td><td>10.- …………………………</td><td>10.- …………………………</td>
<td>15.- Odio ☐</td><td>15.- Sorpresa (NE) ☐</td><td>15.- Evaluar ☐</td><td></td>
</tr>
</table>

*Positivo **(P)**; Negativo **(N)** y Neutro **(NE)**

<table>
<tr>
<td>AGRUPAMIENTOS
para trabajar con el alumnado en el aula.
Coloca una cruz X</td>
<td>A.I. ☐</td>
<td>T.C. ☐</td>
<td>G.G. ☐</td>
<td colspan="4"></td>
</tr>
<tr>
<td>COMPETENCIAS/ HABILIDADES
Desarrolladas</td>
<td>CL ☐</td>
<td>STEM ☐</td>
<td>CD ☐</td>
<td>IEE ☐</td>
<td>CPSAA ☐</td>
<td>CSC ☐</td>
<td>CCEE ☐</td>
</tr>
<tr>
<td>EVALUACIÓN DE LA ACTIVIDAD REALIZADA</td>
<td colspan="2">NS (0-4) ☐</td>
<td colspan="2">S (5-6) ☐</td>
<td colspan="2">MS (7-8) ☐</td>
<td>EX (9-10) ☐</td>
</tr>
</table>

ETIOLOGÍA DE LA VIOLENCIA DE GÉNERO

Calvo y Bejarano (2014) señalan varias causas de la violencia de género, tales como: el aislamiento social, la dependencia económica, interiorización de valores tradicionales "femeninos" basados en la obediencia y la sumisión, ausencia de proyectos de vida propios y, en ocasiones, el bajo nivel educativo.

SECUELAS DE LA VIOLENCIA DE GÉNERO

Toda esta situación acarrea una serie de consecuencias negativas para el entorno familiar, siendo los principales perjudicados los hijos y las madres de éstos. Pedreira (2004) afirma que la violencia familiar comienza como violencia de género y desencadena **variadas secuelas**:

- Persistente estrés tanto en la madre como en los hijos.
- Alteraciones emocionales y trastornos comportamentales.
- Angustia, depresión y diversas somatizaciones.
- Diabetes e hipertensión arterial.
- Partos prematuros con bajo peso del feto y riesgo de mortalidad del mismo.
- Observación de la realidad sin ser comprendida por los niños. Confundiendo la realidad y la fantasía.
- Muestran ansiedad, inseguridad, miedo y actitudes regresivas.
- Frecuentes alteraciones del sueño, tristeza e irritabilidad en sus interacciones con los demás.
- Comportamientos disruptivos y/o agresivos en el centro educativo (6-12 años). Sufren depresión. Manifiestan problemas de aprendizaje, problemas educativos y disminución de la autoestima.

Figura 4

Secuelas de la violencia de género

Tabla 4

Torbellino de ideas que te inspira la lámina presentada. *Escribe en el espacio punteado (.......) una sola palabra.*			EMOCIONES removidas en el/la lector/a. Coloca una cruz **X**	SENTIMIENTOS * despertados por el/la lector/a. Coloca una cruz **X**	HABILIDADES desarrolladas por el/la lector/a. Coloca una cruz **X**	DESCUBRIMIENTOS personales del/a lector/a. Coloca una cruz **X**
Sobre la persona						
del/la **Agresor/a**	de la **Víctima**	del/los **Espectador/es**	1.- Alegría ☐	1.- Celos **(N)** ☐	1.- Observar ☐	1.- Culpabilidades ☐
1.-	1.-	1.-	2.- Aceptación ☐	2.- Culpa **(N)** ☐	2.- Reflexionar ☐	2.- Fracasos ☐
			3.- Amor ☐	3.- Desesperanza **(N)** ☐	3.- Analizar ☐	3.- Límites ☐
2.-	2.-	2.-	4.- Anticipación ☐	4.- Frustración **(N)** ☐	4.- Imaginar ☐	4.- Inseguridades ☐
3.-	3.-	3.-	5.- Asco ☐	5.- Hostilidad **(N)** ☐	5.- Expresar ☐	5.- Vulnerabilidad ☐
4.-	4.-	4.-	6.- Aversión ☐	6.- Ira **(N)** ☐	6.- Argumentar ☐	6.- Vergüenzas ☐
5.-	5.-	5.-	7.- Coraje ☐	7.- Miedo **(N)** ☐	7.- Empatizar ☐	7.- Satisfacciones ☐
			8.- Curiosidad ☐	8.- Tristeza **(N)** ☐	8.- Tristeza ☐	8.- Logros ☐
6.-	6.-	6.-	9.- Desagrado ☐	9.- Alegría **(P)** ☐	9.- Filtrar Infor. ☐	9.- Disfrutes ☐
7.-	7.-	7.-	10.- Esperanza ☐	10.- Amor **(P)** ☐	10.- Interactuar ☐	10.- Habilidades ☐
			11.- Expectativa ☐	11.- Esperanza **(P)** ☐	11.- Planificar ☐	
8.-	8.-	8.-	12.- Felicidad ☐	12.- Felicidad **(P)** ☐	12.- Tolerar ☐	
			13.- Ira ☐	13.- Gratitud **(P)** ☐	13.- Resolver ☐	
9.-	9.-	9.-	14.- Miedo ☐	14.- Compasión **(P)** ☐	14.- Transformar ☐	
10.-	10.-	10.-	15.- Odio ☐	15.- Sorpresa **(NE)** ☐	15.- Evaluar ☐	

*Positivo **(P)**; Negativo **(N)** y Neutro **(NE)**

AGRUPAMIENTOS para trabajar con el alumnado en el aula. Coloca una cruz **X**	**A.I.** ☐	**T.C.** ☐	**G.G.** ☐			
COMPETENCIAS/ HABILIDADES *Desarrolladas*	**CL** ☐	**STEM** ☐	**CD** ☐	**IEE** ☐	**CPSAA** ☐	**CSC** ☐	**CCEE** ☐
EVALUACIÓN DE LA ACTIVIDAD REALIZADA	**NS** (0-4) ☐		**S** (5-6) ☐		**MS** (7-8) ☐		**EX** (9-10) ☐

SECUELAS DE LA VIOLENCIA DE GÉNERO

Los estudios de Devries et al., (2013) y de la OMS (2013) en 81 países, constatan que la tercera parte de las mujeres de 15 o más años, padecen violencia física y/o sexual a manos de su pareja sentimental. En África subsahariana alcanza el 41,8%; en Asia el 16,35%. En Europa Occidental y Europa Central (19,3% frente a un 27,9%). El Gobierno de España, Ministerio de Igualdad (2022), señala cuatro secuelas relativas a la salud: física, mental, reproductora y sexual. La más trágica es la muerte a manos de sus agresores. La media de muertes anuales, asciende a 50.

Figura 5

Medidas de ayuda (en la cuerda "floja")

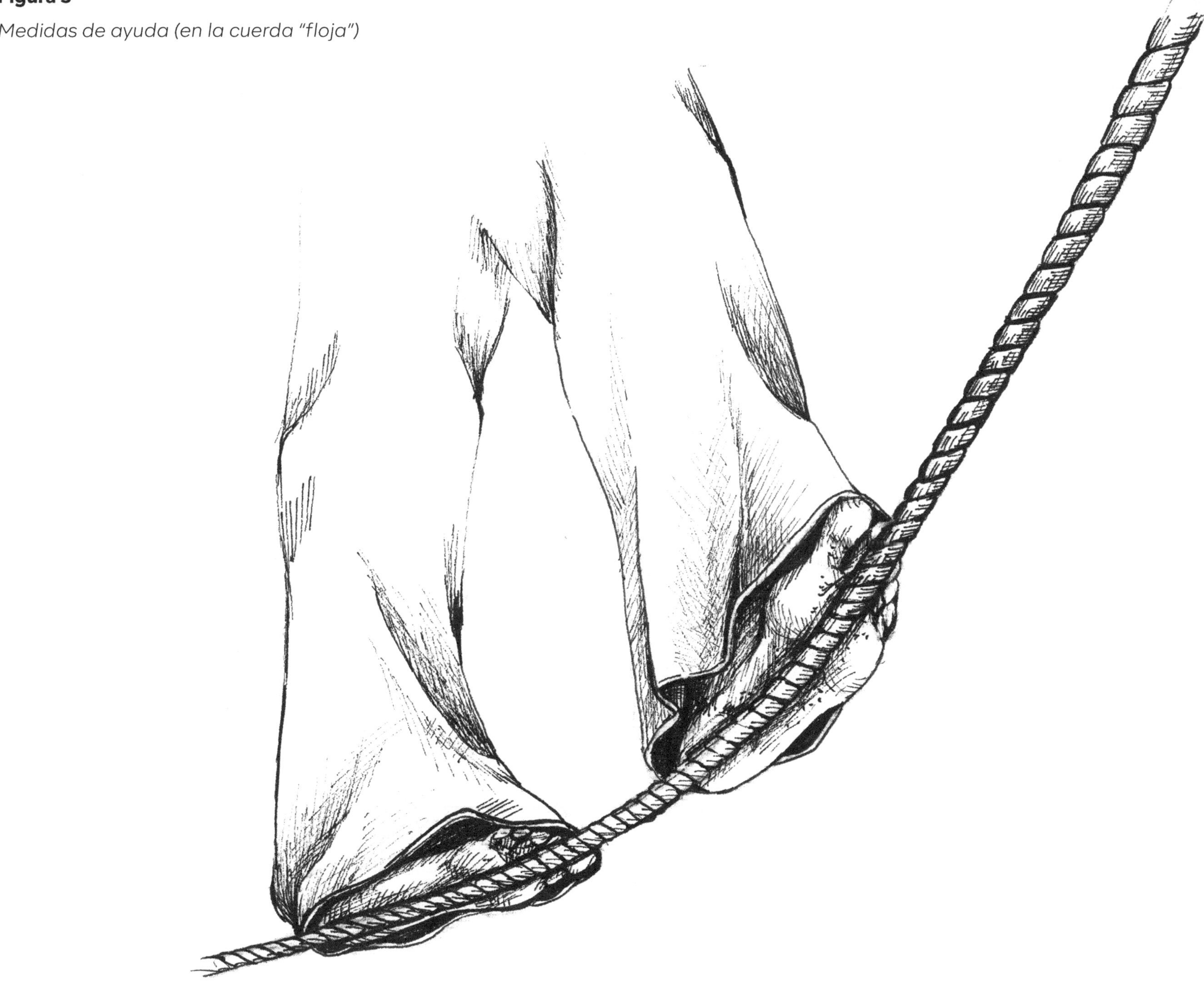

Tabla 5

Torbellino de ideas que te inspira la lámina presentada. *Escribe en el espacio punteado (........) una sola palabra.*			EMOCIONES removidas en el/la lector/a. Coloca una cruz **X**		SENTIMIENTOS * despertados por el/la lector/a. Coloca una cruz **X**		HABILIDADES desarrolladas por el/la lector/a. Coloca una cruz **X**		DESCUBRIMIENTOS personales del/a lector/a. Coloca una cruz **X**	
Sobre la persona										
del/la **Agresor/a**	de la **Víctima**	del/los **Espectador/es**								
1.-	1.-	1.-	1.- Alegría	☐	1.- Celos **(N)**	☐	1.- Observar	☐	1.- Culpabilidades	☐
			2.- Aceptación	☐	2.- Culpa **(N)**	☐	2.- Reflexionar	☐	2.- Fracasos	☐
2.-	2.-	2.-	3.- Amor	☐	3.- Desesperanza **(N)**	☐	3.- Analizar	☐	3.- Límites	☐
			4.- Anticipación	☐	4.- Frustración **(N)**	☐	4.- Imaginar	☐	4.- Inseguridades	☐
3.-	3.-	3.-	5.- Asco	☐	5.- Hostilidad **(N)**	☐	5.- Expresar	☐	5.- Vulnerabilidad	☐
4.-	4.-	4.-	6.- Aversión	☐	6.- Ira **(N)**	☐	6.- Argumentar	☐	6.- Vergüenzas	☐
5.-	5.-	5.-	7.- Coraje	☐	7.- Miedo **(N)**	☐	7.- Empatizar	☐	7.- Satisfacciones	☐
			8.- Curiosidad	☐	8.- Tristeza **(N)**	☐	8.- Tristeza	☐	8.- Logros	☐
6.-	6.-	6.-	9.- Desagrado	☐	9.- Alegría **(P)**	☐	9.- Filtrar Infor.	☐	9.- Disfrutes	☐
7.-	7.-	7.-	10.- Esperanza	☐	10.- Amor **(P)**	☐	10.- Interactuar	☐	10.- Habilidades	☐
			11.- Expectativa	☐	11.- Esperanza **(P)**	☐	11.- Planificar	☐		
8.-	8.-	8.-	12.- Felicidad	☐	12.- Felicidad **(P)**	☐	12.- Tolerar	☐		
			13.- Ira	☐	13.- Gratitud **(P)**	☐	13.- Resolver	☐		
9.-	9.-	9.-	14.- Miedo	☐	14.- Compasión **(P)**	☐	14.- Transformar	☐		
10.-	10.-	10.-	15.- Odio	☐	15.- Sorpresa **(NE)**	☐	15.- Evaluar	☐		

*Positivo **(P)**; Negativo **(N)** y Neutro **(NE)**

AGRUPAMIENTOS para trabajar con el alumnado en el aula. Coloca una cruz **X**	**A.I.** ☐	**T.C.** ☐	**G.G.** ☐				
COMPETENCIAS/ HABILIDADES *Desarrolladas*	**CL** ☐	**STEM** ☐	**CD** ☐	**IEE** ☐	**CPSAA** ☐	**CSC** ☐	**CCEE** ☐
EVALUACIÓN DE LA ACTIVIDAD REALIZADA	**NS** (0-4) ☐		**S** (5-6) ☐		**MS** (7-8) ☐		**EX** (9-10) ☐

MEDIDAS DE AYUDA

El Gobierno de España, Ministerio de Igualdad (2022) ofrece varios medios contra la violencia de género:

• Marcación abreviada: 016 • email: <016-online@igualdad.gob.es> • WhatsApp: 600 000 016 • Chat online: <violenciadegenero.igualdad.gob.es>

POESÍA SOBRE LA VIOLENCIA DE GÉNERO

"Hay salida"

Tenía miedo,
estaba asustada.
Me dejaste destruida
sin mi autoestima.

Pensaba que no podría vivir
si no estabas conmigo,
pero pensé en cuanto daño
me habías hecho.

Y luché por recobrar mi autoestima
y me hice fuerte,
y decidí seguir adelante.

Creí que me derrumbaría,
creí que moriría si ti,
pero tengo toda la vida por delante.

No sentiré lástima por mí
y seguiré adelante.
No sentiré pena por mí,
tengo toda la vida por delante.

Gilda Ruiloba
(Escritora de la Sociedad Cántabra
de Escritores)

VIOLENCIA FILIO-PARENTAL

La denominada violencia filio-parental aún no es demasiado conocida con la debida profundidad entre muchos padres y docentes. Fundacionamigo.org (2020) la define como un "conjunto de conductas reiteradas de violencia física, psicológica o económica de los hijos o hijas, hacia sus progenitores o hacia aquellos que ocupan su lugar" (exceptuando las agresiones puntuales, la deficiencia mental grave y los parricidios sin historias de agresiones previas). La citada fuente indica que en el año 2019 se abrieron 5.055 expedientes, siendo menor en el 2020 (4.699). Se detallan los expedientes de algunas Comunidades Autónomas. Siendo cuatro las que más porcentaje acumulan: Andalucía 980 expedientes; Comunidad Valenciana 830; Madrid 679 y Canarias 427. En último lugar Cantabria y La Rioja (36 y 12, respectivamente).

Así mismo Fundacionamigo.org (2020) lleva a cabo una investigación (con 1.000 personas) y obtiene las **conclusiones** que se detallan seguidamente:

1. La edad media de los hijos es de 15,5 años.

2. La edad de los progenitores es de 46,5 años.

3. El 71,1% de los jóvenes ocasionan problemas entre 12-18 años.

4. La violencia es ejercida por ambos sexos (tanto chicos como chicas, con un 63% y un 37% respectivamente).

5. Algunos de los que ejercen la violencia son hijos únicos: 30,53%.

6. Manifiestan una sensible bajada del rendimiento académico: 74%.

7. Ciertos agresores han sufrido bullying: 16,81%.

8. Presentan algún tipo de adicción: 64,35%.

9. En algún momento han sido testigos de alguna violencia: 41,87%

10. Pertenecen a una familia reconstruida: 15,4%.

11. Están asentados en una familia monoparental materna: 26,4%.

12. Forman parte de una familia monoparental paterna: 5,6%.

13. Viven en una familia nuclear: 52,6%.

Perfil de los agresores, según (Aroca et al., 2014; Ibade, 2007):

- Los agresores manifiestan una falta de autocontrol.
- Demuestran una carencia de habilidades sociales.
- Son muy impulsivos.
- La agresividad se produce en ambos sexos, siendo más marcado el porcentaje en los varones que en las chicas (80% y 50% respectivamente).
- En lo relativo a la **fratría**, los hijos únicos aparecen como menos agresivos (24,5%) frente a los primogénitos que doblan dicho porcentaje (58,8%).
- Poseen una bajísima tolerancia a la frustración.
- Carecen de empatía y se muestran irritables, egocéntricos y prepotentes.
- Se adaptan mal al entorno escolar, por ello tienen un bajo rendimiento académico.
- Coquetean con actividades de riesgo (vandalismo, consumo de sustancias y alcohol).
- Tienen problema para acatar las normas.
- El 67,2% de los agresores no logran el Graduado Escolar.

Violencia filio-parental (I)

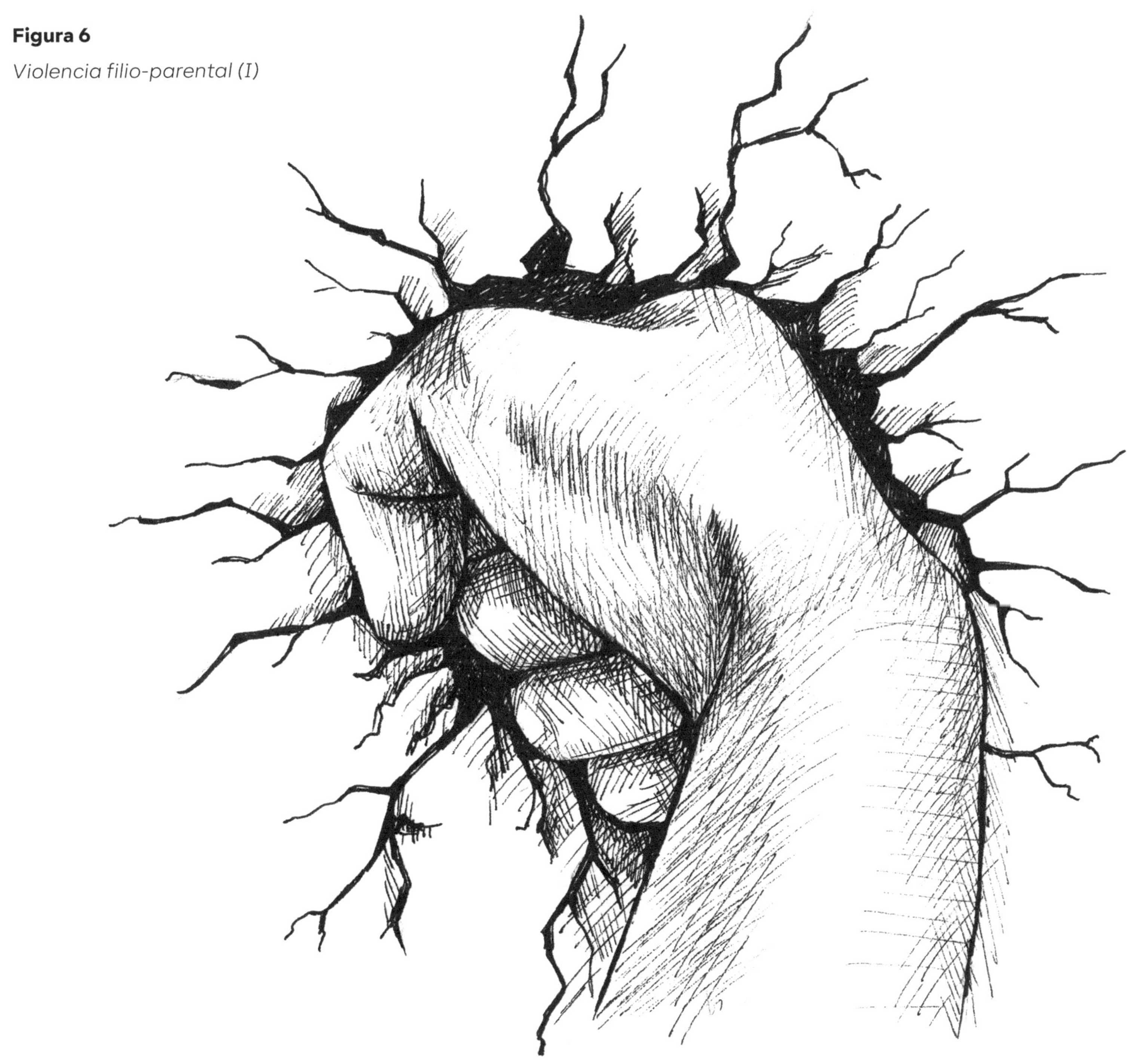

Tabla 6

Torbellino de ideas que te inspira la lámina presentada. *Escribe en el espacio punteado (…….) una sola palabra.*			EMOCIONES removidas en el/la lector/a. Coloca una cruz **X**	SENTIMIENTOS * despertados por el/la lector/a. Coloca una cruz **X**	HABILIDADES desarrolladas por el/la lector/a. Coloca una cruz **X**	DESCUBRIMIENTOS personales del/a lector/a. Coloca una cruz **X**
Sobre la persona						
del/la **Agresor/a**	de la **Víctima**	del/los **Espectador/es**				
1.- ……………………	1.- ……………………	1.- ……………………	1.- Alegría ☐	1.- Celos **(N)** ☐	1.- Observar ☐	1.- Culpabilidades ☐
			2.- Aceptación ☐	2.- Culpa **(N)** ☐	2.- Reflexionar ☐	2.- Fracasos ☐
2.- ……………………	2.- ……………………	2.- ……………………	3.- Amor ☐	3.- Desesperanza **(N)** ☐	3.- Analizar ☐	3.- Límites ☐
			4.- Anticipación ☐	4.- Frustración **(N)** ☐	4.- Imaginar ☐	4.- Inseguridades ☐
3.- ……………………	3.- ……………………	3.- ……………………	5.- Asco ☐	5.- Hostilidad **(N)** ☐	5.- Expresar ☐	5.- Vulnerabilidad ☐
4.- ……………………	4.- ……………………	4.- ……………………	6.- Aversión ☐	6.- Ira **(N)** ☐	6.- Argumentar ☐	6.- Vergüenzas ☐
5.- ……………………	5.- ……………………	5.- ……………………	7.- Coraje ☐	7.- Miedo **(N)** ☐	7.- Empatizar ☐	7.- Satisfacciones ☐
			8.- Curiosidad ☐	8.- Tristeza **(N)** ☐	8.- Tristeza ☐	8.- Logros ☐
6.- ……………………	6.- ……………………	6.- ……………………	9.- Desagrado ☐	9.- Alegría **(P)** ☐	9.- Filtrar Infor. ☐	9.- Disfrutes ☐
7.- ……………………	7.- ……………………	7.- ……………………	10.- Esperanza ☐	10.- Amor **(P)** ☐	10.- Interactuar ☐	10.- Habilidades ☐
			11.- Expectativa ☐	11.- Esperanza **(P)** ☐	11.- Planificar ☐	
8.- ……………………	8.- ……………………	8.- ……………………	12.- Felicidad ☐	12.- Felicidad **(P)** ☐	12.- Tolerar ☐	
9.- ……………………	9.- ……………………	9.- ……………………	13.- Ira ☐	13.- Gratitud **(P)** ☐	13.- Resolver ☐	
			14.- Miedo ☐	14.- Compasión **(P)** ☐	14.- Transformar ☐	
10.- ……………………	10.- ……………………	10.- ……………………	15.- Odio ☐	15.- Sorpresa **(NE)** ☐	15.- Evaluar ☐	

*Positivo **(P)**; Negativo **(N)** y Neutro **(NE)**

AGRUPAMIENTOS para trabajar con el alumnado en el aula. Coloca una cruz **X**	**A.I.** ☐	**T.C.** ☐	**G.G.** ☐			
COMPETENCIAS/ HABILIDADES *Desarrolladas*	**CL** ☐	**STEM** ☐	**CD** ☐	**IEE** ☐	**CPSAA** ☐	**CSC** ☐	**CCEE** ☐
EVALUACIÓN DE LA ACTIVIDAD REALIZADA	**NS** (0-4) ☐		**S** (5-6) ☐		**MS** (7-8) ☐		**EX** (9-10) ☐

VIOLENCIA FILIO-PARENTAL (I)

"Filio-parental" del latín "filius": hijo; y "parens-tis", que significa "padre". En la violencia filio-parental, los hijos actúan intencional y conscientemente, con la pretensión de causar daño, perjuicio y/o sufrimiento a sus progenitores de forma reiterada. Su objetivo consiste en lograr el poder y control de sus víctimas por medio de la violencia (física, psicológica o económica). Fuente: (Aroca, 2010; Ortega, 2015).

Figura 7

Violencia filio-parental (II)

Tabla 6

Torbellino de ideas que te inspira la lámina presentada. *Escribe en el espacio punteado (.......) una sola palabra.*			EMOCIONES removidas en el/la lector/a. Coloca una cruz **X**	SENTIMIENTOS * despertados por el/la lector/a. Coloca una cruz **X**	HABILIDADES desarrolladas por el/la lector/a. Coloca una cruz **X**	DESCUBRIMIENTOS personales del/a lector/a. Coloca una cruz **X**
Sobre la persona						
del/la **Agresor/a**	de la **Víctima**	del/los **Espectador/es**				
1.-	1.-	1.-	1.- Alegría ☐	1.- Celos **(N)** ☐	1.- Observar ☐	1.- Culpabilidades ☐
			2.- Aceptación ☐	2.- Culpa **(N)** ☐	2.- Reflexionar ☐	2.- Fracasos ☐
2.-	2.-	2.-	3.- Amor ☐	3.- Desesperanza **(N)** ☐	3.- Analizar ☐	3.- Límites ☐
			4.- Anticipación ☐	4.- Frustración **(N)** ☐	4.- Imaginar ☐	4.- Inseguridades ☐
3.-	3.-	3.-	5.- Asco ☐	5.- Hostilidad **(N)** ☐	5.- Expresar ☐	5.- Vulnerabilidad ☐
4.-	4.-	4.-	6.- Aversión ☐	6.- Ira **(N)** ☐	6.- Argumentar ☐	6.- Vergüenzas ☐
5.-	5.-	5.-	7.- Coraje ☐	7.- Miedo **(N)** ☐	7.- Empatizar ☐	7.- Satisfacciones ☐
			8.- Curiosidad ☐	8.- Tristeza **(N)** ☐	8.- Tristeza ☐	8.- Logros ☐
6.-	6.-	6.-	9.- Desagrado ☐	9.- Alegría **(P)** ☐	9.- Filtrar Infor. ☐	9.- Disfrutes ☐
7.-	7.-	7.-	10.- Esperanza ☐	10.- Amor **(P)** ☐	10.- Interactuar ☐	10.- Habilidades ☐
			11.- Expectativa ☐	11.- Esperanza **(P)** ☐	11.- Planificar ☐	
8.-	8.-	8.-	12.- Felicidad ☐	12.- Felicidad **(P)** ☐	12.- Tolerar ☐	
9.-	9.-	9.-	13.- Ira ☐	13.- Gratitud **(P)** ☐	13.- Resolver ☐	
			14.- Miedo ☐	14.- Compasión **(P)** ☐	14.- Transformar ☐	
10.-	10.-	10.-	15.- Odio ☐	15.- Sorpresa **(NE)** ☐	15.- Evaluar ☐	

*Positivo **(P)**; Negativo **(N)** y Neutro **(NE)**

AGRUPAMIENTOS para trabajar con el alumnado en el aula. Coloca una cruz **X**	**A.I.** ☐	**T.C.** ☐	**G.G.** ☐				
COMPETENCIAS/ HABILIDADES *Desarrolladas*	**CL** ☐	**STEM** ☐	**CD** ☐	**IEE** ☐	**CPSAA** ☐	**CSC** ☐	**CCEE** ☐
EVALUACIÓN DE LA ACTIVIDAD REALIZADA	**NS** (0-4) ☐		**S** (5-6) ☐		**MS** (7-8) ☐		**EX** (9-10) ☐

VIOLENCIA FILIO-PARENTAL (II)

El agresor es un niño, púber o adolescente, y depende íntegramente de sus víctimas. Los progenitores son sujetos jurídicamente obligados a llevar a cabo las labores del cuidado y educación de su mismo agresor. Fuente: (Chinchilla et al., 2005).

CAUSAS DE LA VIOLENCIA FILIO-PARENTAL

Aroca et al. (2014) dan a conocer el modelado de aprendizaje y estilos educativos inadecuados:

- Los progenitores manifiestan una excesiva permisividad y protección. Ausencia prolongada de límites y normas. En ocasiones, se convierten en los "dictadores" de la casa.
- En ocasiones se deja notar poca afectividad entre padres e hijos.
- Algunos hijos agresores han sido testigos de situaciones violentas en algún momento.
- Ciertos victimizadores han sufrido traumas por abuso o abandono. El 20% habían sido maltratados.
- En estas familias se observan bajos niveles de cohesión.
- Los padres rehúsan el estilo autoritario frente a la sobreprotección.
- Permisividad y laxitud en la figura materna.
- Poca o nula coincidencia en los estilos educativos de los progenitores, al no llevar a cabo el pertinente consenso.
- Los agresores no admiten castigos por mal comportamiento en la escuela.
- Aversión de los hijos a la supervisión y/o guía de sus progenitores.
- Frecuentes desacuerdos entre padres e hijos por una posible reprimenda ante una ingesta de alcohol.
- Posibles vivencias de los presuntos agresores como espectadores, de actitudes de sumisión-hostilidad (al haber presenciado alguna situación de maltrato). Posteriormente, al crecer y contar con la fuerza necesaria, éstos se enfrentan a sus progenitores (con actitudes de hostilidad-hostilidad). Cuando eran pequeños, permanecían callados, ahora ya no; pasan a la acción y actúan con cierta dosis de revancha.
- Los hijos aprenden a conseguir todos sus objetivos por la fuerza.

Figura 8

Causas de la violencia filio-parental

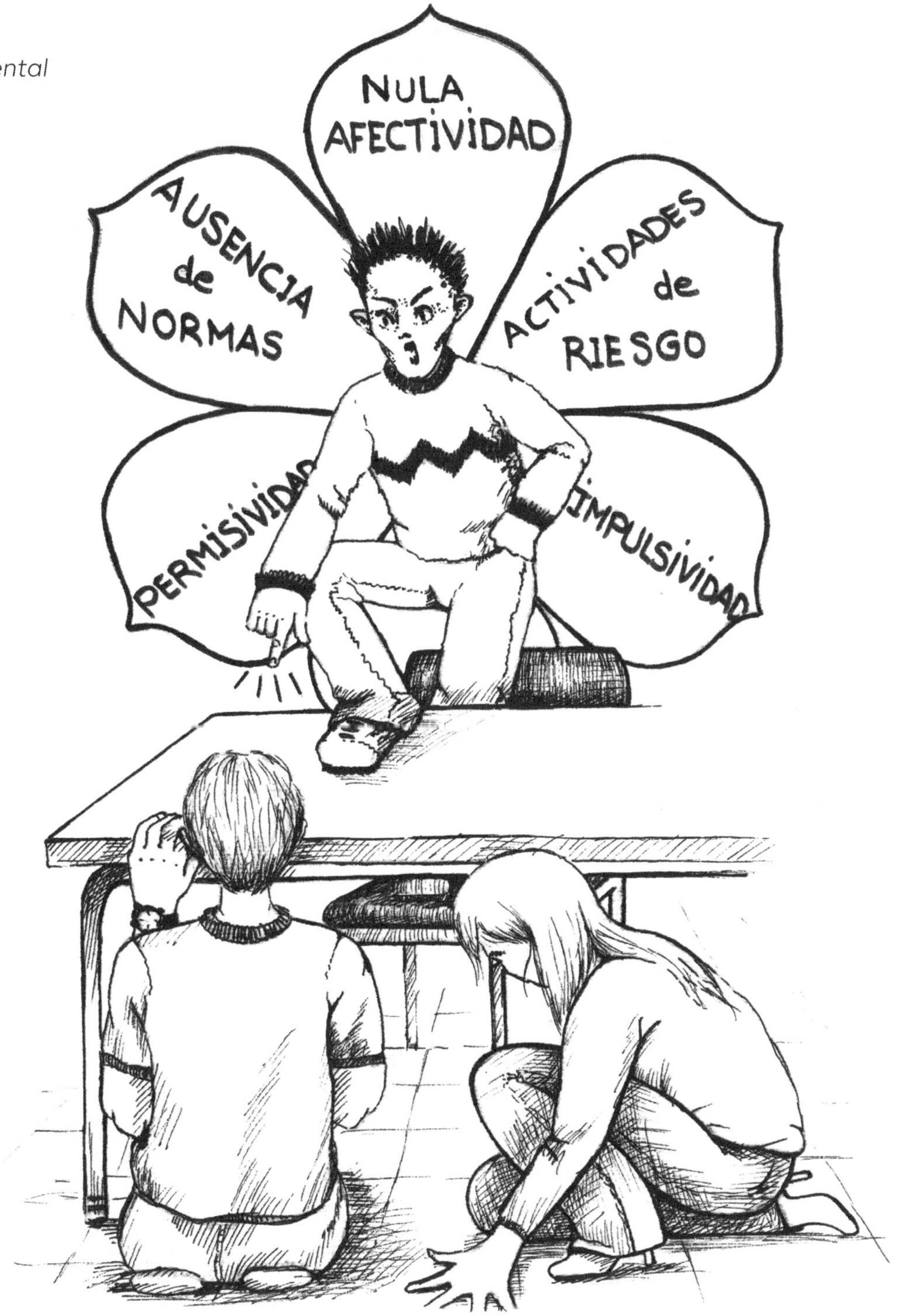

Tabla 8

Torbellino de ideas que te inspira la lámina presentada. _Escribe en el espacio punteado (.......) una sola palabra._			EMOCIONES removidas en el/la lector/a. Coloca una cruz **X**	SENTIMIENTOS * despertados por el/la lector/a. Coloca una cruz **X**	HABILIDADES desarrolladas por el/la lector/a. Coloca una cruz **X**	DESCUBRIMIENTOS personales del/a lector/a. Coloca una cruz **X**
Sobre la persona						
del/la **Agresor/a**	de la **Víctima**	del/los **Espectador/es**				
1.-	1.-	1.-	1.- Alegría ☐	1.- Celos **(N)** ☐	1.- Observar ☐	1.- Culpabilidades ☐
			2.- Aceptación ☐	2.- Culpa **(N)** ☐	2.- Reflexionar ☐	2.- Fracasos ☐
2.-	2.-	2.-	3.- Amor ☐	3.- Desesperanza **(N)** ☐	3.- Analizar ☐	3.- Límites ☐
			4.- Anticipación ☐	4.- Frustración **(N)** ☐	4.- Imaginar ☐	4.- Inseguridades ☐
3.-	3.-	3.-	5.- Asco ☐	5.- Hostilidad **(N)** ☐	5.- Expresar ☐	5.- Vulnerabilidad ☐
4.-	4.-	4.-	6.- Aversión ☐	6.- Ira **(N)** ☐	6.- Argumentar ☐	6.- Vergüenzas ☐
5.-	5.-	5.-	7.- Coraje ☐	7.- Miedo **(N)** ☐	7.- Empatizar ☐	7.- Satisfacciones ☐
			8.- Curiosidad ☐	8.- Tristeza **(N)** ☐	8.- Tristeza ☐	8.- Logros ☐
6.-	6.-	6.-	9.- Desagrado ☐	9.- Alegría **(P)** ☐	9.- Filtrar Infor. ☐	9.- Disfrutes ☐
7.-	7.-	7.-	10.- Esperanza ☐	10.- Amor **(P)** ☐	10.- Interactuar ☐	10.- Habilidades ☐
			11.- Expectativa ☐	11.- Esperanza **(P)** ☐	11.- Planificar ☐	
8.-	8.-	8.-	12.- Felicidad ☐	12.- Felicidad **(P)** ☐	12.- Tolerar ☐	
9.-	9.-	9.-	13.- Ira ☐	13.- Gratitud **(P)** ☐	13.- Resolver ☐	
			14.- Miedo ☐	14.- Compasión **(P)** ☐	14.- Transformar ☐	
10.-	10.-	10.-	15.- Odio ☐	15.- Sorpresa **(NE)** ☐	15.- Evaluar ☐	

*Positivo **(P)**; Negativo **(N)** y Neutro **(NE)**

AGRUPAMIENTOS para trabajar con el alumnado en el aula. Coloca una cruz **X**	**A.I.** ☐	**T.C.** ☐	**G.G.** ☐			
COMPETENCIAS/ HABILIDADES _Desarrolladas_	**CL** ☐	**STEM** ☐	**CD** ☐	**IEE** ☐	**CPSAA** ☐	**CSC** ☐	**CCEE** ☐
EVALUACIÓN DE LA ACTIVIDAD REALIZADA	**NS** (0-4) ☐		**S** (5-6) ☐		**MS** (7-8) ☐		**EX** (9-10) ☐

CAUSAS DE LA VIOLENCIA FILIO-PARENTAL

Multitud de investigadores han estudiado las causas de la violencia filio-parental (Aroca, 2010; Aroca et al., 2014; Asociación Altea-España, 2008 Edenborough et al., 2008, Rechea y Cuervo, 2009) aportando diversas conclusiones, como: ausencia de límites y normas familiares, excesiva permisividad y protección, poca supervisión de los progenitores, deficiente autocontrol, alta dosis de impulsividad, baja tolerancia a la frustración, bajo rendimiento académico e inadaptación al entorno escolar, coqueteo con actividades de riesgo (alcohol, drogas, etc.) y ausencia de habilidades sociales.

SECUELAS DE LA VIOLENCIA FILIO-PARENTAL

A pesar de que el tema de la violencia filio-parental ya no es nuevo, existen algunas dificultades para abordarlo. Dificultades que preceden de la escasez de literatura científica, de la subjetividad para la interpretación de dichas investigaciones, diferentes muestras y variables para su análisis y la diversidad de ámbitos de la procedencia de dichas muestras. También se hace difícil abordar el problema de las consecuencias de este tipo de violencia. Principalmente porque las familias que sufren esta lacra mantienen un mutismo total. Acostumbran a no comentar con nadie dicho problema convirtiéndose en un secreto muy bien guardado. Aroca et al., (2014), Bailin, Fernández y Cuervo (2008), Cottrell y Monk, (2004), Rechea, Fernández y Cuervo (2008); aportan algunas de las secuelas más importantes en los progenitores que sufren dicho problema:

1. Absentismo laboral.

2. Bajas médicas prolongadas.

3. Depresión.

4. Insomnio y "rumiaciones psicológicas".

5. Problemas de pareja (separaciones o divorcios).

6. Negación de los acontecimientos por vergüenza.

7. Secretismo con sus amistades y con los familiares.

8. Sentimiento de culpabilidad y de haber fallado en la principal función como padres/madres (en la educación de los hijos).

9. Ansiedad, conmoción y cuadros de estrés.

10. Introducción en el mundo de las drogas y/o el alcohol, pensando que quizás les puede hacer olvidar el problema.

11. Ideaciones suicidas que, en momentos de máxima desesperación, pueden materializarlas llevando a cabo el suicidio.

Posibles intervenciones en violencia filio-parental:

- Llevar a cabo una terapia con protocolos adaptados al problema planteado y dirigido a todo el entorno familiar.
- Dicha terapia familiar será sistemática y programada.
- Atender las conductas de los hijos en el "nicho ecológico" del agresor.
- Cambiar los patrones de interacción familiar, mejorando las relaciones recíprocas.
- Acrecentar y mejorar la comunicación en el entorno familiar (creando espacios para el diálogo).
- Promover servicios implicados y que actúen de forma conjunta (escuela, justicia).
- Formular actividades basadas en acuerdos parentales.
- Evitar las confrontaciones padres-hijos.
- Empleo de la teoría "fuera de reforzamiento". Cuando una situación o ambiente no es propicio, al agresor se le debe sustraer del mismo y enseñarle a gestionar sus emociones (con autoinstrucciones o técnicas de relajación, entre otros procedimientos).
- Algún ejemplo tipo de éstas: ¿habré actuado correctamente?, ¿mi conducta habrá molestado a mis padres?, ¿cuándo mis padres me regañan, lo hacen para fastidiarme o para que recapacite? "La próxima vez, pensaré y luego actuaré".

Figura 9

Secuelas de la violencia filio-parental

Tabla 9

Torbellino de ideas que te inspira la lámina presentada. *Escribe en el espacio punteado (…….) una sola palabra.*			EMOCIONES removidas en el/la lector/a. Coloca una cruz **X**	SENTIMIENTOS * despertados por el/la lector/a. Coloca una cruz **X**	HABILIDADES desarrolladas por el/la lector/a. Coloca una cruz **X**	DESCUBRIMIENTOS personales del/a lector/a. Coloca una cruz **X**
Sobre la persona						
del/la **Agresor/a**	de la **Víctima**	del/los **Espectador/es**				
1.-	1.-	1.-	1.- Alegría ☐	1.- Celos **(N)** ☐	1.- Observar ☐	1.- Culpabilidades ☐
			2.- Aceptación ☐	2.- Culpa **(N)** ☐	2.- Reflexionar ☐	2.- Fracasos ☐
2.-	2.-	2.-	3.- Amor ☐	3.- Desesperanza **(N)** ☐	3.- Analizar ☐	3.- Límites ☐
			4.- Anticipación ☐	4.- Frustración **(N)** ☐	4.- Imaginar ☐	4.- Inseguridades ☐
3.-	3.-	3.-	5.- Asco ☐	5.- Hostilidad **(N)** ☐	5.- Expresar ☐	5.- Vulnerabilidad ☐
4.-	4.-	4.-	6.- Aversión ☐	6.- Ira **(N)** ☐	6.- Argumentar ☐	6.- Vergüenzas ☐
5.-	5.-	5.-	7.- Coraje ☐	7.- Miedo **(N)** ☐	7.- Empatizar ☐	7.- Satisfacciones ☐
			8.- Curiosidad ☐	8.- Tristeza **(N)** ☐	8.- Tristeza ☐	8.- Logros ☐
6.-	6.-	6.-	9.- Desagrado ☐	9.- Alegría **(P)** ☐	9.- Filtrar Infor. ☐	9.- Disfrutes ☐
7.-	7.-	7.-	10.- Esperanza ☐	10.- Amor **(P)** ☐	10.- Interactuar ☐	10.- Habilidades ☐
			11.- Expectativa ☐	11.- Esperanza **(P)** ☐	11.- Planificar ☐	
8.-	8.-	8.-	12.- Felicidad ☐	12.- Felicidad **(P)** ☐	12.- Tolerar ☐	
			13.- Ira ☐	13.- Gratitud **(P)** ☐	13.- Resolver ☐	
9.-	9.-	9.-	14.- Miedo ☐	14.- Compasión **(P)** ☐	14.- Transformar ☐	
10.-	10.-	10.-	15.- Odio ☐	15.- Sorpresa **(NE)** ☐	15.- Evaluar ☐	

*Positivo **(P)**; Negativo **(N)** y Neutro **(NE)**

AGRUPAMIENTOS para trabajar con el alumnado en el aula. Coloca una cruz **X**	**A.I.** ☐	**T.C.** ☐	**G.G.** ☐				
COMPETENCIAS/ HABILIDADES *Desarrolladas*	**CL** ☐	**STEM** ☐	**CD** ☐	**IEE** ☐	**CPSAA** ☐	**CSC** ☐	**CCEE** ☐
EVALUACIÓN DE LA ACTIVIDAD REALIZADA	**NS** (0-4) ☐		**S** (5-6) ☐		**MS** (7-8) ☐		**EX** (9-10) ☐

SECUELAS DE LA VIOLENCIA FILIO-PARENTAL

Las secuelas más frecuentes de la violencia familiar son variadas: vergüenza, culpabilidad, absentismo laboral (bajas laborales), separaciones y divorcios; ansiedad, depresión, baja autoestima, estrés postraumático, ideación suicida y suicidios. Fuente: (Aroca et al., 2014; Ferrer-Pérez y Bosch-Fiol, 2019; Ibade y Jaureguizar, 2011; Ortega, 2015).

Figura 10

Teléfono de ayuda a la violencia filio-parental

Tabla 10

Torbellino de ideas que te inspira la lámina presentada. *Escribe en el espacio punteado (.......) una sola palabra.* Sobre la persona			EMOCIONES removidas en el/la lector/a. Coloca una cruz **X**	SENTIMIENTOS * despertados por el/la lector/a. Coloca una cruz **X**	HABILIDADES desarrolladas por el/la lector/a. Coloca una cruz **X**	DESCUBRIMIENTOS personales del/a lector/a. Coloca una cruz **X**
del/la **Agresor/a**	de la **Víctima**	del/los **Espectador/es**				
1.-	1.-	1.-	1.- Alegría ☐	1.- Celos **(N)** ☐	1.- Observar ☐	1.- Culpabilidades ☐
			2.- Aceptación ☐	2.- Culpa **(N)** ☐	2.- Reflexionar ☐	2.- Fracasos ☐
2.-	2.-	2.-	3.- Amor ☐	3.- Desesperanza **(N)** ☐	3.- Analizar ☐	3.- Límites ☐
			4.- Anticipación ☐	4.- Frustración **(N)** ☐	4.- Imaginar ☐	4.- Inseguridades ☐
3.-	3.-	3.-	5.- Asco ☐	5.- Hostilidad **(N)** ☐	5.- Expresar ☐	5.- Vulnerabilidad ☐
4.-	4.-	4.-	6.- Aversión ☐	6.- Ira **(N)** ☐	6.- Argumentar ☐	6.- Vergüenzas ☐
5.-	5.-	5.-	7.- Coraje ☐	7.- Miedo **(N)** ☐	7.- Empatizar ☐	7.- Satisfacciones ☐
			8.- Curiosidad ☐	8.- Tristeza **(N)** ☐	8.- Tristeza ☐	8.- Logros ☐
6.-	6.-	6.-	9.- Desagrado ☐	9.- Alegría **(P)** ☐	9.- Filtrar Infor. ☐	9.- Disfrutes ☐
7.-	7.-	7.-	10.- Esperanza ☐	10.- Amor **(P)** ☐	10.- Interactuar ☐	10.- Habilidades ☐
			11.- Expectativa ☐	11.- Esperanza **(P)** ☐	11.- Planificar ☐	
8.-	8.-	8.-	12.- Felicidad ☐	12.- Felicidad **(P)** ☐	12.- Tolerar ☐	
			13.- Ira ☐	13.- Gratitud **(P)** ☐	13.- Resolver ☐	
9.-	9.-	9.-	14.- Miedo ☐	14.- Compasión **(P)** ☐	14.- Transformar ☐	
10.-	10.-	10.-	15.- Odio ☐	15.- Sorpresa **(NE)** ☐	15.- Evaluar ☐	

*Positivo **(P)**; Negativo **(N)** y Neutro **(NE)**

AGRUPAMIENTOS para trabajar con el alumnado en el aula. Coloca una cruz **X**	**A.I.** ☐	**T.C.** ☐	**G.G.** ☐				
COMPETENCIAS/ HABILIDADES *Desarrolladas*	**CL** ☐	**STEM** ☐	**CD** ☐	**IEE** ☐	**CPSAA** ☐	**CSC** ☐	**CCEE** ☐
EVALUACIÓN DE LA ACTIVIDAD REALIZADA	**NS** (0-4) ☐		**S** (5-6) ☐		**MS** (7-8) ☐		**EX** (9-10) ☐

TELÉFONO DE AYUDA A LA VIOLENCIA FILIO-PARENTAL

El programa RECURRA-GINSO nace en el 2011. Su director es el profesor Urra. Su objetivo consiste en ayudar a los padres con hijos que ejercen la violencia hacia los mismos. Se denomina "Campus Unidos" (cuatro chalets de doce plazas y un edificio residencial con cuarenta y siete plazas). Ubicado en Brea del Tajo (a 69 km de Madrid), alberga a noventa y seis jóvenes y cuenta con ciento dieciocho profesionales (educadores, terapeutas, ocio, etc.). El tiempo de permanencia oscila entre los 9 a 12 meses. No se permite el uso del móvil ni la televisión. Sus actuaciones se basan en tres premisas: Escoge, Cambia y Actúa. Se han atendido 1.400 casos ambulatorios y 630 residenciales. Atención por teléfono: 900 65 65 65. Los progenitores pueden contactar por email: <consult@recurra.com>. Fuente: (Urra, 2018): A pesar de que las plazas iniciales fueron 96 en el centro, han surgido nuevas peticiones y necesidades. A día de hoy (2023) los chicos/as residentes son 1.200 y los pacientes de clínica ambulatoria ascienden a 2.600.

VIOLENCIA EN LA ESCUELA

Se procede a la acotación del término **acoso escolar**, también conocido como "bullying" o maltrato entre iguales. El primer investigador que acuña el término es Olweus (1998, 2011, 2013) y lo define como un proceso sistemático de intimidación de un agresor hacia una víctima. Pero teniendo en cuenta que deben cumplirse varias premisas. La **prolongación** en el tiempo, el **desequilibrio** de fuerzas y el **abuso de poder**. Además, de una víctima que no provoque al agresor (no reactiva). Cuando concurren los tres factores, se puede afirmar que una víctima sufre un presunto caso de **bullying**.

Ortega (2008) indica que la palabra "bully", tiene connotaciones negativas (provoca aislamiento, amenaza, intimidación, insultos y tiranización). Por su parte, Cerezo (2010) lo define como una forma de "maltrato intencional y perjudicial", de un estudiante hacia otro compañero, generalmente más débil, al que convierte en víctima habitual. Tresgallo (2020, 2021) precisa que dicho término es un anglicismo (de "bull", toro) y que la palabra más próxima en castellano es "matonismo". Dicha traducción, no es la más adecuada, pero se utiliza para designar dicho problema con términos como los siguientes: abuso, acoso, intimidación y maltrato. Palacios, Alonso y Alonso (2022) sostienen que es una forma de violencia protagonizada por los niños o adolescentes y que se producen (no en exclusividad) en el centro escolar. La escuela no es el único lugar donde se gesta y se lleva a cabo la violencia y que, por el contrario, es un contexto fundamental para poder combatirlo. Las citadas autoras hacen hincapié en que en este tipo de victimización existen tres aspectos: intencionalidad de causar daño, no es una acción puntual y se produce una persistencia en el tiempo. Señalan cuatro fases bien diferenciadas:

1.ª fase: Incidentes críticos. Basada principalmente en señalar o seleccionar a la presunta víctima (alumnos y alumnas "marcados") por alguna faceta diferencial (un error llamativo, una nota excepcionalmente alta o baja, ridiculizaciones llevadas a cabo por el profesor, etc.) que posteriormente, será estigmatizada mediante motes.

2.ª fase: Repetición o frecuencia. Se repiten las conductas violentas en lugares en los que no hay presencia de adultos y, al ser desconocidas, quedan sin sanción y la víctima comienza a sentirse desprotegida y percibiendo una sensación de impunidad de sus matones.

3.ª fase: Creación de un chivo expiatorio. Se amplía el número de alumnos que se suman a dicha situación de acoso y que es conocida por la generalidad del aula.

4.ª fase: Victimización. En ella, se hacen patentes los daños permanentes de la víctima provocando un cierto grado de confusión (irritabilidad, indefensión y baja autoestima entre otras manifestaciones). Las víctimas pueden ser percibidas como diferentes por sus rasgos personales, llamados "diferenciales" (como: ser "empollón", "ser gordito", "ser pelirrojo", etc.). Palacios, Alonso y Alonso (2020) aportan algunas facetas que aumentan el riesgo de sufrir bullying:

- Enfermedad crónica.
- Discapacidad física.
- Obesidad o delgadez extrema.
- Apariencia extraña.
- Ser inmigrante.
- Pertenecer a una minoría racial, étnica o religiosa.
- Trastornos de aprendizaje.
- Trastornos de conducta.
- Pertenecer al colectivo LGTBI.
- Sufrir pobreza.

- Vivir en orfanatos o casas de acogida.

- Maltrato infantil (abuso físico, sexual, emocional y negligencia).

- Violencia intrafamiliar.

- Abusos de sustancias en la familia.

- Problemas de salud mental en los padres.

Garaigordobil y Martínez-Valderrey (2018) estudian la persona del **agresor** (agresora) y concluyen las siguientes características:

- Amenaza a los demás y se muestra agresivo y violento.

- Es "borde", chulo, conflictivo. Se muestra orgulloso y "friky".

- Insulta.

- Pega.

- Margina.

- Aparece como líder.

- Actúa en grupo.

- Es prepotente, conflictivo y se mete en "movidas".

- Tiene problemas mentales.

- Es fuerte.

Las citadas autoras, analizan a las **víctimas**:

- Tienden al aislamiento.
- Son calladas y cohibidas.
- Se muestran asustadas y cobardes.
- Son débiles, gordas y empollonas.
- Son inseguras, miedosas y vergonzosas.
- Son inmigrantes, tímidas, feas, diferentes y retraídas.
- Le hacen *bullying* porque no tienen dinero.
- Son humilladas, humildes y fracasadas.

Así mismo, se detallan las características de los **observadores**:

- Apoyan al agresor.
- Se muestran alejados e indiferentes.
- Se mantienen al margen.
- No tienen sentimientos.
- Son unos pasotas.
- No quieren meterse en líos.
- No se involucran; tienen miedo.
- Se muestran alejados, curiosos y silenciosos.
- Son cobardes, cotillas y crueles.

Pautas para revertir la situación:

1. Ponerse siempre del lado de la víctima (que acostumbra a ser la parte más débil).

2. Las familias de los presuntos agresores deben reconocer que sus hijos maltratan a sus compañeros.

3. Poner límites y normas racionales a los hijos no es un indicativo de quererlos menos; es un error que pueden pagar en un futuro próximo.

4. Acudir al centro educativo para controlar el comportamiento de sus hijos y el desenvolvimiento educativo de los mismos.

5. Acudir y participar en los eventos formativos y de sensibilización ofertados por el centro educativo, en relación con cualquier tipo de violencia.

6. Los equipos directivos deberán velar por priorizar en sus agendas el tratamiento del citado problema, facilitando procesos de gestión y ofertando ciclos formativos para aumentar la sensibilización frente al maltrato entre pares.

7. La dirección de los centros educativos tratará de crear vínculos estrechos entre las familias y la escuela, favoreciendo el conocimiento de ambas partes, mediante convivencias y actividades deportivas para toda la comunidad educativa.

8. Así mismo, la escuela hará que funcione el departamento de orientación y en los presuntos casos de bullying, se pondrán al servicio de las familias afectadas.

9. La jefatura de estudios impulsará la elección democrática de los mediadores escolares y velará porque se mantenga y se promocione dicha figura. Se les aportará formación y promoción continua.

10. La dirección de los centros afectados por maltrato escolar, animarán al departamento de orientación para llevar a cabo protocolos realistas, eficaces y evaluables.

11. "La evaluación del nivel de satisfacción de un protocolo de acoso escolar, viene determinado por cuatro niveles de logro: Nivel de logro 1 [nada satisfactorio, nunca se realiza]; Nivel de logro 2 [poco satisfactorio, alguna vez se lleva a cabo]; Nivel de logro 3 [satisfactorio, se realiza] y Nivel de logro 4 [muy satisfactorio, se realiza muchas veces, es bastante habitual]" (Tresgallo, 2020, p. 241).

Figura 11

Concepto de Bullying

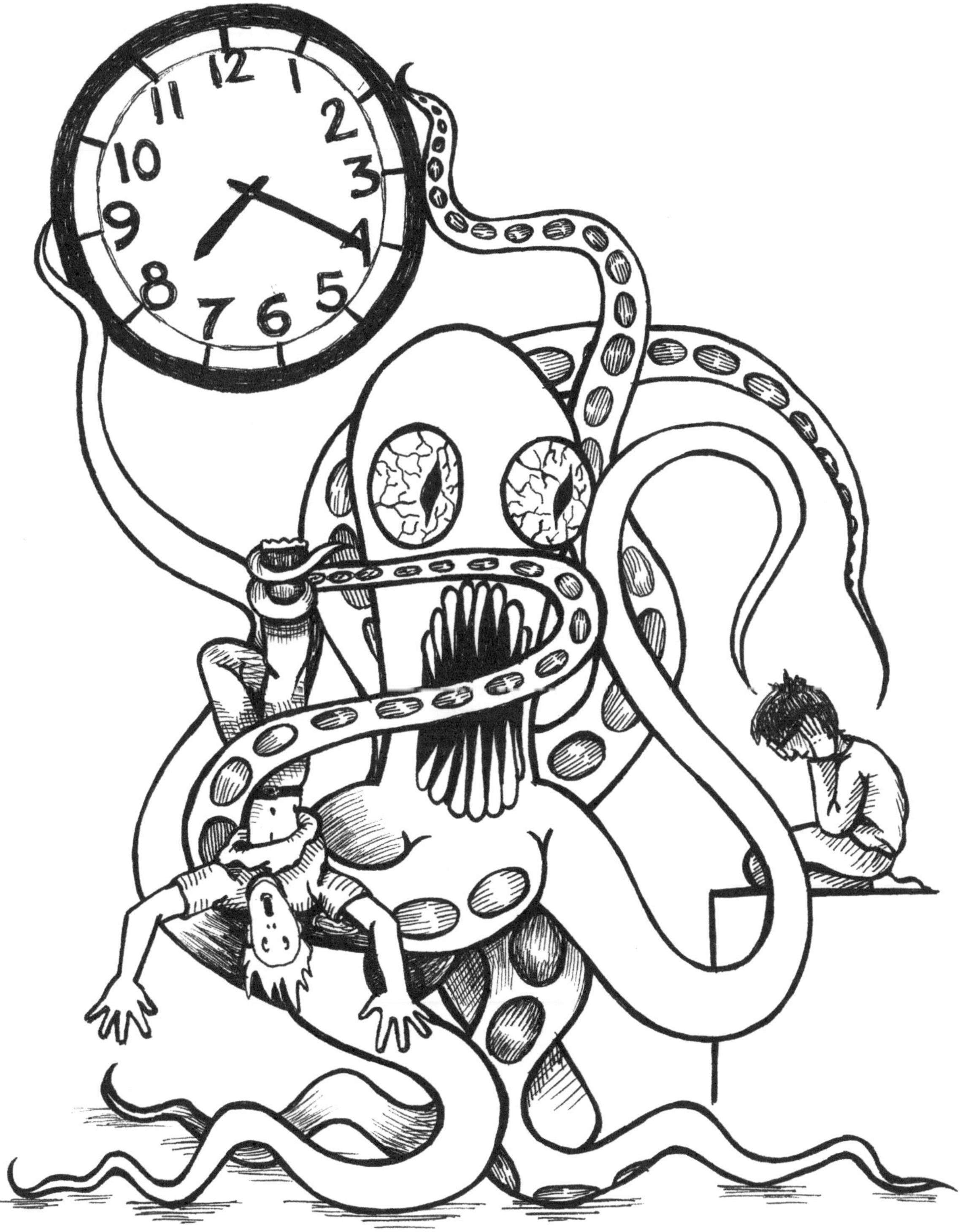

Tabla 11

Torbellino de ideas que te inspira la lámina presentada. *Escribe en el espacio punteado (.......) una sola palabra.*			EMOCIONES removidas en el/la lector/a. Coloca una cruz **X**	SENTIMIENTOS * despertados por el/la lector/a. Coloca una cruz **X**	HABILIDADES desarrolladas por el/la lector/a. Coloca una cruz **X**	DESCUBRIMIENTOS personales del/a lector/a. Coloca una cruz **X**
Sobre la persona						
del/la **Agresor/a**	de la **Víctima**	del/los **Espectador/es**				
1.-	1.-	1.-	1.- Alegría ☐	1.- Celos **(N)** ☐	1.- Observar ☐	1.- Culpabilidades ☐
			2.- Aceptación ☐	2.- Culpa **(N)** ☐	2.- Reflexionar ☐	2.- Fracasos ☐
2.-	2.-	2.-	3.- Amor ☐	3.- Desesperanza **(N)** ☐	3.- Analizar ☐	3.- Límites ☐
3.-	3.-	3.-	4.- Anticipación ☐	4.- Frustración **(N)** ☐	4.- Imaginar ☐	4.- Inseguridades ☐
			5.- Asco ☐	5.- Hostilidad **(N)** ☐	5.- Expresar ☐	5.- Vulnerabilidad ☐
4.-	4.-	4.-	6.- Aversión ☐	6.- Ira **(N)** ☐	6.- Argumentar ☐	6.- Vergüenzas ☐
5.-	5.-	5.-	7.- Coraje ☐	7.- Miedo **(N)** ☐	7.- Empatizar ☐	7.- Satisfacciones ☐
			8.- Curiosidad ☐	8.- Tristeza **(N)** ☐	8.- Tristeza ☐	8.- Logros ☐
6.-	6.-	6.-	9.- Desagrado ☐	9.- Alegría **(P)** ☐	9.- Filtrar Infor. ☐	9.- Disfrutes ☐
7.-	7.-	7.-	10.- Esperanza ☐	10.- Amor **(P)** ☐	10.- Interactuar ☐	10.- Habilidades ☐
			11.- Expectativa ☐	11.- Esperanza **(P)** ☐	11.- Planificar ☐	
8.-	8.-	8.-	12.- Felicidad ☐	12.- Felicidad **(P)** ☐	12.- Tolerar ☐	
9.-	9.-	9.-	13.- Ira ☐	13.- Gratitud **(P)** ☐	13.- Resolver ☐	
			14.- Miedo ☐	14.- Compasión **(P)** ☐	14.- Transformar ☐	
10.-	10.-	10.-	15.- Odio ☐	15.- Sorpresa **(NE)** ☐	15.- Evaluar ☐	

*Positivo **(P)**; Negativo **(N)** y Neutro **(NE)**

AGRUPAMIENTOS para trabajar con el alumnado en el aula. Coloca una cruz **X**	**A.I.** ☐	**T.C.** ☐	**G.G.** ☐				
COMPETENCIAS/ HABILIDADES *Desarrolladas*	**CL** ☐	**STEM** ☐	**CD** ☐	**IEE** ☐	**CPSAA** ☐	**CSC** ☐	**CCEE** ☐
EVALUACIÓN DE LA ACTIVIDAD REALIZADA	**NS** (0-4) ☐		**S** (5-6) ☐		**MS** (7-8) ☐		**EX** (9-10) ☐

CONCEPTO DE BULLYING

Concepto de *Bullying* (del inglés "bull": toro; matón). El acoso escolar (bullying) es un proceso sistemático de intimidación, de un agresor o de un grupo, hacia una víctima que no tiene posibilidades de defenderse. Para que se dé una situación de bullying se deben cumplir tres premisas: a) Que la intimidación sea reiterada en el tiempo; b) Que exista un desequilibrio de fuerzas, siempre a favor del agresor (más edad, mayor tecnología, etc.); c) Que la víctima no sea reactiva (no comprometa al agresor). Cuando se cumplen las tres premisas, hay acoso escolar. Fuente: (Molina del Peral y Vecina, 2018; Olweus, 2011, 2013; Rubio Hernáez et al., 2019).

INTEGRANTES DEL TRIÁNGULO AGRESIVO

Los principales integrantes del denominado "triángulo agresivo" son tres: uno o varios agresores, la víctima y los espectadores. El **agresor**, es el que martiriza a la víctima, que siempre se lleva la peor parte (el sufrimiento y en casos excepcionales, la muerte). El victimizador puede actuar solo o en grupo. En ocasiones puede valerse de una camarilla de colaboradores para ejercer su violencia contra la víctima. El agresor tampoco queda libre de repercusiones futuras (a corto o medio plazo), dado que realiza "ensayos" en el ámbito escolar para llevar a cabo su "dictadura" contra sus compañeros. Poco a poco, se habitúa a emplear la fuerza, a imponer su voluntad, a no practicar el diálogo a la hora de conseguir sus logros. De esta manera, "aprende" a ejercer la violencia contra los demás y posteriormente, la practicará con su pareja. Finalmente, los **espectadores** (aquí denominados "silentes") observan todas las injusticias que el agresor comete con la **víctima** y no dicen nada, permaneciendo impasibles y callados, por miedo a que les pueda suceder lo mismo, o puedan ser tachados de "chivatos". En este momento, se convierten en cómplices del agresor.

Medidas a adoptar:

- Implementar jornadas de sensibilización en el centro educativo para concienciar a la comunidad educativa del grave problema que supone el acoso escolar.
- Concienciar al alumnado de que, cuando conocen un presunto caso de bullying, no deben permanecer callados, dejando en soledad a la víctima, la cual en un futuro próximo puede tomar medidas drásticas en relación a su existencia.
- Facilitar material diverso desde el departamento de orientación escolar para trabajar el tema en las tutorías.

- Sensibilizar al alumnado de que, cuando se avisa de un caso de bullying y se le comunica a un docente de confianza, no se convierte en un "chivato", sino todo lo contrario, pues es posible que se le tienda una mano al compañero que se encuentra necesitado.

- Llevar a cabo conferencias informativas sobre el acoso escolar y sus principales secuelas para toda la comunidad educativa.

- Favorecer que el equipo directivo trate el tema en sus reuniones y no se obvie el problema.

- Luchar por un ambiente libre de tensiones, acosos y vejaciones, fomentando un buen ambiente, facilitando la integración, el trabajo, la amistad, la empatía y el respeto del otro, favoreciendo de este modo la promoción personal de toda la comunidad educativa.

Figura 12

Persona del agresor

Tabla 12

Torbellino de ideas que te inspira la lámina presentada. Escribe en el espacio punteado (.......) una sola palabra.			EMOCIONES removidas en el/la lector/a. Coloca una cruz **X**		SENTIMIENTOS * despertados por el/la lector/a. Coloca una cruz **X**		HABILIDADES desarrolladas por el/la lector/a. Coloca una cruz **X**		DESCUBRIMIENTOS personales del/a lector/a. Coloca una cruz **X**	
Sobre la persona										
del/la **Agresor/a**	de la **Víctima**	del/los **Espectador/es**								
1.-	1.-	1.-	1.- Alegría	☐	1.- Celos **(N)**	☐	1.- Observar	☐	1.- Culpabilidades	☐
			2.- Aceptación	☐	2.- Culpa **(N)**	☐	2.- Reflexionar	☐	2.- Fracasos	☐
2.-	2.-	2.-	3.- Amor	☐	3.- Desesperanza **(N)**	☐	3.- Analizar	☐	3.- Límites	☐
			4.- Anticipación	☐	4.- Frustración **(N)**	☐	4.- Imaginar	☐	4.- Inseguridades	☐
3.-	3.-	3.-	5.- Asco	☐	5.- Hostilidad **(N)**	☐	5.- Expresar	☐	5.- Vulnerabilidad	☐
4.-	4.-	4.-	6.- Aversión	☐	6.- Ira **(N)**	☐	6.- Argumentar	☐	6.- Vergüenzas	☐
			7.- Coraje	☐	7.- Miedo **(N)**	☐	7.- Empatizar	☐	7.- Satisfacciones	☐
5.-	5.-	5.-	8.- Curiosidad	☐	8.- Tristeza **(N)**	☐	8.- Tristeza	☐	8.- Logros	☐
6.-	6.-	6.-	9.- Desagrado	☐	9.- Alegría **(P)**	☐	9.- Filtrar Infor.	☐	9.- Disfrutes	☐
			10.- Esperanza	☐	10.- Amor **(P)**	☐	10.- Interactuar	☐	10.- Habilidades	☐
7.-	7.-	7.-	11.- Expectativa	☐	11.- Esperanza **(P)**	☐	11.- Planificar	☐		
8.-	8.-	8.-	12.- Felicidad	☐	12.- Felicidad **(P)**	☐	12.- Tolerar	☐		
			13.- Ira	☐	13.- Gratitud **(P)**	☐	13.- Resolver	☐		
9.-	9.-	9.-	14.- Miedo	☐	14.- Compasión **(P)**	☐	14.- Transformar	☐		
10.-	10.-	10.-	15.- Odio	☐	15.- Sorpresa **(NE)**	☐	15.- Evaluar	☐		

*Positivo **(P)**; Negativo **(N)** y Neutro **(NE)**

AGRUPAMIENTOS para trabajar con el alumnado en el aula. Coloca una cruz **X**	**A.I.** ☐	**T.C.** ☐	**G.G.** ☐				
COMPETENCIAS/ HABILIDADES Desarrolladas	**CL** ☐	**STEM** ☐	**CD** ☐	**IEE** ☐	**CPSAA** ☐	**CSC** ☐	**CCEE** ☐
EVALUACIÓN DE LA ACTIVIDAD REALIZADA	**NS** (0-4) ☐		**S** (5-6) ☐		**MS** (7-8) ☐		**EX** (9-10) ☐

PERSONA DEL AGRESOR

El agresor intimida y martiriza a sus víctimas de forma verbal, física, psicológica, sexual, verbal u otras. Algunos autores (Castell, 2007; Garaigordobil y Martínez-Valderrey, 2018; Méndez y Cerezo, 2018; Serrano e Iborra, 2005; Tresgallo, 2020) señalan algunos de sus rasgos, como: las interacciones con sus víctimas las interpretan en términos de poder-sumisión, culpan a los demás, realizan peticiones y caprichos continuos, carecen de normativa en su educación y puede ser excesivamente laxa, ausencia de compromiso en sus tareas, pueden divertirse destruyendo las propiedades de los demás.

Figura 13

Víctima rota

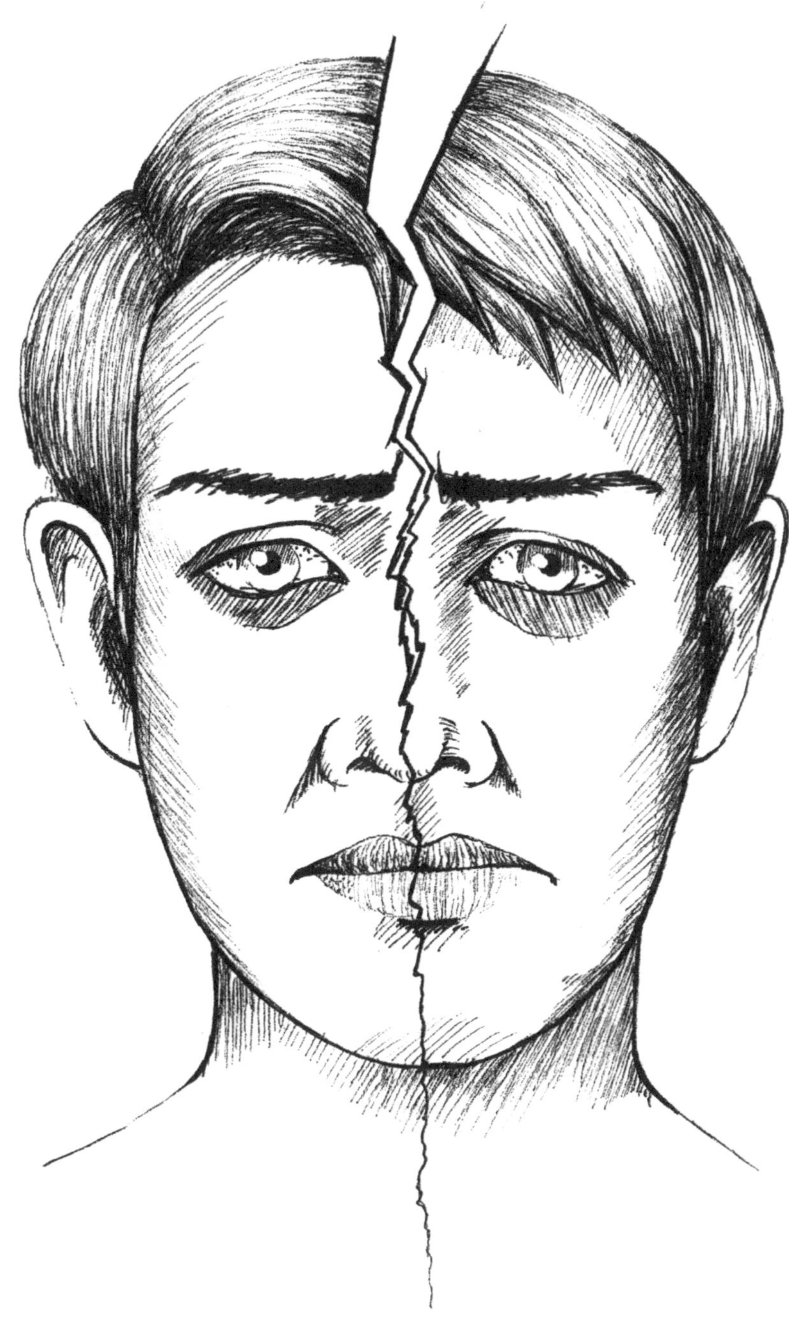

Tabla 13

Torbellino de ideas que te inspira la lámina presentada. *Escribe en el espacio punteado (.......) una sola palabra.*			EMOCIONES removidas en el/la lector/a. Coloca una cruz **X**	SENTIMIENTOS * despertados por el/la lector/a. Coloca una cruz **X**	HABILIDADES desarrolladas por el/la lector/a. Coloca una cruz **X**	DESCUBRIMIENTOS personales del/a lector/a. Coloca una cruz **X**
Sobre la persona						
del/la **Agresor/a**	de la **Víctima**	del/los **Espectador/es**				
1.-	1.-	1.-	1.- Alegría ☐	1.- Celos **(N)** ☐	1.- Observar ☐	1.- Culpabilidades ☐
			2.- Aceptación ☐	2.- Culpa **(N)** ☐	2.- Reflexionar ☐	2.- Fracasos ☐
2.-	2.-	2.-	3.- Amor ☐	3.- Desesperanza **(N)** ☐	3.- Analizar ☐	3.- Límites ☐
			4.- Anticipación ☐	4.- Frustración **(N)** ☐	4.- Imaginar ☐	4.- Inseguridades ☐
3.-	3.-	3.-	5.- Asco ☐	5.- Hostilidad **(N)** ☐	5.- Expresar ☐	5.- Vulnerabilidad ☐
4.-	4.-	4.-	6.- Aversión ☐	6.- Ira **(N)** ☐	6.- Argumentar ☐	6.- Vergüenzas ☐
5.-	5.-	5.-	7.- Coraje ☐	7.- Miedo **(N)** ☐	7.- Empatizar ☐	7.- Satisfacciones ☐
			8.- Curiosidad ☐	8.- Tristeza **(N)** ☐	8.- Tristeza ☐	8.- Logros ☐
6.-	6.-	6.-	9.- Desagrado ☐	9.- Alegría **(P)** ☐	9.- Filtrar Infor. ☐	9.- Disfrutes ☐
7.-	7.-	7.-	10.- Esperanza ☐	10.- Amor **(P)** ☐	10.- Interactuar ☐	10.- Habilidades ☐
			11.- Expectativa ☐	11.- Esperanza **(P)** ☐	11.- Planificar ☐	
8.-	8.-	8.-	12.- Felicidad ☐	12.- Felicidad **(P)** ☐	12.- Tolerar ☐	
			13.- Ira ☐	13.- Gratitud **(P)** ☐	13.- Resolver ☐	
9.-	9.-	9.-	14.- Miedo ☐	14.- Compasión **(P)** ☐	14.- Transformar ☐	
10.-	10.-	10.-	15.- Odio ☐	15.- Sorpresa **(NE)** ☐	15.- Evaluar ☐	

*Positivo **(P)**; Negativo **(N)** y Neutro **(NE)**

AGRUPAMIENTOS para trabajar con el alumnado en el aula. Coloca una cruz **X**	**A.I.** ☐	**T.C.** ☐	**G.G.** ☐				
COMPETENCIAS/ HABILIDADES *Desarrolladas*	**CL** ☐	**STEM** ☐	**CD** ☐	**IEE** ☐	**CPSAA** ☐	**CSC** ☐	**CCEE** ☐
EVALUACIÓN DE LA ACTIVIDAD REALIZADA	**NS** (0-4) ☐		**S** (5-6) ☐		**MS** (7-8) ☐		**EX** (9-10) ☐

VICTIMA ROTA

Las víctimas son aquellas que sufren los rigores de la victimización de sus agresores. Algunos autores (Cerezo y Méndez, 2012; Garaigordobil y Martínez-Valderrey, 2018; Tresgallo, 2020; Urra, 2018; Velasco, Seijo y Vilariño, 2013) las categorizan como personas débiles, inseguras, ansiosas, tímidas, con bajos niveles de autoestima, con opinión negativa de sí mismas. Sienten vergüenza y culpabilidad.

Figura 14

Espectadores "silentes"

Tabla 14

<table>
<tr>
<td colspan="3">Torbellino de ideas que te inspira la lámina presentada.
Escribe en el espacio punteado (…….) una sola palabra.</td>
<td>EMOCIONES
removidas
en el/la lector/a.
Coloca una cruz X</td>
<td>SENTIMIENTOS *
despertados
por el/la lector/a.
Coloca una cruz X</td>
<td>HABILIDADES
desarrolladas
por el/la lector/a.
Coloca una cruz X</td>
<td>DESCUBRIMIENTOS
personales
del/a lector/a.
Coloca una cruz X</td>
</tr>
<tr>
<td colspan="3">Sobre la persona</td>
<td rowspan="2">1.- Alegría ☐</td>
<td rowspan="2">1.- Celos (N) ☐</td>
<td rowspan="2">1.- Observar ☐</td>
<td rowspan="2">1.- Culpabilidades ☐</td>
</tr>
<tr>
<td>del/la Agresor/a</td>
<td>de la Víctima</td>
<td>del/los Espectador/es</td>
</tr>
<tr>
<td>1.- …………………………</td>
<td>1.- …………………………</td>
<td>1.- …………………………</td>
<td>2.- Aceptación ☐</td>
<td>2.- Culpa (N) ☐</td>
<td>2.- Reflexionar ☐</td>
<td>2.- Fracasos ☐</td>
</tr>
<tr>
<td>2.- …………………………</td>
<td>2.- …………………………</td>
<td>2.- …………………………</td>
<td>3.- Amor ☐</td>
<td>3.- Desesperanza (N) ☐</td>
<td>3.- Analizar ☐</td>
<td>3.- Límites ☐</td>
</tr>
<tr>
<td rowspan="2">3.- …………………………</td>
<td rowspan="2">3.- …………………………</td>
<td rowspan="2">3.- …………………………</td>
<td>4.- Anticipación ☐</td>
<td>4.- Frustración (N) ☐</td>
<td>4.- Imaginar ☐</td>
<td>4.- Inseguridades ☐</td>
</tr>
<tr>
<td>5.- Asco ☐</td>
<td>5.- Hostilidad (N) ☐</td>
<td>5.- Expresar ☐</td>
<td>5.- Vulnerabilidad ☐</td>
</tr>
<tr>
<td>4.- …………………………</td>
<td>4.- …………………………</td>
<td>4.- …………………………</td>
<td>6.- Aversión ☐</td>
<td>6.- Ira (N) ☐</td>
<td>6.- Argumentar ☐</td>
<td>6.- Vergüenzas ☐</td>
</tr>
<tr>
<td rowspan="2">5.- …………………………</td>
<td rowspan="2">5.- …………………………</td>
<td rowspan="2">5.- …………………………</td>
<td>7.- Coraje ☐</td>
<td>7.- Miedo (N) ☐</td>
<td>7.- Empatizar ☐</td>
<td>7.- Satisfacciones ☐</td>
</tr>
<tr>
<td>8.- Curiosidad ☐</td>
<td>8.- Tristeza (N) ☐</td>
<td>8.- Tristeza ☐</td>
<td>8.- Logros ☐</td>
</tr>
<tr>
<td rowspan="2">6.- …………………………</td>
<td rowspan="2">6.- …………………………</td>
<td rowspan="2">6.- …………………………</td>
<td>9.- Desagrado ☐</td>
<td>9.- Alegría (P) ☐</td>
<td>9.- Filtrar Infor. ☐</td>
<td>9.- Disfrutes ☐</td>
</tr>
<tr>
<td>10.- Esperanza ☐</td>
<td>10.- Amor (P) ☐</td>
<td>10.- Interactuar ☐</td>
<td>10.- Habilidades ☐</td>
</tr>
<tr>
<td rowspan="2">7.- …………………………</td>
<td rowspan="2">7.- …………………………</td>
<td rowspan="2">7.- …………………………</td>
<td>11.- Expectativa ☐</td>
<td>11.- Esperanza (P) ☐</td>
<td>11.- Planificar ☐</td>
<td></td>
</tr>
<tr>
<td>12.- Felicidad ☐</td>
<td>12.- Felicidad (P) ☐</td>
<td>12.- Tolerar ☐</td>
<td></td>
</tr>
<tr>
<td rowspan="2">8.- …………………………</td>
<td rowspan="2">8.- …………………………</td>
<td rowspan="2">8.- …………………………</td>
<td>13.- Ira ☐</td>
<td>13.- Gratitud (P) ☐</td>
<td>13.- Resolver ☐</td>
<td></td>
</tr>
<tr>
<td>14.- Miedo ☐</td>
<td>14.- Compasión (P) ☐</td>
<td>14.- Transformar ☐</td>
<td></td>
</tr>
<tr>
<td>9.- …………………………</td>
<td>9.- …………………………</td>
<td>9.- …………………………</td>
<td rowspan="2">15.- Odio ☐</td>
<td rowspan="2">15.- Sorpresa (NE) ☐</td>
<td rowspan="2">15.- Evaluar ☐</td>
<td rowspan="2"></td>
</tr>
<tr>
<td>10.- …………………………</td>
<td>10.- …………………………</td>
<td>10.- …………………………</td>
</tr>
</table>

*Positivo **(P)**; Negativo **(N)** y Neutro **(NE)**

<table>
<tr>
<td>AGRUPAMIENTOS
para trabajar con el alumnado en el aula.
Coloca una cruz X</td>
<td>A.I. ☐</td>
<td>T.C. ☐</td>
<td colspan="2">G.G. ☐</td>
<td></td>
<td></td>
<td></td>
</tr>
<tr>
<td>COMPETENCIAS/ HABILIDADES
Desarrolladas</td>
<td>CL ☐</td>
<td>STEM ☐</td>
<td>CD ☐</td>
<td>IEE ☐</td>
<td>CPSAA ☐</td>
<td>CSC ☐</td>
<td>CCEE ☐</td>
</tr>
<tr>
<td>EVALUACIÓN DE LA ACTIVIDAD REALIZADA</td>
<td colspan="2">NS (0-4) ☐</td>
<td colspan="2">S (5-6) ☐</td>
<td colspan="2">MS (7-8) ☐</td>
<td>EX (9-10) ☐</td>
</tr>
</table>

ESPECTADORES "SILENTES"

Los espectadores "silentes" permanecen callados ante las agresiones ejercidas por el agresor y se muestran impasibles ante dicha situación. Acostumbran a callar porque podrían ser ellos los siguientes en la lista de las víctimas (Ricou, 2005, p. 29).

3

CAPÍTULO

TIPOS DE BULLYING

Seguidamente, se procede a analizar los principales tipos de hechos violentos según los estudios de diversos investigadores, aportando algunos porcentajes de los mismos encontrados en los distintos estudios de investigación. Rodríguez (2004) analiza varios tipos de acosos:

- **Acoso verbal.** Es el que se realiza de forma oral. Destacan: las amenazas, los motes, las burlas, insultar, ridiculizar. Se trata de la forma más rápida y ágil de desestabilizar a la presunta víctima.

- **Violencia emocional.** El acosador comienza con la manipulación emocional de la víctima. Para ello, se hace pasar por su mejor amigo y para ello utiliza el victimismo, aprovechándose de las debilidades que presenta, llegando, incluso, a revelar secretos que le han sido confiados. Así confunde a la persona victimizada. De modo que, mediante dicha violencia, el acosador puede llegar a dominar a la víctima, exigiéndole regalos o dinero.

- **Violencia física.** Las formas más frecuentes son: abofetear, clavar objetos, dar codazos, pegar patadas o collejas, dar puntapiés, propinar una paliza, escupir, empujar, encerrar a alguien en una habitación o en un gimnasio, etc.

- **Violencia social.** Su objetivo fundamental consiste en lograr el aislamiento de la víctima en cuestión. Se trata de esclavizar a la víctima. Para ello, el agresor puede comenzar robando, escondiendo o rompiendo enseres de la víctima (cuadernos, compases, mochilas, etc.).

- **Violencia sexual.** Hace referencia a todo trato que implique tocamientos en el cuerpo sin consentimiento; realizar gestos obscenos, insinuaciones, demanda de favores sexuales, etc.

- **Acoso por medio de las redes sociales (ciberacoso o cyberbullying).** Dicha forma de acoso es muy rápida y eficaz. Las víctimas, ante esta modalidad de victimización, nunca tienen "descanso" (incluso en vacaciones, pueden recibir chantajes, amenazas o memes).

Tresgallo (2021) señala cinco tipos procedentes del estudio de campo llevado a cabo en la Comunidad Autónoma de Galicia, objeto de su tesis doctoral, con una muestra de (N=1.995) alumnos de cincuenta y seis centros educativos del ámbito público y privado o concertado. Los porcentajes que figuran junto a cada modalidad, son relativos a los porcentajes de acosos recibidos por las víctimas, vía email y mensajería móvil.

Son los que siguen:

- Acoso verbal: calumnias, desprestigios, motes, provocaciones y ridiculizaciones. Alcanza un 16% de los acosos recogidos por email y mensajería móvil.
- Acoso físico: agresiones físicas, empujones, esconder, robar y romper objetos de las víctimas. Logra un 4%.
- Acoso social: aislar socialmente a los compañeros, ignorar, no dejar participar a los demás en diversas actividades, comentarios racistas, ridiculizar a otros por sus opiniones o por el aspecto. Obtiene un 2%.
- Acoso sexual: llevado a cabo por medios verbales y físicos. Recaba un 19%.
- Maltrato mixto: aquellos que no son "puros"; participan de otros tipos. Amenazas, chantajes, extorsión. Intimidaciones y comentarios denigrantes para la otra persona. Dicho acoso, logra una puntuación del 59%.

El citado investigador detecta los siguientes resultados de acoso en la Comunidad Autónoma de Galicia:

1. Acoso tradicional predominante:

a) agresiones verbales: 28,4%.
b) patadas y puñetazos (físicas): 19,4%.

2. Acoso social (no dejar participar a las víctimas en los juegos): 13,7%.

3. Acoso por las redes sociales (cyberbullying):

a) YouTube: 49,0%.
b) Páginas Web: 15,5%.

4. Ámbitos del acoso:

a) patio de recreo: 26,4%.
b) aulas: 7,5%.
c) pasillos: 4,2%.
d) entradas y salidas del centro educativo: 3,1%-3,2%.

Palacios, Alonso y Alonso (2022) señalan cuatro tipos:

1. Violencia física: agresiones físicas (empujones, golpes, patadas y puñetazos).

2. Amenazas físicas: amenazas o intimidación para causar daño físico.

3. Violencia psicológica:

a) Hostigamiento verbal: insultar, humillar, poner apodos o hacer comentarios ofensivos (sobre el físico, la religión y la orientación sexual).

b) Coacciones: chantajes, deterioro de pertenencias, extorsiones y robos.

c) Violencia sexual: comportamientos de exclusión, marginación social, ninguneo, desprecio y ridiculización, propagación de rumores sobre la víctima, aislamiento del grupo, huir cuando la víctima se acerca, impedir que pueda realizar actividades y/o juegue, bloqueo y manipulación social.

Pautas para mejorar la situación

Tresgallo (2020) sugiere algunas actividades, para revertir el acoso escolar:

1. Actividades con la víctima:

a) Mantener una actitud de escucha con la misma.

b) Enseñarle a expresar sus emociones y posteriormente comunicárselas a los demás.

c) Desentrañar el sentimiento de culpa (propio de todas las víctimas).

d) Acrecentamiento y mejora de sus habilidades sociales para entrar en contacto con los demás.

e) Utilización de la técnica del espejo parlanchín (Tresgallo, 2020, p. 202), para que la víctima suelte el "lastre" negativo que lleva dentro.

f) Mejora de su autoestima.

g) Realización de mandalas (pintarlas con música relajante).

h) Realizar una lista de negatividades que le puedan hacer daño.

2. Actividades con el agresor:

a) Enseñarle técnicas de autocontrol.

b) Práctica y ensayo de autoinstrucciones personales: "Primero pienso; después actúo".

c) Aprendizaje del control de la impulsividad (entrenamiento progresivo).

d) Aprendizaje, uso y manejo de la técnica de la relajación (para los momentos de agresividad y/o disruptivos en el aula).

e) Enseñarle la asunción de normas, límites y asunción de tareas (acostumbra a ser mal estudiante).

f) Escribir una carta empática a su víctima.

g) Canalizar su agresividad, iniciándose en algún deporte; se le exigirá respetar toda la normativa.

h) Levarlo a un hogar de ancianos para que les ofrezca servicios de ayuda.

i) Ponerlo en situaciones en las que pueda sentir frustración, de ese modo aprenderá al asumir un rol que todavía no conocía.

3. Actividades con los espectadores:

a) Enseñarles a ponerse en el lugar del otro (trabajo de la empatía).

b) Sensibilizar al aula de que cuando alguien comete un error (cuando salga al encerado) nadie debe reírse de sus compañeros.

c) Tormenta de ideas de lo que cada cual podría sentir, si sufriese bullying, risas injustificadas, aislamiento, motes, ridiculización, etc.

d) Diálogo sobre las ideas que vayan apareciendo. Se apuntan en el encerado y se pueden abordar en las tutorías.

e) Realizar actividades de danza. Danza Anti-Bullying (Tresgallo, 2020, p. 283). Suena la música y toda la clase se pone a danzar libremente. Cada miembro del grupo invita a bailar a otro componente. Lo invita a pronunciar una palabra o idea que lo está "atenazando". Dicha actividad, permite que la víctima libere tensión innecesaria.

Figura 15

Acoso físico

Tabla 15

Torbellino de ideas que te inspira la lámina presentada. *Escribe en el espacio punteado (…….) una sola palabra.*			EMOCIONES removidas en el/la lector/a. Coloca una cruz **X**	SENTIMIENTOS * despertados por el/la lector/a. Coloca una cruz **X**	HABILIDADES desarrolladas por el/la lector/a. Coloca una cruz **X**	DESCUBRIMIENTOS personales del/a lector/a. Coloca una cruz **X**
Sobre la persona						
del/la **Agresor/a**	de la **Víctima**	del/los **Espectador/es**				
1.- ……………………	1.- ……………………	1.- ……………………	1.- Alegría ☐	1.- Celos **(N)** ☐	1.- Observar ☐	1.- Culpabilidades ☐
			2.- Aceptación ☐	2.- Culpa **(N)** ☐	2.- Reflexionar ☐	2.- Fracasos ☐
2.- ……………………	2.- ……………………	2.- ……………………	3.- Amor ☐	3.- Desesperanza **(N)** ☐	3.- Analizar ☐	3.- Límites ☐
			4.- Anticipación ☐	4.- Frustración **(N)** ☐	4.- Imaginar ☐	4.- Inseguridades ☐
3.- ……………………	3.- ……………………	3.- ……………………	5.- Asco ☐	5.- Hostilidad **(N)** ☐	5.- Expresar ☐	5.- Vulnerabilidad ☐
4.- ……………………	4.- ……………………	4.- ……………………	6.- Aversión ☐	6.- Ira **(N)** ☐	6.- Argumentar ☐	6.- Vergüenzas ☐
5.- ……………………	5.- ……………………	5.- ……………………	7.- Coraje ☐	7.- Miedo **(N)** ☐	7.- Empatizar ☐	7.- Satisfacciones ☐
			8.- Curiosidad ☐	8.- Tristeza **(N)** ☐	8.- Tristeza ☐	8.- Logros ☐
6.- ……………………	6.- ……………………	6.- ……………………	9.- Desagrado ☐	9.- Alegría **(P)** ☐	9.- Filtrar Infor. ☐	9.- Disfrutes ☐
7.- ……………………	7.- ……………………	7.- ……………………	10.- Esperanza ☐	10.- Amor **(P)** ☐	10.- Interactuar ☐	10.- Habilidades ☐
			11.- Expectativa ☐	11.- Esperanza **(P)** ☐	11.- Planificar ☐	
8.- ……………………	8.- ……………………	8.- ……………………	12.- Felicidad ☐	12.- Felicidad **(P)** ☐	12.- Tolerar ☐	
9.- ……………………	9.- ……………………	9.- ……………………	13.- Ira ☐	13.- Gratitud **(P)** ☐	13.- Resolver ☐	
			14.- Miedo ☐	14.- Compasión **(P)** ☐	14.- Transformar ☐	
10.- ……………………	10.- ……………………	10.- ……………………	15.- Odio ☐	15.- Sorpresa **(NE)** ☐	15.- Evaluar ☐	

*Positivo **(P)**; Negativo **(N)** y Neutro **(NE)**

AGRUPAMIENTOS para trabajar con el alumnado en el aula. Coloca una cruz **X**	**A.I.** ☐	**T.C.** ☐	**G.G.** ☐				
COMPETENCIAS/ HABILIDADES *Desarrolladas*	**CL** ☐	**STEM** ☐	**CD** ☐	**IEE** ☐	**CPSAA** ☐	**CSC** ☐	**CCEE** ☐
EVALUACIÓN DE LA ACTIVIDAD REALIZADA	**NS** (0-4) ☐		**S** (5-6) ☐		**MS** (7-8) ☐		**EX** (9-10) ☐

ACOSO FÍSICO

Albadadejo (2013) estudia este tipo de agresión en Educación Infantil y Educación Primaria. Detecta una violencia física presenciada del 42,95%. "Quedaron en el parque y cuando la víctima aparece, el agresor la ataca" Fuente: Tresgallo (2021). Rodríguez (2004) señala una amplia variedad de agresiones físicas: golpes, codazos, pinchar, dar una paliza, clavar, pellizcar, dar puntapiés, escupir, empujar, etc. Fundación Mutua Madrileña y Fundación ANAR (2020-2021) detectan empujones y collejas; golpes y patadas (45,35% vs 38%). Tresgallo (2021) señala un porcentaje del 19,4 % en agresiones físicas en Galicia.

Figura 16

Acoso verbal

Tabla 16

Torbellino de ideas que te inspira la lámina presentada. Escribe en el espacio punteado (…….) una sola palabra.			EMOCIONES removidas en el/la lector/a. Coloca una cruz **X**	SENTIMIENTOS * despertados por el/la lector/a. Coloca una cruz **X**	HABILIDADES desarrolladas por el/la lector/a. Coloca una cruz **X**	DESCUBRIMIENTOS personales del/a lector/a. Coloca una cruz **X**
Sobre la persona						
del/la **Agresor/a**	de la **Víctima**	del/los **Espectador/es**				
1.- …………………	1.- …………………	1.- …………………	1.- Alegría ☐	1.- Celos **(N)** ☐	1.- Observar ☐	1.- Culpabilidades ☐
			2.- Aceptación ☐	2.- Culpa **(N)** ☐	2.- Reflexionar ☐	2.- Fracasos ☐
2.- …………………	2.- …………………	2.- …………………	3.- Amor ☐	3.- Desesperanza **(N)** ☐	3.- Analizar ☐	3.- Límites ☐
			4.- Anticipación ☐	4.- Frustración **(N)** ☐	4.- Imaginar ☐	4.- Inseguridades ☐
3.- …………………	3.- …………………	3.- …………………	5.- Asco ☐	5.- Hostilidad **(N)** ☐	5.- Expresar ☐	5.- Vulnerabilidad ☐
4.- …………………	4.- …………………	4.- …………………	6.- Aversión ☐	6.- Ira **(N)** ☐	6.- Argumentar ☐	6.- Vergüenzas ☐
5.- …………………	5.- …………………	5.- …………………	7.- Coraje ☐	7.- Miedo **(N)** ☐	7.- Empatizar ☐	7.- Satisfacciones ☐
			8.- Curiosidad ☐	8.- Tristeza **(N)** ☐	8.- Tristeza ☐	8.- Logros ☐
6.- …………………	6.- …………………	6.- …………………	9.- Desagrado ☐	9.- Alegría **(P)** ☐	9.- Filtrar Infor. ☐	9.- Disfrutes ☐
7.- …………………	7.- …………………	7.- …………………	10.- Esperanza ☐	10.- Amor **(P)** ☐	10.- Interactuar ☐	10.- Habilidades ☐
			11.- Expectativa ☐	11.- Esperanza **(P)** ☐	11.- Planificar ☐	
8.- …………………	8.- …………………	8.- …………………	12.- Felicidad ☐	12.- Felicidad **(P)** ☐	12.- Tolerar ☐	
9.- …………………	9.- …………………	9.- …………………	13.- Ira ☐	13.- Gratitud **(P)** ☐	13.- Resolver ☐	
			14.- Miedo ☐	14.- Compasión **(P)** ☐	14.- Transformar ☐	
10.- …………………	10.- …………………	10.- …………………	15.- Odio ☐	15.- Sorpresa **(NE)** ☐	15.- Evaluar ☐	

*Positivo **(P)**; Negativo **(N)** y Neutro **(NE)**

AGRUPAMIENTOS para trabajar con el alumnado en el aula. Coloca una cruz **X**	**A.I.** ☐	**T.C.** ☐	**G.G.** ☐				
COMPETENCIAS/ HABILIDADES *Desarrolladas*	**CL** ☐	**STEM** ☐	**CD** ☐	**IEE** ☐	**CPSAA** ☐	**CSC** ☐	**CCEE** ☐
EVALUACIÓN DE LA ACTIVIDAD REALIZADA	**NS** (0-4) ☐		**S** (5-6) ☐		**MS** (7-8) ☐		**EX** (9-10) ☐

ACOSO VERBAL

La violencia verbal es una de las formas de acoso tradicionales. Dicha modalidad incluye varios tipos: motes, burlas, ridiculizar, insultar, hablar mal y a espaldas de la víctima, desprestigiarla. Fundación Mutua Madrileña y Fundación ANAR (2020-2021) encuentran un porcentaje del 86,3% en agresiones verbales (insultos y burlas) y un 46,9% en la difusión de rumores. Tresgallo (2021) constata un 28,4% en agresiones verbales en Galicia.

Figura 17

Acoso sexual

Tabla 17

Torbellino de ideas que te inspira la lámina presentada. Escribe en el espacio punteado (.......) una sola palabra.			EMOCIONES removidas en el/la lector/a. Coloca una cruz **X**		SENTIMIENTOS * despertados por el/la lector/a. Coloca una cruz **X**		HABILIDADES desarrolladas por el/la lector/a. Coloca una cruz **X**		DESCUBRIMIENTOS personales del/a lector/a. Coloca una cruz **X**	
Sobre la persona										
del/la **Agresor/a**	de la **Víctima**	del/los **Espectador/es**								
1.-	1.-	1.-	1.- Alegría	☐	1.- Celos **(N)**	☐	1.- Observar	☐	1.- Culpabilidades	☐
			2.- Aceptación	☐	2.- Culpa **(N)**	☐	2.- Reflexionar	☐	2.- Fracasos	☐
2.-	2.-	2.-	3.- Amor	☐	3.- Desesperanza **(N)**	☐	3.- Analizar	☐	3.- Límites	☐
			4.- Anticipación	☐	4.- Frustración **(N)**	☐	4.- Imaginar	☐	4.- Inseguridades	☐
3.-	3.-	3.-	5.- Asco	☐	5.- Hostilidad **(N)**	☐	5.- Expresar	☐	5.- Vulnerabilidad	☐
4.-	4.-	4.-	6.- Aversión	☐	6.- Ira **(N)**	☐	6.- Argumentar	☐	6.- Vergüenzas	☐
5.-	5.-	5.-	7.- Coraje	☐	7.- Miedo **(N)**	☐	7.- Empatizar	☐	7.- Satisfacciones	☐
			8.- Curiosidad	☐	8.- Tristeza **(N)**	☐	8.- Tristeza	☐	8.- Logros	☐
6.-	6.-	6.-	9.- Desagrado	☐	9.- Alegría **(P)**	☐	9.- Filtrar Infor.	☐	9.- Disfrutes	☐
7.-	7.-	7.-	10.- Esperanza	☐	10.- Amor **(P)**	☐	10.- Interactuar	☐	10.- Habilidades	☐
			11.- Expectativa	☐	11.- Esperanza **(P)**	☐	11.- Planificar	☐		
8.-	8.-	8.-	12.- Felicidad	☐	12.- Felicidad **(P)**	☐	12.- Tolerar	☐		
			13.- Ira	☐	13.- Gratitud **(P)**	☐	13.- Resolver	☐		
9.-	9.-	9.-	14.- Miedo	☐	14.- Compasión **(P)**	☐	14.- Transformar	☐		
10.-	10.-	10.-	15.- Odio	☐	15.- Sorpresa **(NE)**	☐	15.- Evaluar	☐		

*Positivo **(P)**; Negativo **(N)** y Neutro **(NE)**

AGRUPAMIENTOS para trabajar con el alumnado en el aula. Coloca una cruz **X**	**A.I.** ☐	**T.C.** ☐	**G.G.** ☐				
COMPETENCIAS/ HABILIDADES *Desarrolladas*	**CL** ☐	**STEM** ☐	**CD** ☐	**IEE** ☐	**CPSAA** ☐	**CSC** ☐	**CCEE** ☐
EVALUACIÓN DE LA ACTIVIDAD REALIZADA	**NS** (0-4) ☐		**S** (5-6) ☐		**MS** (7-8) ☐		**EX** (9-10) ☐

ACOSO SEXUAL

Todo trato que implique tocamientos en el cuerpo sin consentimiento, gestos obscenos, demandas de favores sexuales, exceder el grado de relación con una persona. Tratar de seducir a la otra persona sin su consentimiento. Fuente: (Rodríguez, 2004). El estudio llevado a cabo en 10 países (N= 24.000 mujeres) sobre salud de las mujeres y violencia doméstica, constata que entre el 15% - 73% habrían sufrido violencia física o sexual. Fundación Mutua Madrileña y Fundación ANAR (2020-2021) señalan un acoso sexual del 13,3%.

Figura 18

Acoso social

Tabla 18

Torbellino de ideas que te inspira la lámina presentada. *Escribe en el espacio punteado (.......) una sola palabra.*			**EMOCIONES** removidas en el/la lector/a. Coloca una cruz **X**	**SENTIMIENTOS *** despertados por el/la lector/a. Coloca una cruz **X**	**HABILIDADES** desarrolladas por el/la lector/a. Coloca una cruz **X**	**DESCUBRIMIENTOS** personales del/a lector/a. Coloca una cruz **X**
Sobre la persona						
del/la **Agresor/a**	de la **Víctima**	del/los **Espectador/es**				
1.-	1.-	1.-	1.- Alegría ☐	1.- Celos **(N)** ☐	1.- Observar ☐	1.- Culpabilidades ☐
			2.- Aceptación ☐	2.- Culpa **(N)** ☐	2.- Reflexionar ☐	2.- Fracasos ☐
2.-	2.-	2.-	3.- Amor ☐	3.- Desesperanza **(N)** ☐	3.- Analizar ☐	3.- Límites ☐
			4.- Anticipación ☐	4.- Frustración **(N)** ☐	4.- Imaginar ☐	4.- Inseguridades ☐
3.-	3.-	3.-	5.- Asco ☐	5.- Hostilidad **(N)** ☐	5.- Expresar ☐	5.- Vulnerabilidad ☐
4.-	4.-	4.-	6.- Aversión ☐	6.- Ira **(N)** ☐	6.- Argumentar ☐	6.- Vergüenzas ☐
5.-	5.-	5.-	7.- Coraje ☐	7.- Miedo **(N)** ☐	7.- Empatizar ☐	7.- Satisfacciones ☐
			8.- Curiosidad ☐	8.- Tristeza **(N)** ☐	8.- Tristeza ☐	8.- Logros ☐
6.-	6.-	6.-	9.- Desagrado ☐	9.- Alegría **(P)** ☐	9.- Filtrar Infor. ☐	9.- Disfrutes ☐
7.-	7.-	7.-	10.- Esperanza ☐	10.- Amor **(P)** ☐	10.- Interactuar ☐	10.- Habilidades ☐
			11.- Expectativa ☐	11.- Esperanza **(P)** ☐	11.- Planificar ☐	
8.-	8.-	8.-	12.- Felicidad ☐	12.- Felicidad **(P)** ☐	12.- Tolerar ☐	
			13.- Ira ☐	13.- Gratitud **(P)** ☐	13.- Resolver ☐	
9.-	9.-	9.-	14.- Miedo ☐	14.- Compasión **(P)** ☐	14.- Transformar ☐	
10.-	10.-	10.-	15.- Odio ☐	15.- Sorpresa **(NE)** ☐	15.- Evaluar ☐	

*****Positivo **(P)**; Negativo **(N)** y Neutro **(NE)**

AGRUPAMIENTOS para trabajar con el alumnado en el aula. Coloca una cruz **X**	**A.I.** ☐	**T.C.** ☐	**G.G.** ☐			
COMPETENCIAS/ HABILIDADES *Desarrolladas*	**CL** ☐	**STEM** ☐	**CD** ☐	**IEE** ☐	**CPSAA** ☐	**CSC** ☐	**CCEE** ☐
EVALUACIÓN DE LA ACTIVIDAD REALIZADA	**NS** (0-4) ☐		**S** (5-6) ☐		**MS** (7-8) ☐		**EX** (9-10) ☐

ACOSO SOCIAL

El objetivo de la violencia social consiste en aislar, rechazar o marginar a las víctimas. Fundación Mutua Madrileña y Fundación ANAR (2020-2021) encuentra un porcentaje del 44,9% de aislamiento. Hernández de Frutos y Casares (2002) constatan un 7,0% de alumnado que les dejan de lado y un 2,5% a los que no les dejan participar.

Figura 19
Acoso psicológico

Tabla 19

Torbellino de ideas que te inspira la lámina presentada. *Escribe en el espacio punteado (.......) una sola palabra.*			EMOCIONES removidas en el/la lector/a. Coloca una cruz **X**	SENTIMIENTOS * despertados por el/la lector/a. Coloca una cruz **X**	HABILIDADES desarrolladas por el/la lector/a. Coloca una cruz **X**	DESCUBRIMIENTOS personales del/a lector/a. Coloca una cruz **X**
Sobre la persona						
del/la **Agresor/a**	de la **Víctima**	del/los **Espectador/es**				
1.-	1.-	1.-	1.- Alegría ☐	1.- Celos **(N)** ☐	1.- Observar ☐	1.- Culpabilidades ☐
			2.- Aceptación ☐	2.- Culpa **(N)** ☐	2.- Reflexionar ☐	2.- Fracasos ☐
2.-	2.-	2.-	3.- Amor ☐	3.- Desesperanza **(N)** ☐	3.- Analizar ☐	3.- Límites ☐
			4.- Anticipación ☐	4.- Frustración **(N)** ☐	4.- Imaginar ☐	4.- Inseguridades ☐
3.-	3.-	3.-	5.- Asco ☐	5.- Hostilidad **(N)** ☐	5.- Expresar ☐	5.- Vulnerabilidad ☐
4.-	4.-	4.-	6.- Aversión ☐	6.- Ira **(N)** ☐	6.- Argumentar ☐	6.- Vergüenzas ☐
5.-	5.-	5.-	7.- Coraje ☐	7.- Miedo **(N)** ☐	7.- Empatizar ☐	7.- Satisfacciones ☐
			8.- Curiosidad ☐	8.- Tristeza **(N)** ☐	8.- Tristeza ☐	8.- Logros ☐
6.-	6.-	6.-	9.- Desagrado ☐	9.- Alegría **(P)** ☐	9.- Filtrar Infor. ☐	9.- Disfrutes ☐
7.-	7.-	7.-	10.- Esperanza ☐	10.- Amor **(P)** ☐	10.- Interactuar ☐	10.- Habilidades ☐
			11.- Expectativa ☐	11.- Esperanza **(P)** ☐	11.- Planificar ☐	
8.-	8.-	8.-	12.- Felicidad ☐	12.- Felicidad **(P)** ☐	12.- Tolerar ☐	
			13.- Ira ☐	13.- Gratitud **(P)** ☐	13.- Resolver ☐	
9.-	9.-	9.-	14.- Miedo ☐	14.- Compasión **(P)** ☐	14.- Transformar ☐	
10.-	10.-	10.-	15.- Odio ☐	15.- Sorpresa **(NE)** ☐	15.- Evaluar ☐	

*Positivo **(P)**; Negativo **(N)** y Neutro **(NE)**

AGRUPAMIENTOS para trabajar con el alumnado en el aula. Coloca una cruz **X**	**A.I.** ☐	**T.C.** ☐	**G.G.** ☐				
COMPETENCIAS/ HABILIDADES *Desarrolladas*	**CL** ☐	**STEM** ☐	**CD** ☐	**IEE** ☐	**CPSAA** ☐	**CSC** ☐	**CCEE** ☐
EVALUACIÓN DE LA ACTIVIDAD REALIZADA	**NS** (0-4) ☐		**S** (5-6) ☐		**MS** (7-8) ☐		**EX** (9-10) ☐

ACOSO PSICOLÓGICO

Violencia psicológica (procede del griego "psyque": alma; y "logos": tratado, estudio, palabra). Se trata de manipular emocionalmente a la víctima haciéndose pasar por ser su amigo, chantajeándole, utilizando el victimismo, aprovechándose de las debilidades de la víctima, contar secretos confiados por la víctima, etc. Fuente: (Rodríguez, 2004).

Figura 20

Cyberbullying

Tabla 20

Torbellino de ideas que te inspira la lámina presentada. *Escribe en el espacio punteado (.......) una sola palabra.*			EMOCIONES removidas en el/la lector/a. Coloca una cruz **X**	SENTIMIENTOS * despertados por el/la lector/a. Coloca una cruz **X**	HABILIDADES desarrolladas por el/la lector/a. Coloca una cruz **X**	DESCUBRIMIENTOS personales del/a lector/a. Coloca una cruz **X**
Sobre la persona						
del/la **Agresor/a**	de la **Víctima**	del/los **Espectador/es**				
1.-	1.-	1.-	1.- Alegría ☐	1.- Celos **(N)** ☐	1.- Observar ☐	1.- Culpabilidades ☐
			2.- Aceptación ☐	2.- Culpa **(N)** ☐	2.- Reflexionar ☐	2.- Fracasos ☐
2.-	2.-	2.-	3.- Amor ☐	3.- Desesperanza **(N)** ☐	3.- Analizar ☐	3.- Límites ☐
			4.- Anticipación ☐	4.- Frustración **(N)** ☐	4.- Imaginar ☐	4.- Inseguridades ☐
3.-	3.-	3.-	5.- Asco ☐	5.- Hostilidad **(N)** ☐	5.- Expresar ☐	5.- Vulnerabilidad ☐
4.-	4.-	4.-	6.- Aversión ☐	6.- Ira **(N)** ☐	6.- Argumentar ☐	6.- Vergüenzas ☐
5.-	5.-	5.-	7.- Coraje ☐	7.- Miedo **(N)** ☐	7.- Empatizar ☐	7.- Satisfacciones ☐
			8.- Curiosidad ☐	8.- Tristeza **(N)** ☐	8.- Tristeza ☐	8.- Logros ☐
6.-	6.-	6.-	9.- Desagrado ☐	9.- Alegría **(P)** ☐	9.- Filtrar Infor. ☐	9.- Disfrutes ☐
7.-	7.-	7.-	10.- Esperanza ☐	10.- Amor **(P)** ☐	10.- Interactuar ☐	10.- Habilidades ☐
			11.- Expectativa ☐	11.- Esperanza **(P)** ☐	11.- Planificar ☐	
8.-	8.-	8.-	12.- Felicidad ☐	12.- Felicidad **(P)** ☐	12.- Tolerar ☐	
			13.- Ira ☐	13.- Gratitud **(P)** ☐	13.- Resolver ☐	
9.-	9.-	9.-	14.- Miedo ☐	14.- Compasión **(P)** ☐	14.- Transformar ☐	
10.-	10.-	10.-	15.- Odio ☐	15.- Sorpresa **(NE)** ☐	15.- Evaluar ☐	

*Positivo **(P)**; Negativo **(N)** y Neutro **(NE)**

AGRUPAMIENTOS para trabajar con el alumnado en el aula. Coloca una cruz **X**	**A.I.** ☐	**T.C.** ☐	**G.G.** ☐				
COMPETENCIAS/ HABILIDADES *Desarrolladas*	**CL** ☐	**STEM** ☐	**CD** ☐	**IEE** ☐	**CPSAA** ☐	**CSC** ☐	**CCEE** ☐
EVALUACIÓN DE LA ACTIVIDAD REALIZADA	**NS** (0-4) ☐		**S** (5-6) ☐		**MS** (7-8) ☐		**EX** (9-10) ☐

CIBERBULLYING

El cyberbullying, o ciberacoso, es el que se lleva a cabo por medio de cualquier red social (email, mensajería móvil, Facebook, Instagram, LinkedIn, Messenger, Pinterest, Tik-Tok, Twitter, Whatsapp, YouTube, etc.). Calmaestra, Ortega y Morán-Merchán (2008) señalan que el 29,8% poseen móvil a los 10 años, mientras que, a los 15, el porcentaje se dispara hasta el 92,1%. Cuanto más tiempo permanezcan en las redes sociales, mayor posibilidad de ser acosados. Urge, por tanto, una supervisión de sus progenitores. Fundación Mutua Madrileña y Fundación ANAR (2020-2021) señalan la incidencia del Cyberbullying: acosos por WhatsApp un 53,9%; mediante Instagram: 44,4%, por Tik-Tok un 38,5%, y por Facebook el 8,9%.

CAPÍTULO 4

CAUSAS DEL BULLYING

Las causas del acoso escolar se estudian "bebiendo" en las fuentes de los investigadores. Se acude a varios y así se puede obtener una idea más amplia, diversa y rica. Por tanto, se hace necesario destacar que, en los estudios de investigación, la subjetividad queda al margen. Todo estudio que se precie, debe ser objetivo, válido y fiable. En este caso, todos los estudios analizados figuran en publicaciones de revistas de impacto, libros o informes. Y en consecuencia, son fiables.

Piñuel et al. (2006) analizan la violencia contra alumnos y docentes. Obtienen los siguientes resultados:

1. Abandono de la tarea familiar: 74%.

2. Culto al éxito y crisis de valores: 65%.

3. La influencia agresiva de algunas redes sociales, reproduciendo modelos agresivos: 58%.

4. Abandono del sector educativo: 32%.

5. Mala integración del alumnado inmigrante: 22%.

6. Falta de vocación del profesorado: 7%.

Abadio de Oliveira et al., (2015) llevan a cabo una investigación con una amplia muestra (N=109.104 alumnos de 9.º) en todo Brasil. Constatan lo siguiente:

1. No saben especificar el tema abordado: 51,2%.

2. Son acosados por la religión de origen de los estudiantes: 1,7%.

3. Por la religión practicada por las víctimas: 2,5%.

4. Por su orientación sexual: 2,9%.

5. Por su raza o por su color: 6,8%.

6. Por la apariencia del rostro: 16,2%.

7. Por la apariencia del cuerpo: 18,6%.

Save The Children (2016) analiza algunos de los motivos por los que el alumnado es acosado. Considera dos variables importantes ("con frecuencia" -F- y de manera "ocasional"-O-). Los resultados son los que siguen:

1. Las víctimas sufren bullying por su orientación sexual (F: 3,2% frente a 4,2 O).

2. Las víctimas son acosadas por su cultura, su religión y por el color de su piel (F: 5% frente a 5,1% O).

3. La victimización se produce porque le gastan una broma a la víctima (F: 8,2% frente a 8,7% O).

4. Son acosadas por su aspecto físico (F: 16,2% frente a 16,7% O).

5. El agresor acosa a sus víctimas porque les tiene manía (F. 20,1 frente a 22% O).

6. El acosador martiriza a sus víctimas para molestarlas (F: 20% frente a 22% O).

La Fundación Mutua Madrileña y Fundación ANAR (2020-21) realizan un trabajo de investigación durante el período de la pandemia con una muestra (N=10.901 alumnos; N=491 profesores) durante el curso 2020-2021. Está basada en la opinión del alumnado y del profesorado. El objetivo principal consiste en detectar cuáles son las barreras existentes desde los centros educativos para prevenir el bullying.

Se aportan las conclusiones siguientes:

1. Falta de tiempo del profesorado: 9,1%.

2. Se observa poca implicación de las familias: 10,6%.

3. El profesorado no cuenta con el apoyo de la dirección del centro educativo: 12%.

4. Los docentes necesitan mayor información sobre el bullying: 65%.

5. Manifiesta falta de implicación del centro educativo: 20,9%.

6. El profesorado establece juicios de valor antes de escuchar a los implicados en un presunto caso de bullying: 22,9%.

7. Dificultad del profesorado para diferenciar el bullying de otros problemas de convivencia: 46,5%.

8. Los docentes tienen falta de formación sobre el acoso escolar: 51%.

9. Falta de recursos para llevar a cabo intervenciones frente al maltrato entre iguales: 78%.

Tresgallo (2021) lleva a cabo un estudio en la Comunidad Autónoma de Galicia (N=1.995 alumnos de 5.º a 6.º de Educación Primaria) y constata varios motivos por los que el agresor victimiza a sus compañeros:

1. Los agresores se ríen de la víctima: 2,4%.

2. Pretenden reírse de la víctima: 2,7%.

3. Desean humillar a las víctimas: 1,0%.

4. Las víctimas poseen algún defecto físico: 3,8%.

5. Tartamudean al hablar: 1,1%.

6. Las víctimas son gruesas, feas y con gafas: 3,6%.

7. Las víctimas "son unas pringadas": 6,1%.

8. Víctimas bajas y rellenitas: 8,2%.

9. Las víctimas tienen pocos amigos: 14,3%.

10. Las víctimas son consideradas como personas raras: 3,5%.

11. Las familias de los agresores "pasan del tema": 3,5%.

12. Los progenitores con hijos agresores nunca acuden al centro educativo: 11,7%.

Conclusiones generales y propuestas a realizar:

- La docencia exige una amplia vocación dado que se trabaja con personas y se debe aspirar a que alcancen una formación integral.

- Se hace necesaria una atención a todo el alumnado, pero de forma esmerada al colectivo que posee condiciones especiales (NEE), jóvenes acomplejados por su físico, por su pronunciación dificultosa, síndromes diversos, por su aspecto, por sus limitaciones personales, familiares, sociales y económicas; situaciones de riesgo u otras. Dichas limitaciones pueden actuar como factores diferenciales y ser objetivo de los acosadores.

- Los progenitores no deben sustraerse a la tarea fundamental de educar a sus hijos (desde el primer año de vida) e imponer límites y normas razonadas y adecuadas a su edad. Han de fomentar la educación en valores como la verdad, la sinceridad, la valentía, el trabajo serio y bien hecho, la persistencia, la honradez, la solidaridad, el respeto y la empatía entre otros.

- Vigilar de forma especial la integración del alumnado que tenga distinta orientación sexual; acostumbran a ser blanco de los acosadores.

- Ofrecer actividades diversas de formación para el alumnado, para concienciarlo de que cuando un grupo se ríe de algo que merece el apelativo de gracioso o cómico (en este caso se ríe y disfruta todo el grupo o el colegio) pero en aquellas situaciones en las que alguien es objeto de mofa y burla, supone una humillación del mismo y no se debe permitir. Hay que pararlo de inmediato. Supone un menoscabo de la autoestima de la persona y le puede reportar secuelas muy graves.

- Los estudios analizados denotan una notoria falta de formación del colectivo docente, en materia de acoso escolar. Urge, en consecuencia, realizar ofertas en dicha materia para toda la comunidad educativa (ponencias, jornadas de sensibilización, realización de talleres y actividades de cambio de rol u otros).

- Las administraciones educativas deben liberar al profesorado de trabajo burocrático (muchas veces monótono, apático e inservible) para obtener tiempo dedicado a su formación.

- Los departamentos de orientación deben ser dinamizadores en los centros educativos. Han de preparar un material ameno, diverso, sintético y significativo, para facilitarle las tutorías de formación al profesorado y así llegar mejor al alumnado en un tema delicado y complejo.

- La jefatura de estudios en combinación con el departamento de orientación y si procede con el equipo directivo, deben mantener reuniones (al menos tres por trimestre) con los mediadores escolares para conocer sus posibles necesidades (de formación, de recursos, de escucha y atención, y de orientaciones diversas que puedan demandar). Sólo así podrán seguir llevando a cabo una tarea tan compleja y dedicada. Deben sentirse apoyados en todo momento.

- Dado que se observa poca implicación de un colectivo importante de padres (ignoran el tema del bullying) se deben realizar actividades tendentes a lograr una mayor implicación de dicho colectivo y a una más estrecha relación entre la familia y la escuela. Se puede programar una amplia gama de actividades (salidas al campo, competiciones, senderismo, convivencias u otras). De esta forma, se pueden conocer los posibles motivos que aducen las familias para no participar en las actividades propuestas por el centro educativo.

Figura 21

Abandono de la tarea familiar

Tabla 21

Torbellino de ideas que te inspira la lámina presentada. *Escribe en el espacio punteado (…….) una sola palabra.*			EMOCIONES removidas en el/la lector/a. Coloca una cruz **X**	SENTIMIENTOS * despertados por el/la lector/a. Coloca una cruz **X**	HABILIDADES desarrolladas por el/la lector/a. Coloca una cruz **X**	DESCUBRIMIENTOS personales del/a lector/a. Coloca una cruz **X**
Sobre la persona						
del/la **Agresor/a**	de la **Víctima**	del/los **Espectador/es**				
1.- ……………………	1.- ……………………	1.- ……………………	1.- Alegría ☐	1.- Celos **(N)** ☐	1.- Observar ☐	1.- Culpabilidades ☐
			2.- Aceptación ☐	2.- Culpa **(N)** ☐	2.- Reflexionar ☐	2.- Fracasos ☐
2.- ……………………	2.- ……………………	2.- ……………………	3.- Amor ☐	3.- Desesperanza **(N)** ☐	3.- Analizar ☐	3.- Límites ☐
			4.- Anticipación ☐	4.- Frustración **(N)** ☐	4.- Imaginar ☐	4.- Inseguridades ☐
3.- ……………………	3.- ……………………	3.- ……………………	5.- Asco ☐	5.- Hostilidad **(N)** ☐	5.- Expresar ☐	5.- Vulnerabilidad ☐
4.- ……………………	4.- ……………………	4.- ……………………	6.- Aversión ☐	6.- Ira **(N)** ☐	6.- Argumentar ☐	6.- Vergüenzas ☐
5.- ……………………	5.- ……………………	5.- ……………………	7.- Coraje ☐	7.- Miedo **(N)** ☐	7.- Empatizar ☐	7.- Satisfacciones ☐
			8.- Curiosidad ☐	8.- Tristeza **(N)** ☐	8.- Tristeza ☐	8.- Logros ☐
6.- ……………………	6.- ……………………	6.- ……………………	9.- Desagrado ☐	9.- Alegría **(P)** ☐	9.- Filtrar Infor. ☐	9.- Disfrutes ☐
7.- ……………………	7.- ……………………	7.- ……………………	10.- Esperanza ☐	10.- Amor **(P)** ☐	10.- Interactuar ☐	10.- Habilidades ☐
			11.- Expectativa ☐	11.- Esperanza **(P)** ☐	11.- Planificar ☐	
8.- ……………………	8.- ……………………	8.- ……………………	12.- Felicidad ☐	12.- Felicidad **(P)** ☐	12.- Tolerar ☐	
			13.- Ira ☐	13.- Gratitud **(P)** ☐	13.- Resolver ☐	
9.- ……………………	9.- ……………………	9.- ……………………	14.- Miedo ☐	14.- Compasión **(P)** ☐	14.- Transformar ☐	
10.- ……………………	10.- ……………………	10.- ……………………	15.- Odio ☐	15.- Sorpresa **(NE)** ☐	15.- Evaluar ☐	

*Positivo **(P)**; Negativo **(N)** y Neutro **(NE)**

AGRUPAMIENTOS para trabajar con el alumnado en el aula. Coloca una cruz **X**	**A.I.** ☐	**T.C.** ☐	**G.G.** ☐				
COMPETENCIAS/ HABILIDADES *Desarrolladas*	**CL** ☐	**STEM** ☐	**CD** ☐	**IEE** ☐	**CPSAA** ☐	**CSC** ☐	**CCEE** ☐
EVALUACIÓN DE LA ACTIVIDAD REALIZADA	**NS** (0-4) ☐		**S** (5-6) ☐		**MS** (7-8) ☐		**EX** (9-10) ☐

ABANDONO DE LA TAREA FAMILIAR

Abandono, procede del francés "laisser a bandon", y de "abandonner": "dejar en poder de alguien"). Una de las tareas de la familia consiste en poner límites y normas y otorgar una educación a sus hijos. No hacerlo supone "dejación de funciones" y puede traer consecuencias negativas tanto para los chicos, como para su entorno. "¡Pobrecito, que no se traumatice!, lo más probable es que se convierta en un despótico sin ninguna libertad" (Castells, 2007, 68). Para González (2003) los padres juegan un papel esencial en el desarrollo de los hijos, y condicionan el futuro de la personalidad de lo mismos en diversos aspectos (autoestima, eficacias, motivación, sociabilidad, etc.).

Figura 22

Competitividad social y escolar ("mobbing" y "bullying")

Tabla 22

Torbellino de ideas que te inspira la lámina presentada. *Escribe en el espacio punteado (.......) una sola palabra.*			EMOCIONES removidas en el/la lector/a. Coloca una cruz **X**	SENTIMIENTOS * despertados por el/la lector/a. Coloca una cruz **X**	HABILIDADES desarrolladas por el/la lector/a. Coloca una cruz **X**	DESCUBRIMIENTOS personales del/a lector/a. Coloca una cruz **X**
Sobre la persona						
del/la **Agresor/a**	de la **Víctima**	del/los **Espectador/es**				
1.-	1.-	1.-	1.- Alegría ☐	1.- Celos **(N)** ☐	1.- Observar ☐	1.- Culpabilidades ☐
			2.- Aceptación ☐	2.- Culpa **(N)** ☐	2.- Reflexionar ☐	2.- Fracasos ☐
2.-	2.-	2.-	3.- Amor ☐	3.- Desesperanza **(N)** ☐	3.- Analizar ☐	3.- Límites ☐
			4.- Anticipación ☐	4.- Frustración **(N)** ☐	4.- Imaginar ☐	4.- Inseguridades ☐
3.-	3.-	3.-	5.- Asco ☐	5.- Hostilidad **(N)** ☐	5.- Expresar ☐	5.- Vulnerabilidad ☐
4.-	4.-	4.-	6.- Aversión ☐	6.- Ira **(N)** ☐	6.- Argumentar ☐	6.- Vergüenzas ☐
5.-	5.-	5.-	7.- Coraje ☐	7.- Miedo **(N)** ☐	7.- Empatizar ☐	7.- Satisfacciones ☐
			8.- Curiosidad ☐	8.- Tristeza **(N)** ☐	8.- Tristeza ☐	8.- Logros ☐
6.-	6.-	6.-	9.- Desagrado ☐	9.- Alegría **(P)** ☐	9.- Filtrar Infor. ☐	9.- Disfrutes ☐
7.-	7.-	7.-	10.- Esperanza ☐	10.- Amor **(P)** ☐	10.- Interactuar ☐	10.- Habilidades ☐
			11.- Expectativa ☐	11.- Esperanza **(P)** ☐	11.- Planificar ☐	
8.-	8.-	8.-	12.- Felicidad ☐	12.- Felicidad **(P)** ☐	12.- Tolerar ☐	
9.-	9.-	9.-	13.- Ira ☐	13.- Gratitud **(P)** ☐	13.- Resolver ☐	
			14.- Miedo ☐	14.- Compasión **(P)** ☐	14.- Transformar ☐	
10.-	10.-	10.-	15.- Odio ☐	15.- Sorpresa **(NE)** ☐	15.- Evaluar ☐	

*Positivo **(P)**; Negativo **(N)** y Neutro **(NE)**

AGRUPAMIENTOS para trabajar con el alumnado en el aula. Coloca una cruz **X**	**A.I.** ☐	**T.C.** ☐	**G.G.** ☐				
COMPETENCIAS/ HABILIDADES *Desarrolladas*	**CL** ☐	**STEM** ☐	**CD** ☐	**IEE** ☐	**CPSAA** ☐	**CSC** ☐	**CCEE** ☐
EVALUACIÓN DE LA ACTIVIDAD REALIZADA	**NS** (0-4) ☐		**S** (5-6) ☐		**MS** (7-8) ☐		**EX** (9-10) ☐

COMPETITIVIDAD SOCIAL Y ESCOLAR ("MOBBING" Y "BULLYING")

Competitividad (del latín "petere": dirigirse a, buscar); junto al prefijo "com-" (de "con"): junto, completo; y el sufijo "-dad", sufijo: cualidad. Doménech (2016) señala que, frente al egoísmo o la competitividad individual, el compañerismo es una fuente de enriquecimiento personal muy valiosa. Permite nuevas formas de pensar y trabajar en equipo, sentirse parte de un proyecto interesante, ganar estímulos y versatilidad, ganando maneras diversas de adaptación. Se gana en empatía.

Figura 23

Trepas sociales

Tabla 23

Torbellino de ideas que te inspira la lámina presentada. *Escribe en el espacio punteado (.......) una sola palabra.*			EMOCIONES removidas en el/la lector/a. Coloca una cruz **X**	SENTIMIENTOS * despertados por el/la lector/a. Coloca una cruz **X**	HABILIDADES desarrolladas por el/la lector/a. Coloca una cruz **X**	DESCUBRIMIENTOS personales del/a lector/a. Coloca una cruz **X**
Sobre la persona						
del/la **Agresor/a**	de la **Víctima**	del/los **Espectador/es**				
1.-	1.-	1.-	1.- Alegría ☐	1.- Celos **(N)** ☐	1.- Observar ☐	1.- Culpabilidades ☐
			2.- Aceptación ☐	2.- Culpa **(N)** ☐	2.- Reflexionar ☐	2.- Fracasos ☐
2.-	2.-	2.-	3.- Amor ☐	3.- Desesperanza **(N)** ☐	3.- Analizar ☐	3.- Límites ☐
			4.- Anticipación ☐	4.- Frustración **(N)** ☐	4.- Imaginar ☐	4.- Inseguridades ☐
3.-	3.-	3.-	5.- Asco ☐	5.- Hostilidad **(N)** ☐	5.- Expresar ☐	5.- Vulnerabilidad ☐
4.-	4.-	4.-	6.- Aversión ☐	6.- Ira **(N)** ☐	6.- Argumentar ☐	6.- Vergüenzas ☐
5.-	5.-	5.-	7.- Coraje ☐	7.- Miedo **(N)** ☐	7.- Empatizar ☐	7.- Satisfacciones ☐
			8.- Curiosidad ☐	8.- Tristeza **(N)** ☐	8.- Tristeza ☐	8.- Logros ☐
6.-	6.-	6.-	9.- Desagrado ☐	9.- Alegría **(P)** ☐	9.- Filtrar Infor. ☐	9.- Disfrutes ☐
7.-	7.-	7.-	10.- Esperanza ☐	10.- Amor **(P)** ☐	10.- Interactuar ☐	10.- Habilidades ☐
			11.- Expectativa ☐	11.- Esperanza **(P)** ☐	11.- Planificar ☐	
8.	8.-	8.-	12.- Felicidad ☐	12.- Felicidad **(P)** ☐	12.- Tolerar ☐	
9.-	9.-	9.-	13.- Ira ☐	13.- Gratitud **(P)** ☐	13.- Resolver ☐	
			14.- Miedo ☐	14.- Compasión **(P)** ☐	14.- Transformar ☐	
10.-	10.-	10.-	15.- Odio ☐	15.- Sorpresa **(NE)** ☐	15.- Evaluar ☐	

*Positivo **(P)**; Negativo **(N)** y Neutro **(NE)**

AGRUPAMIENTOS para trabajar con el alumnado en el aula. Coloca una cruz **X**	**A.I.** ☐	**T.C.** ☐	**G.G.** ☐				
COMPETENCIAS/ HABILIDADES *Desarrolladas*	**CL** ☐	**STEM** ☐	**CD** ☐	**IEE** ☐	**CPSAA** ☐	**CSC** ☐	**CCEE** ☐
EVALUACIÓN DE LA ACTIVIDAD REALIZADA	**NS** (0-4) ☐		**S** (5-6) ☐		**MS** (7-8) ☐		**EX** (9-10) ☐

TREPAS SOCIALES EN EL ENTORNO ESCOLAR

Dicha palabra procede de la onomatopeya "trep". También se la relaciona con el latín medieval (trepare: danzar con brincos y saltos). Puede proceder del romance italiano (treppiare) y del latín (tripodare: danza ritual en tres tiempos, acompaña de saltos y brincos). Su procedencia también se la relaciona con el vocablo germánico (treppe: escalera, subir caminando). Fuente: <https://etimologias.dechile.net/?trepar>. <Msg.psicologia> (27 de mayo de 2014) señala que también se les denomina "arribistas". Siendo las personas que se aprovechan de cualquier fisura para pasar por encima de los demás y lograr sus objetivos. Son varias las consecuencias para quien lo padece: ansiedad, depresión, frustración, impotencia y rabietas. Las personas ejecutoras se caracterizan por: a) no padecen remordimientos de conciencia, b) carecen de empatía, c) ausencia de capacidad de sacrificio, d) no aceptan las frustraciones.

Figura 24

Desestructuración familiar (ruptura)

Tabla 24

Torbellino de ideas que te inspira la lámina presentada. *Escribe en el espacio punteado (.......) una sola palabra.*			EMOCIONES removidas en el/la lector/a. Coloca una cruz **X**	SENTIMIENTOS * despertados por el/la lector/a. Coloca una cruz **X**	HABILIDADES desarrolladas por el/la lector/a. Coloca una cruz **X**	DESCUBRIMIENTOS personales del/a lector/a. Coloca una cruz **X**
Sobre la persona						
del/la **Agresor/a**	de la **Víctima**	del/los **Espectador/es**				
1.-	1.-	1.-	1.- Alegría ☐	1.- Celos **(N)** ☐	1.- Observar ☐	1.- Culpabilidades ☐
			2.- Aceptación ☐	2.- Culpa **(N)** ☐	2.- Reflexionar ☐	2.- Fracasos ☐
2.-	2.-	2.-	3.- Amor ☐	3.- Desesperanza **(N)** ☐	3.- Analizar ☐	3.- Límites ☐
			4.- Anticipación ☐	4.- Frustración **(N)** ☐	4.- Imaginar ☐	4.- Inseguridades ☐
3.-	3.-	3.-	5.- Asco ☐	5.- Hostilidad **(N)** ☐	5.- Expresar ☐	5.- Vulnerabilidad ☐
			6.- Aversión ☐	6.- Ira **(N)** ☐	6.- Argumentar ☐	6.- Vergüenzas ☐
4.-	4.-	4.-	7.- Coraje ☐	7.- Miedo **(N)** ☐	7.- Empatizar ☐	7.- Satisfacciones ☐
			8.- Curiosidad ☐	8.- Tristeza **(N)** ☐	8.- Tristeza ☐	8.- Logros ☐
5.-	5.-	5.-	9.- Desagrado ☐	9.- Alegría **(P)** ☐	9.- Filtrar Infor. ☐	9.- Disfrutes ☐
			10.- Esperanza ☐	10.- Amor **(P)** ☐	10.- Interactuar ☐	10.- Habilidades ☐
6.-	6.-	6.-	11.- Expectativa ☐	11.- Esperanza **(P)** ☐	11.- Planificar ☐	
			12.- Felicidad ☐	12.- Felicidad **(P)** ☐	12.- Tolerar ☐	
7.-	7.-	7.-	13.- Ira ☐	13.- Gratitud **(P)** ☐	13.- Resolver ☐	
8.-	8.-	8.-	14.- Miedo ☐	14.- Compasión **(P)** ☐	14.- Transformar ☐	
9.-	9.-	9.-	15.- Odio ☐	15.- Sorpresa **(NE)** ☐	15.- Evaluar ☐	
10.-	10.-	10.-				

*Positivo **(P)**; Negativo **(N)** y Neutro **(NE)**

AGRUPAMIENTOS para trabajar con el alumnado en el aula. Coloca una cruz **X**	**A.I.** ☐	**T.C.** ☐	**G.G.** ☐				
COMPETENCIAS/ HABILIDADES *Desarrolladas*	**CL** ☐	**STEM** ☐	**CD** ☐	**IEE** ☐	**CPSAA** ☐	**CSC** ☐	**CCEE** ☐
EVALUACIÓN DE LA ACTIVIDAD REALIZADA	**NS** (0-4) ☐		**S** (5-6) ☐		**MS** (7-8) ☐		**EX** (9-10) ☐

DESESTRUCTURACIÓN FAMILIAR (RUPTURA)

Desestructuración familiar o ruptura (del latín "rumpere": roto). Ambos padres deben humanizar su separación, explicársela a sus hijos con palabras sinceras y sencillas. Es bueno realizar un trabajo preparatorio. Los efectos de una ruptura familiar pueden ser evocadas por los hijos como huellas amargas (agresividad, desorden, hiperactividad, impulsividad, inquietud, pesadillas, tristeza, etc.). Por ello, algunos quieren hacerse mayores, para sentirse independientes y olvidar una etapa de su niñez catastrófica. Fuente: (González, 2003).

Figura 25

Dictadura y gratificación inmediata (de niños y jóvenes)

Tabla 25

Torbellino de ideas que te inspira la lámina presentada. *Escribe en el espacio punteado (.......) una sola palabra.*			EMOCIONES removidas en el/la lector/a. Coloca una cruz **X**	SENTIMIENTOS * despertados por el/la lector/a. Coloca una cruz **X**	HABILIDADES desarrolladas por el/la lector/a. Coloca una cruz **X**	DESCUBRIMIENTOS personales del/a lector/a. Coloca una cruz **X**
Sobre la persona						
del/la **Agresor/a**	de la **Víctima**	del/los **Espectador/es**				
1.-	1.-	1.-	1.- Alegría ☐	1.- Celos **(N)** ☐	1.- Observar ☐	1.- Culpabilidades ☐
			2.- Aceptación ☐	2.- Culpa **(N)** ☐	2.- Reflexionar ☐	2.- Fracasos ☐
2.-	2.-	2.-	3.- Amor ☐	3.- Desesperanza **(N)** ☐	3.- Analizar ☐	3.- Límites ☐
			4.- Anticipación ☐	4.- Frustración **(N)** ☐	4.- Imaginar ☐	4.- Inseguridades ☐
3.-	3.-	3.-	5.- Asco ☐	5.- Hostilidad **(N)** ☐	5.- Expresar ☐	5.- Vulnerabilidad ☐
			6.- Aversión ☐	6.- Ira **(N)** ☐	6.- Argumentar ☐	6.- Vergüenzas ☐
4.-	4.-	4.-	7.- Coraje ☐	7.- Miedo **(N)** ☐	7.- Empatizar ☐	7.- Satisfacciones ☐
			8.- Curiosidad ☐	8.- Tristeza **(N)** ☐	8.- Tristeza ☐	8.- Logros ☐
5.-	5.-	5.-	9.- Desagrado ☐	9.- Alegría **(P)** ☐	9.- Filtrar Infor. ☐	9.- Disfrutes ☐
6.-	6.-	6.-	10.- Esperanza ☐	10.- Amor **(P)** ☐	10.- Interactuar ☐	10.- Habilidades ☐
			11.- Expectativa ☐	11.- Esperanza **(P)** ☐	11.- Planificar ☐	
7.-	7.-	7.-	12.- Felicidad ☐	12.- Felicidad **(P)** ☐	12.- Tolerar ☐	
8.-	8.-	8.-	13.- Ira ☐	13.- Gratitud **(P)** ☐	13.- Resolver ☐	
9.-	9.-	9.-	14.- Miedo ☐	14.- Compasión **(P)** ☐	14.- Transformar ☐	
10.-	10.-	10.-	15.- Odio ☐	15.- Sorpresa **(NE)** ☐	15.- Evaluar ☐	

*Positivo **(P)**; Negativo **(N)** y Neutro **(NE)**

AGRUPAMIENTOS para trabajar con el alumnado en el aula. Coloca una cruz **X**	**A.I.** ☐	**T.C.** ☐	**G.G.** ☐				
COMPETENCIAS/ HABILIDADES *Desarrolladas*	**CL** ☐	**STEM** ☐	**CD** ☐	**IEE** ☐	**CPSAA** ☐	**CSC** ☐	**CCEE** ☐
EVALUACIÓN DE LA ACTIVIDAD REALIZADA	**NS** (0-4) ☐		**S** (5-6) ☐		**MS** (7-8) ☐		**EX** (9-10) ☐

DICTADURA Y GRATIFICACIÓN INMEDIATA (DE NIÑOS Y JÓVENES)

Dictadura y gratificación inmediata (del latín "dictare-tis": recibir la acción. Y el sufijo "-ura": actividad). "El escaso tiempo de dedicación de los padres es canjeado por caprichos materiales. Muchos hijos carecen de esta preciosa vitamina "T" ("tiempo de dedicación") (Castells, 2007, p. 69). "Si se inunda a los pequeños de regalos, normalmente para compensar la poca atención que se les dedica, se acostumbran a tenerlo todo y dejan de otorgarles valor a las cosas" (Doménech, 2016, p. 61).

Figura 26
Influencia agresiva de las redes sociales

Tabla 26

Torbellino de ideas que te inspira la lámina presentada.
Escribe en el espacio punteado (.......) una sola palabra.

Sobre la persona

del/la **Agresor/a**	de la **Víctima**	del/los **Espectador/es**
1.-	1.-	1.- ....
2.-	2.-	2.- ....
3.-	3.-	3.- ....
4.-	4.-	4.- ....
5.-	5.-	5.- ....
6.-	6.-	6.- ....
7.-	7.-	7.- ....
8.-	8.-	8.- ....
9.-	9.-	9.- ....
10.-	10.-	10.- ....

EMOCIONES removidas en el/la lector/a. Coloca una cruz **X**	**SENTIMIENTOS *** despertados por el/la lector/a. Coloca una cruz **X**	**HABILIDADES** desarrolladas por el/la lector/a. Coloca una cruz **X**	**DESCUBRIMIENTOS** personales del/a lector/a. Coloca una cruz **X**
1.- Alegría ☐	1.- Celos **(N)** ☐	1.- Observar ☐	1.- Culpabilidades ☐
2.- Aceptación ☐	2.- Culpa **(N)** ☐	2.- Reflexionar ☐	2.- Fracasos ☐
3.- Amor ☐	3.- Desesperanza **(N)** ☐	3.- Analizar ☐	3.- Límites ☐
4.- Anticipación ☐	4.- Frustración **(N)** ☐	4.- Imaginar ☐	4.- Inseguridades ☐
5.- Asco ☐	5.- Hostilidad **(N)** ☐	5.- Expresar ☐	5.- Vulnerabilidad ☐
6.- Aversión ☐	6.- Ira **(N)** ☐	6.- Argumentar ☐	6.- Vergüenzas ☐
7.- Coraje ☐	7.- Miedo **(N)** ☐	7.- Empatizar ☐	7.- Satisfacciones ☐
8.- Curiosidad ☐	8.- Tristeza **(N)** ☐	8.- Tristeza ☐	8.- Logros ☐
9.- Desagrado ☐	9.- Alegría **(P)** ☐	9.- Filtrar Infor. ☐	9.- Disfrutes ☐
10.- Esperanza ☐	10.- Amor **(P)** ☐	10.- Interactuar ☐	10.- Habilidades ☐
11.- Expectativa ☐	11.- Esperanza **(P)** ☐	11.- Planificar ☐	
12.- Felicidad ☐	12.- Felicidad **(P)** ☐	12.- Tolerar ☐	
13.- Ira ☐	13.- Gratitud **(P)** ☐	13.- Resolver ☐	
14.- Miedo ☐	14.- Compasión **(P)** ☐	14.- Transformar ☐	
15.- Odio ☐	15.- Sorpresa **(NE)** ☐	15.- Evaluar ☐	

*Positivo **(P)**; Negativo **(N)** y Neutro **(NE)**

AGRUPAMIENTOS para trabajar con el alumnado en el aula. Coloca una cruz **X**	**A.I.** ☐	**T.C.** ☐	**G.G.** ☐				
COMPETENCIAS/ HABILIDADES *Desarrolladas*	**CL** ☐	**STEM** ☐	**CD** ☐	**IEE** ☐	**CPSAA** ☐	**CSC** ☐	**CCEE** ☐
EVALUACIÓN DE LA ACTIVIDAD REALIZADA	**NS** (0-4) ☐		**S** (5-6) ☐		**MS** (7-8) ☐		**EX** (9-10) ☐

INFLUENCIA AGRESIVA DE LAS REDES SOCIALES

A los padres y madres les compete la tarea de enseñar a que sus hijos naveguen de forma segura e identificar posibles situaciones de riesgo (Barrera, 2020, p. 27). Para ello existe una propuesta de común acuerdo entre los hijos y sus padres por un buen uso del móvil, tableta y ordenador, del Grupo de Redes Sociales de la Policía Nacional para padres con menores de 13 años. (Acuerdo padres-hijos por @policía). Con mayor edad, se podrán modificar y/o cancelar. (Barrera, 2020, pp. 75-76).

Figura 27

Ausencia de límites y normas

Tabla 27

Torbellino de ideas que te inspira la lámina presentada. _Escribe en el espacio punteado (.......) una sola palabra._			EMOCIONES removidas en el/la lector/a. Coloca una cruz **X**	SENTIMIENTOS * despertados por el/la lector/a. Coloca una cruz **X**	HABILIDADES desarrolladas por el/la lector/a. Coloca una cruz **X**	DESCUBRIMIENTOS personales del/a lector/a. Coloca una cruz **X**
Sobre la persona						
del/la **Agresor/a**	de la **Víctima**	del/los **Espectador/es**				
1.-	1.-	1.-	1.- Alegría ☐	1.- Celos **(N)** ☐	1.- Observar ☐	1.- Culpabilidades ☐
			2.- Aceptación ☐	2.- Culpa **(N)** ☐	2.- Reflexionar ☐	2.- Fracasos ☐
2.-	2.-	2.-	3.- Amor ☐	3.- Desesperanza **(N)** ☐	3.- Analizar ☐	3.- Límites ☐
			4.- Anticipación ☐	4.- Frustración **(N)** ☐	4.- Imaginar ☐	4.- Inseguridades ☐
3.-	3.-	3.-	5.- Asco ☐	5.- Hostilidad **(N)** ☐	5.- Expresar ☐	5.- Vulnerabilidad ☐
4.-	4.-	4.-	6.- Aversión ☐	6.- Ira **(N)** ☐	6.- Argumentar ☐	6.- Vergüenzas ☐
5.-	5.-	5.-	7.- Coraje ☐	7.- Miedo **(N)** ☐	7.- Empatizar ☐	7.- Satisfacciones ☐
			8.- Curiosidad ☐	8.- Tristeza **(N)** ☐	8.- Tristeza ☐	8.- Logros ☐
6.-	6.-	6.-	9.- Desagrado ☐	9.- Alegría **(P)** ☐	9.- Filtrar Infor. ☐	9.- Disfrutes ☐
7.-	7.-	7.-	10.- Esperanza ☐	10.- Amor **(P)** ☐	10.- Interactuar ☐	10.- Habilidades ☐
			11.- Expectativa ☐	11.- Esperanza **(P)** ☐	11.- Planificar ☐	
8.-	8.-	8.-	12.- Felicidad ☐	12.- Felicidad **(P)** ☐	12.- Tolerar ☐	
			13.- Ira ☐	13.- Gratitud **(P)** ☐	13.- Resolver ☐	
9.-	9.-	9.-	14.- Miedo ☐	14.- Compasión **(P)** ☐	14.- Transformar ☐	
10.-	10.-	10.-	15.- Odio ☐	15.- Sorpresa **(NE)** ☐	15.- Evaluar ☐	

*Positivo **(P)**; Negativo **(N)** y Neutro **(NE)**

AGRUPAMIENTOS para trabajar con el alumnado en el aula. Coloca una cruz **X**	**A.I.** ☐	**T.C.** ☐	**G.G.** ☐				
COMPETENCIAS/ HABILIDADES _Desarrolladas_	**CL** ☐	**STEM** ☐	**CD** ☐	**IEE** ☐	**CPSAA** ☐	**CSC** ☐	**CCEE** ☐
EVALUACIÓN DE LA ACTIVIDAD REALIZADA	**NS** (0-4) ☐		**S** (5-6) ☐		**MS** (7-8) ☐		**EX** (9-10) ☐

AUSENCIA DE LÍMITES Y NORMAS

Normas (del latín "limes-tis": límite, frontera.). Las normas y la sanción son necesarias y educativas, pero mejor en positivo (hacer más y mejor). Existen normas que se han de cumplir, como: no mentir ni agredir, no romper objetos intencionadamente, practicar el orden, mantener horarios de aseo, comidas, juego, estudio, no pegar ni gritar, obedecer a los padres (u otros familiares) y profesores. Fuente: (Urra, 2006, p. 41).

Abandono del sector educativo

Tabla 28

Torbellino de ideas que te inspira la lámina presentada. *Escribe en el espacio punteado (.......) una sola palabra.*			EMOCIONES removidas en el/la lector/a. Coloca una cruz **X**	SENTIMIENTOS * despertados por el/la lector/a. Coloca una cruz **X**	HABILIDADES desarrolladas por el/la lector/a. Coloca una cruz **X**	DESCUBRIMIENTOS personales del/a lector/a. Coloca una cruz **X**
Sobre la persona						
del/la **Agresor/a**	de la **Víctima**	del/los **Espectador/es**				
1.-	1.-	1.-	1.- Alegría ☐	1.- Celos **(N)** ☐	1.- Observar ☐	1.- Culpabilidades ☐
			2.- Aceptación ☐	2.- Culpa **(N)** ☐	2.- Reflexionar ☐	2.- Fracasos ☐
2.-	2.-	2.-	3.- Amor ☐	3.- Desesperanza **(N)** ☐	3.- Analizar ☐	3.- Límites ☐
			4.- Anticipación ☐	4.- Frustración **(N)** ☐	4.- Imaginar ☐	4.- Inseguridades ☐
3.-	3.-	3.-	5.- Asco ☐	5.- Hostilidad **(N)** ☐	5.- Expresar ☐	5.- Vulnerabilidad ☐
4.-	4.-	4.-	6.- Aversión ☐	6.- Ira **(N)** ☐	6.- Argumentar ☐	6.- Vergüenzas ☐
5.-	5.-	5.-	7.- Coraje ☐	7.- Miedo **(N)** ☐	7.- Empatizar ☐	7.- Satisfacciones ☐
			8.- Curiosidad ☐	8.- Tristeza **(N)** ☐	8.- Tristeza ☐	8.- Logros ☐
6.-	6.-	6.-	9.- Desagrado ☐	9.- Alegría **(P)** ☐	9.- Filtrar Infor. ☐	9.- Disfrutes ☐
7.-	7.-	7.-	10.- Esperanza ☐	10.- Amor **(P)** ☐	10.- Interactuar ☐	10.- Habilidades ☐
			11.- Expectativa ☐	11.- Esperanza **(P)** ☐	11.- Planificar ☐	
8.	8.-	8 -	12.- Felicidad ☐	12.- Felicidad **(P)** ☐	12.- Tolerar ☐	
9.-	9.-	9.-	13.- Ira ☐	13.- Gratitud **(P)** ☐	13.- Resolver ☐	
			14.- Miedo ☐	14.- Compasión **(P)** ☐	14.- Transformar ☐	
10.-	10.-	10.-	15.- Odio ☐	15.- Sorpresa **(NE)** ☐	15.- Evaluar ☐	

*Positivo **(P)**; Negativo **(N)** y Neutro **(NE)**

AGRUPAMIENTOS para trabajar con el alumnado en el aula. Coloca una cruz **X**	**A.I.** ☐	**T.C.** ☐	**G.G.** ☐				
COMPETENCIAS/ HABILIDADES *Desarrolladas*	**CL** ☐	**STEM** ☐	**CD** ☐	**IEE** ☐	**CPSAA** ☐	**CSC** ☐	**CCEE** ☐
EVALUACIÓN DE LA ACTIVIDAD REALIZADA	**NS** (0-4) ☐		**S** (5-6) ☐		**MS** (7-8) ☐		**EX** (9-10) ☐

ABANDONO DEL SECTOR EDUCATIVO

Abandono (del francés "laisser á bandon": dejar en poder de alguien; "bandon": poder). Fundación Mutua Madrileña y Fundación ANAR (2021) constatan barreras para prevenir el bullying: dificultades del profesorado para diferenciar el acoso: 46,55; insuficiente formación docente: 51%; falta de recursos: 78,8%; poca implicación del centro: 20,9%; poco apoyo de la dirección del centro educativo: 12%; falta de tiempo del profesorado: 9,1%. La Asociación Nacional de Profesores Estatales (ANPE) (2021) en un estudio con una muestra de N=1.994 docentes, constata que el 30 % del profesorado mantiene problemas con la Administración, padecen bajas laborales el 15 %; procesos depresivos el 12% y ansiedad el 78%. Aumento del estrés y la depresión en los docentes.

Falta de vocación del profesorado

Tabla 29

Torbellino de ideas que te inspira la lámina presentada. *Escribe en el espacio punteado (……) una sola palabra.*			EMOCIONES removidas en el/la lector/a. Coloca una cruz **X**		SENTIMIENTOS * despertados por el/la lector/a. Coloca una cruz **X**		HABILIDADES desarrolladas por el/la lector/a. Coloca una cruz **X**		DESCUBRIMIENTOS personales del/a lector/a. Coloca una cruz **X**	
Sobre la persona										
del/la **Agresor/a**	de la **Víctima**	del/los **Espectador/es**								
1.- …………	1.- …………	1.- …………	1.- Alegría	☐	1.- Celos **(N)**	☐	1.- Observar	☐	1.- Culpabilidades	☐
			2.- Aceptación	☐	2.- Culpa **(N)**	☐	2.- Reflexionar	☐	2.- Fracasos	☐
2.- …………	2.- …………	2.- …………	3.- Amor	☐	3.- Desesperanza **(N)**	☐	3.- Analizar	☐	3.- Límites	☐
			4.- Anticipación	☐	4.- Frustración **(N)**	☐	4.- Imaginar	☐	4.- Inseguridades	☐
3.- …………	3.- …………	3.- …………	5.- Asco	☐	5.- Hostilidad **(N)**	☐	5.- Expresar	☐	5.- Vulnerabilidad	☐
4.- …………	4.- …………	4.- …………	6.- Aversión	☐	6.- Ira **(N)**	☐	6.- Argumentar	☐	6.- Vergüenzas	☐
			7.- Coraje	☐	7.- Miedo **(N)**	☐	7.- Empatizar	☐	7.- Satisfacciones	☐
5.- …………	5.- …………	5.- …………	8.- Curiosidad	☐	8.- Tristeza **(N)**	☐	8.- Tristeza	☐	8.- Logros	☐
6.- …………	6.- …………	6.- …………	9.- Desagrado	☐	9.- Alegría **(P)**	☐	9.- Filtrar Infor.	☐	9.- Disfrutes	☐
7.- …………	7.- …………	7.- …………	10.- Esperanza	☐	10.- Amor **(P)**	☐	10.- Interactuar	☐	10.- Habilidades	☐
			11.- Expectativa	☐	11.- Esperanza **(P)**	☐	11.- Planificar	☐		
8.- …………	8.- …………	8.- …………	12.- Felicidad	☐	12.- Felicidad **(P)**	☐	12.- Tolerar	☐		
9.- …………	9.- …………	9.- …………	13.- Ira	☐	13.- Gratitud **(P)**	☐	13.- Resolver	☐		
			14.- Miedo	☐	14.- Compasión **(P)**	☐	14.- Transformar	☐		
10.- …………	10.- …………	10.- …………	15.- Odio	☐	15.- Sorpresa **(NE)**	☐	15.- Evaluar	☐		

*Positivo **(P)**; Negativo **(N)** y Neutro **(NE)**

AGRUPAMIENTOS para trabajar con el alumnado en el aula. Coloca una cruz **X**	**A.I.** ☐	**T.C.** ☐	**G.G.** ☐				
COMPETENCIAS/ HABILIDADES *Desarrolladas*	**CL** ☐	**STEM** ☐	**CD** ☐	**IEE** ☐	**CPSAA** ☐	**CSC** ☐	**CCEE** ☐
EVALUACIÓN DE LA ACTIVIDAD REALIZADA	**NS** (0-4) ☐		**S** (5-6) ☐		**MS** (7-8) ☐		**EX** (9-10) ☐

FALTA DE VOCACIÓN DEL PROFESORADO

Vocación (del latín "vocare": llamar). Actividad profesional que exige para su cabal cumplimiento, una buena dosis de compromiso. Inclinación natural para enseñar con entusiasmo, compromiso, confianza, dedicación especial y servicio hacia los demás. Fuente: (Larrosa Martínez, 2010; Marchesi, Ullastres & Díaz Four, 2008). Piñuel (2006) señala un porcentaje del 7%-8% de falta de vocación en el profesorado.

Tabla 30

Torbellino de ideas que te inspira la lámina presentada. *Escribe en el espacio punteado (.......) una sola palabra.* Sobre la persona			EMOCIONES removidas en el/la lector/a. Coloca una cruz **X**	SENTIMIENTOS * despertados por el/la lector/a. Coloca una cruz **X**	HABILIDADES desarrolladas por el/la lector/a. Coloca una cruz **X**	DESCUBRIMIENTOS personales del/a lector/a. Coloca una cruz **X**
del/la **Agresor/a**	de la **Víctima**	del/los **Espectador/es**				
1.-	1.-	1.-	1.- Alegría ☐	1.- Celos **(N)** ☐	1.- Observar ☐	1.- Culpabilidades ☐
			2.- Aceptación ☐	2.- Culpa **(N)** ☐	2.- Reflexionar ☐	2.- Fracasos ☐
2.-	2.-	2.-	3.- Amor ☐	3.- Desesperanza **(N)** ☐	3.- Analizar ☐	3.- Límites ☐
			4.- Anticipación ☐	4.- Frustración **(N)** ☐	4.- Imaginar ☐	4.- Inseguridades ☐
3.-	3.-	3.-	5.- Asco ☐	5.- Hostilidad **(N)** ☐	5.- Expresar ☐	5.- Vulnerabilidad ☐
4.-	4.-	4.-	6.- Aversión ☐	6.- Ira **(N)** ☐	6.- Argumentar ☐	6.- Vergüenzas ☐
5.-	5.-	5.-	7.- Coraje ☐	7.- Miedo **(N)** ☐	7.- Empatizar ☐	7.- Satisfacciones ☐
			8.- Curiosidad ☐	8.- Tristeza **(N)** ☐	8.- Tristeza ☐	8.- Logros ☐
6.-	6.-	6.-	9.- Desagrado ☐	9.- Alegría **(P)** ☐	9.- Filtrar Infor. ☐	9.- Disfrutes ☐
7.-	7.-	7.-	10.- Esperanza ☐	10.- Amor **(P)** ☐	10.- Interactuar ☐	10.- Habilidades ☐
			11.- Expectativa ☐	11.- Esperanza **(P)** ☐	11.- Planificar ☐	
8.-	8.-	8.-	12.- Felicidad ☐	12.- Felicidad **(P)** ☐	12.- Tolerar ☐	
9.-	9.-	9.-	13.- Ira ☐	13.- Gratitud **(P)** ☐	13.- Resolver ☐	
			14.- Miedo ☐	14.- Compasión **(P)** ☐	14.- Transformar ☐	
10.-	10.-	10.-	15.- Odio ☐	15.- Sorpresa **(NE)** ☐	15.- Evaluar ☐	

*Positivo **(P)**; Negativo **(N)** y Neutro **(NE)**

AGRUPAMIENTOS para trabajar con el alumnado en el aula. Coloca una cruz **X**	**A.I.** ☐	**T.C.** ☐	**G.G.** ☐				
COMPETENCIAS/ HABILIDADES *Desarrolladas*	**CL** ☐	**STEM** ☐	**CD** ☐	**IEE** ☐	**CPSAA** ☐	**CSC** ☐	**CCEE** ☐
EVALUACIÓN DE LA ACTIVIDAD REALIZADA	**NS** (0-4) ☐		**S** (5-6) ☐		**MS** (7-8) ☐		**EX** (9-10) ☐

MALA GESTIÓN DE LA DISCIPLINA

Disciplina (del latín "disciplina". Derivado de "discipulus": discípulo. Procede de "discere": aprender). ¿Y por qué existen tantas dificultades para imponer disciplina a los menores? Poco tiempo de dedicación de los padres, canjeado por caprichos materiales, padres de mayor edad, padres separados con sentimiento de autoculpabilidad, les hace ceder a cualquier demanda del hijo (Castells, 2007, p. 69).

Figura 31

Ausencia de valores

Tabla 31

Torbellino de ideas que te inspira la lámina presentada. *Escribe en el espacio punteado (.......) una sola palabra.*			EMOCIONES removidas en el/la lector/a. Coloca una cruz **X**	SENTIMIENTOS * despertados por el/la lector/a. Coloca una cruz **X**	HABILIDADES desarrolladas por el/la lector/a. Coloca una cruz **X**	DESCUBRIMIENTOS personales del/a lector/a. Coloca una cruz **X**
Sobre la persona						
del/la **Agresor/a**	de la **Víctima**	del/los **Espectador/es**	1.- Alegría ☐	1.- Celos **(N)** ☐	1.- Observar ☐	1.- Culpabilidades ☐
1.-	1.-	1.-	2.- Aceptación ☐	2.- Culpa **(N)** ☐	2.- Reflexionar ☐	2.- Fracasos ☐
2.-	2.-	2.-	3.- Amor ☐	3.- Desesperanza **(N)** ☐	3.- Analizar ☐	3.- Límites ☐
3.-	3.-	3.-	4.- Anticipación ☐	4.- Frustración **(N)** ☐	4.- Imaginar ☐	4.- Inseguridades ☐
			5.- Asco ☐	5.- Hostilidad **(N)** ☐	5.- Expresar ☐	5.- Vulnerabilidad ☐
4.-	4.-	4.-	6.- Aversión ☐	6.- Ira **(N)** ☐	6.- Argumentar ☐	6.- Vergüenzas ☐
5.-	5.-	5.-	7.- Coraje ☐	7.- Miedo **(N)** ☐	7.- Empatizar ☐	7.- Satisfacciones ☐
6.-	6.-	6.-	8.- Curiosidad ☐	8.- Tristeza **(N)** ☐	8.- Tristeza ☐	8.- Logros ☐
			9.- Desagrado ☐	9.- Alegría **(P)** ☐	9.- Filtrar Infor. ☐	9.- Disfrutes ☐
7.-	7.-	7.-	10.- Esperanza ☐	10.- Amor **(P)** ☐	10.- Interactuar ☐	10.- Habilidades ☐
			11.- Expectativa ☐	11.- Esperanza **(P)** ☐	11.- Planificar ☐	
8.-	8.-	8.-	12.- Felicidad ☐	12.- Felicidad **(P)** ☐	12.- Tolerar ☐	
9.-	9.-	9.-	13.- Ira ☐	13.- Gratitud **(P)** ☐	13.- Resolver ☐	
			14.- Miedo ☐	14.- Compasión **(P)** ☐	14.- Transformar ☐	
10.-	10.-	10.-	15.- Odio ☐	15.- Sorpresa **(NE)** ☐	15.- Evaluar ☐	

*Positivo **(P)**; Negativo **(N)** y Neutro **(NE)**

AGRUPAMIENTOS para trabajar con el alumnado en el aula. Coloca una cruz **X**	**A.I.** ☐	**T.C.** ☐	**G.G.** ☐				
COMPETENCIAS/ HABILIDADES *Desarrolladas*	**CL** ☐	**STEM** ☐	**CD** ☐	**IEE** ☐	**CPSAA** ☐	**CSC** ☐	**CCEE** ☐
EVALUACIÓN DE LA ACTIVIDAD REALIZADA	**NS** (0-4) ☐		**S** (5-6) ☐		**MS** (7-8) ☐		**EX** (9-10) ☐

AUSENCIA DE VALORES

Valores (de latín "valere": ser fuerte; sufijo "-or": efecto o resultado). "Los más pequeños son nuestros mejores seguidores; lo imitarán todo. Son unos aprendices natos: asimilan hábitos de higiene, comportamientos, rutinas y expresiones de forma natural. A nosotros nos toca conocerlos a fondo y saber cómo sacar lo mejor de ellos. Los adultos deben empezar por exteriorizar lo que piensan y lo que sienten; sus valores, para que el más pequeño sepa distinguirlos y se sienta seguro a la hora de comunicarse con ellos" (Doménech, 2016, pp. 24-25).

CAPÍTULO

ACOSO TECNOLÓGICO

Se procede al estudio del acoso por medio de las redes sociales. Se aportan algunas investigaciones con sus datos correspondientes, y se ofrecen algunas pautas de actuación tanto para la familia, como para la escuela.

Martos (2020) señala la importancia que tienen las redes sociales para los jóvenes y la consiguiente ansiedad que generan: "Cuelgo un selfie, luego existo". Este es el pensamiento de una buena parte del alumnado que asiste a los centros educativos. De esta forma, se convierten en **ciberdependientes**. Es decir, usan y abusan de forma patológica (en algunos casos) las redes. La citada autora, señala varios modelos de personalidad adicta a la informática y a Internet. Se citan a continuación:

> a) El solitario que utiliza Internet para jugar a solas y localiza programas o información (no establece relaciones).
>
> b) El usuario que se vale de Internet para establecer contacto con otros usuarios (chats, mensajería, moods o juego de intercambio).
>
> c) Los jóvenes que utilizan Internet para reforzar su conducta adictiva (juego, sexo o compras).
>
> d) El uso patológico de Internet como vehículo de expresión de otros conflictos (trastornos afectivos) o un modo de compensar las propias carencias (afecto, seguridad, socialización, etc.).

Así mismo, la citada autora constata que el 37% de usuarios (8 a 17 años) de todo el mundo declara que ha sido víctima de cyberbullying, mientras que el 24% de dichos jóvenes, declara ser acosador por el citado medio. Dicho de otro modo, que uno de cada cuatro jóvenes ha acosado a otros por las redes sociales. En el ciberacoso, el verdugo se vale de algún medio tecnológico (mensajería instantánea, una red social, juegos compartidos en línea, chats, páginas personales o cualquier otro recurso de Internet).

La Fundación Mutua Madrileña y Fundación ANAR (2020-21) llevan a cabo un estudio en tiempos de pandemia para trabajar en pro de la prevención del acoso escolar. En una parte del estudio pretenden detectar la incidencia del cyberbullying por medio de las diversas redes. Éstas, son algunos de los resultados obtenidos:

    a) Cyberbullying por medio del WhatsApp: 53,9%.

    b) Por medio de Instagram: 44,4%.

    c) Utilizando TikTok: 38,5%.

    d) Juegos Online: 37,6%.

    e) Por medio de Facebook: 8,9%.

    f) Otros medios: 9,0%.

    g) La cifra media de los participantes en el acoso, alcanza un porcentaje del 21,8%.

    h) Casos de acoso resueltos en los centros: 52,2%.

    i) Casos sin resolver: 47,8%.

Tresgallo (2021) lleva a cabo el estudio del cyberbullying en su investigación en las cuatro provincias de la Comunidad Autónoma de Galicia (N=1.995 alumnos de 5.º y 6.º de Educación Primaria). El objetivo de dicho trabajo de investigación consiste en detectar si dicho fenómeno se produce en Galicia. De existir, detectar la tipología. Conclusiones:

1.- Se observan dos tipos de acoso por las redes sociales:

- El agresor cuelga sus victimizaciones en las redes sociales (YouTube) (49,0%).

- Emplea también las páginas web como medio de ciberacoso, alcanzando un porcentaje del 15,5%.

2.- ¿De dónde saca el agresor las ideas para acosar a sus víctimas?

- De las series de televisión (27,9%).

- De las consolas y de los videojuegos (17,0%).

- De su imaginación (14,6%).

- Se las transmiten sus compañeros (4,1%).

3.- Nivel de influencia:

3.1 Videojuegos:

- Bully (6,1%).

- San Andreas (5,4%).

- Conan el Bárbaro (5,2%).

- Furia de Titanes (4,8).

- Mortal Kombat: (3,8%).

3.2 Películas:

- Terminator (I, II, III, IV) (8,3%).

- Guerreros de la muerte (7,2%).

- Jack el Destripador (7,1%).

- Martes 13 (7,1%).

- Gladiator (7,2%).
- La novia de Chucky (6,8%).

Medios para revertir la situación desde el ámbito familiar y escolar:

1.- Poner límites y normas en el seno familiar desde los primeros años de la vida de los jóvenes.

2.- Establecer rutinas familiares en las que haya tiempo para el estudio, el cultivo de las relaciones personales, el ejercicio físico u otros.

3.- No utilizar los eventos familiares a cortas edades para realizar regalos inadecuados, como móviles u otros (con motivo de cumpleaños, Navidades, etc.).

4.- Enseñar a los hijos a navegar (a su debida edad) de forma adecuada y no de forma anárquica. Cuanto más tiempo pasa un niño, en las redes, más se expone.

5.- Exigir en las familias un tiempo diario de trabajo, repaso y/o lectura. Se evita que vayan al centro educativo, sin llevar los "deberes" hechos. Se trata de educar en la responsabilidad.

6.- Los padres nunca deben castigar a sus hijos en su habitación con un amplio despliegue tecnológico (disponen de todos los mecanismos y se exponen a padecer acoso por las redes). Un castigo de este tipo (inadecuado) lo buscarán en adelante. Por lo tanto, no educa.

7.- Los progenitores deben compartir, de vez en cuando, las facturas de la luz con sus hijos. Así verán que las cosas tienen un costo tanto de esfuerzo como económico.

8.- Se acudirá a las comidas familiares sin ningún dispositivo electrónico para favorecer el diálogo en familia.

9.- Los padres deben conocer el contenido de los juegos que comparten sus hijos con otros presuntos amigos.

10.- Acostumbrar a los niños y jóvenes a no desvelar ningún dato suyo o de su familia en las redes.

11.- Nunca deben conectarse con personas extrañas y, mucho menos, facilitar encuentros. Pueden ser víctimas de pederastia y/o sufrir varios tipos de acoso tecnológico: Sexting, Grooming, Momo u Olivia. Todos ellos son acosos llevados a cabo por las redes sociales y muy graves.

12.- Los progenitores, le darán una educación coherente y adaptada a la edad de cada chico/a.

13.- Se debería supervisar el contenido de las series que han de visionar. Algunas escenas y/o videojuegos que visionen o manipulen, los pueden hacer más violentos.

14.- Desde los centros educativos, se promoverá la formación de toda la comunidad educativa, en materia de acoso escolar y cyberbullying, con el objeto de sensibilizar frente a la citada lacra.

15.- El equipo directivo, en colaboración con el departamento de orientación, promoverán actividades para que el alumnado elija a los futuros mediadores.

16.- El centro educativo, realizará un esfuerzo especial para utilizar protocolos de acoso y ciberacoso escolar, que sean realistas, prácticos, eficientes y evaluables.

17.- La dirección de los centros educativos, cuando sospeche de un presunto caso de bullying, debe dar un paso al frente (no obviarlo) y anteponer la salud mental de la población
estudiantil a la matrícula del centro (pensando que, un caso de bullying puede provocar
desprestigio y que los padres no envíen sus hijos a dicho centro educativo).

18.- Cuando en un centro educativo se produce un caso de bullying, la dirección debe poner
a disposición de las familias todos los recursos de que disponga. Las veinticuatro horas a
disposición de la víctima y sus familiares.

19.- Desde el departamento de orientación, se facilitará material para que los tutores de curso y grupo puedan llevar a cabo la debida concienciación en torno a este tema tan grave.

20.- Finalmente, dado que los estudios de investigación señalan que un amplio porcentaje
de progenitores no asisten al centro educativo, se les invitará y emplazará a realizar convivencias (familia-escuela) para estrechar lazos y que permitan conocer mejor las posibles dificultades y/o motivos para no participar en las actividades promovidas por éste.
En dichas salidas, se alentará a todos los participantes para que ese día dejen el móvil en
casa. Servirá la jornada para realizar una ruta de senderismo, charlar y preocuparse por
los otros, lejos de las tecnologías.

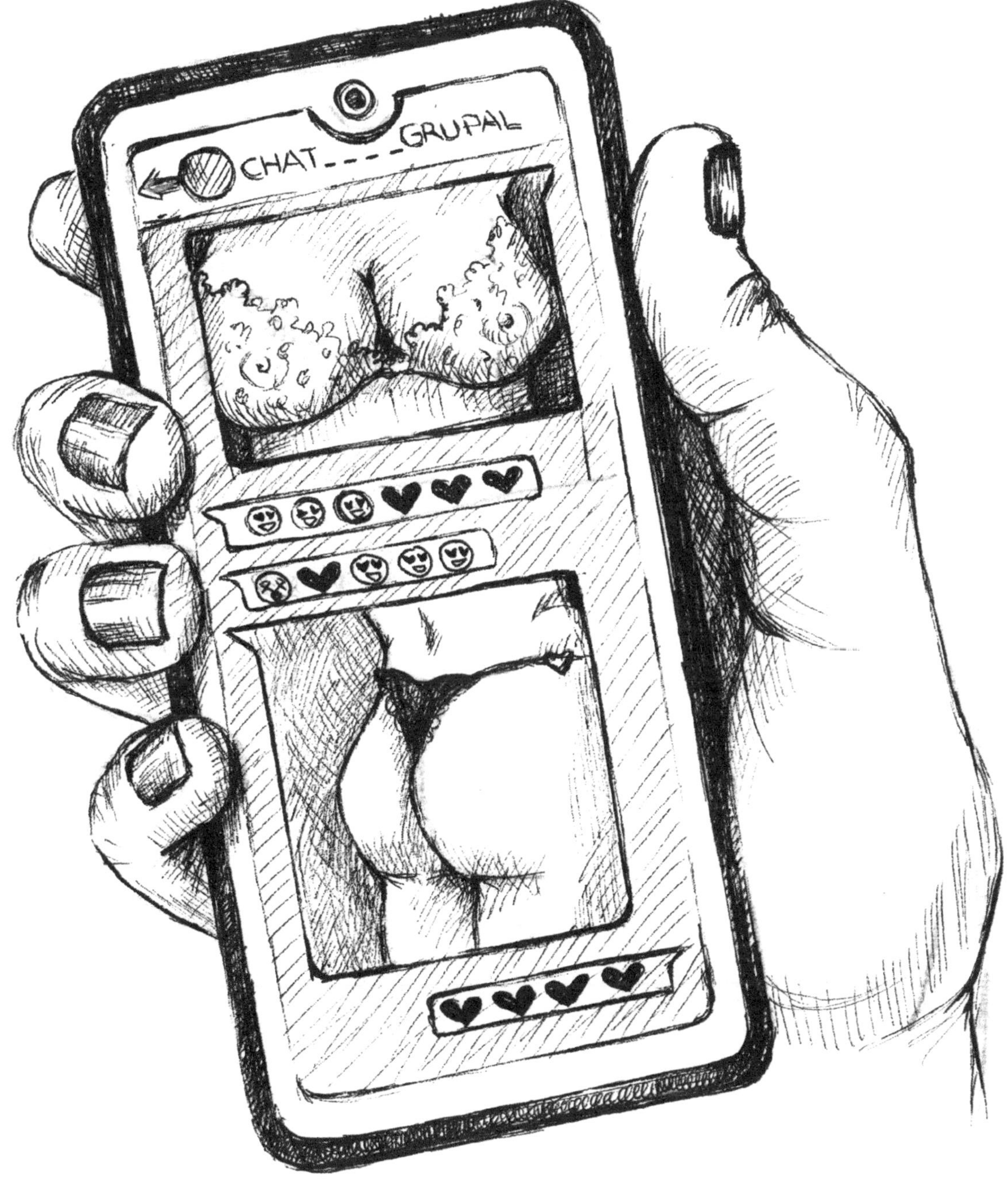
CHAT GRUPAL

Tabla 32

Torbellino de ideas que te inspira la lámina presentada. *Escribe en el espacio punteado (…….) una sola palabra.*			EMOCIONES removidas en el/la lector/a. Coloca una cruz **X**	SENTIMIENTOS * despertados por el/la lector/a. Coloca una cruz **X**	HABILIDADES desarrolladas por el/la lector/a. Coloca una cruz **X**	DESCUBRIMIENTOS personales del/a lector/a. Coloca una cruz **X**
Sobre la persona						
del/la **Agresor/a**	de la **Víctima**	del/los **Espectador/es**				
1.- …………………	1.- …………………	1.- …………………	1.- Alegría ☐	1.- Celos **(N)** ☐	1.- Observar ☐	1.- Culpabilidades ☐
			2.- Aceptación ☐	2.- Culpa **(N)** ☐	2.- Reflexionar ☐	2.- Fracasos ☐
2.- …………………	2.- …………………	2.- …………………	3.- Amor ☐	3.- Desesperanza **(N)** ☐	3.- Analizar ☐	3.- Límites ☐
			4.- Anticipación ☐	4.- Frustración **(N)** ☐	4.- Imaginar ☐	4.- Inseguridades ☐
3.- …………………	3.- …………………	3.- …………………	5.- Asco ☐	5.- Hostilidad **(N)** ☐	5.- Expresar ☐	5.- Vulnerabilidad ☐
4.- …………………	4.- …………………	4.- …………………	6.- Aversión ☐	6.- Ira **(N)** ☐	6.- Argumentar ☐	6.- Vergüenzas ☐
			7.- Coraje ☐	7.- Miedo **(N)** ☐	7.- Empatizar ☐	7.- Satisfacciones ☐
5.- …………………	5.- …………………	5.- …………………	8.- Curiosidad ☐	8.- Tristeza **(N)** ☐	8.- Tristeza ☐	8.- Logros ☐
6.- …………………	6.- …………………	6.- …………………	9.- Desagrado ☐	9.- Alegría **(P)** ☐	9.- Filtrar Infor. ☐	9.- Disfrutes ☐
			10.- Esperanza ☐	10.- Amor **(P)** ☐	10.- Interactuar ☐	10.- Habilidades ☐
7.- …………………	7.- …………………	7.- …………………	11.- Expectativa ☐	11.- Esperanza **(P)** ☐	11.- Planificar ☐	
8.- …………………	8.- …………………	8.- …………………	12.- Felicidad ☐	12.- Felicidad **(P)** ☐	12.- Tolerar ☐	
			13.- Ira ☐	13.- Gratitud **(P)** ☐	13.- Resolver ☐	
9.- …………………	9.- …………………	9.- …………………	14.- Miedo ☐	14.- Compasión **(P)** ☐	14.- Transformar ☐	
10.- …………………	10.- …………………	10.- …………………	15.- Odio ☐	15.- Sorpresa **(NE)** ☐	15.- Evaluar ☐	

*Positivo **(P)**; Negativo **(N)** y Neutro **(NE)**

AGRUPAMIENTOS para trabajar con el alumnado en el aula. Coloca una cruz **X**	**A.I.** ☐	**T.C.** ☐	**G.G.** ☐				
COMPETENCIAS/ HABILIDADES *Desarrolladas*	**CL** ☐	**STEM** ☐	**CD** ☐	**IEE** ☐	**CPSAA** ☐	**CSC** ☐	**CCEE** ☐
EVALUACIÓN DE LA ACTIVIDAD REALIZADA	**NS** (0-4) ☐		**S** (5-6) ☐		**MS** (7-8) ☐		**EX** (9-10) ☐

SEXTING

Sexting (procede del inglés "sex": sexo; y "texting": escribir mensajes). Consiste en la difusión de imágenes comprometidas (de contenido erótico) de la víctima, por medio de las redes sociales. El agresor rompe el principio de privacidad, y la víctima cae en un alto grado de vulnerabilidad. (Molina del Peral y Vecina-Navarro, 2017; Tresgallo, 2020).

Grooming

Tabla 33

Torbellino de ideas que te inspira la lámina presentada. *Escribe en el espacio punteado (.......) una sola palabra.* Sobre la persona			EMOCIONES removidas en el/la lector/a. Coloca una cruz **X**	SENTIMIENTOS * despertados por el/la lector/a. Coloca una cruz **X**	HABILIDADES desarrolladas por el/la lector/a. Coloca una cruz **X**	DESCUBRIMIENTOS personales del/a lector/a. Coloca una cruz **X**
del/la **Agresor/a**	de la **Víctima**	del/los **Espectador/es**				
1.-	1.-	1.-	1.- Alegría ☐	1.- Celos **(N)** ☐	1.- Observar ☐	1.- Culpabilidades ☐
			2.- Aceptación ☐	2.- Culpa **(N)** ☐	2.- Reflexionar ☐	2.- Fracasos ☐
2.-	2.-	2.-	3.- Amor ☐	3.- Desesperanza **(N)** ☐	3.- Analizar ☐	3.- Límites ☐
			4.- Anticipación ☐	4.- Frustración **(N)** ☐	4.- Imaginar ☐	4.- Inseguridades ☐
3.-	3.-	3.-	5.- Asco ☐	5.- Hostilidad **(N)** ☐	5.- Expresar ☐	5.- Vulnerabilidad ☐
4.-	4.-	4.-	6.- Aversión ☐	6.- Ira **(N)** ☐	6.- Argumentar ☐	6.- Vergüenzas ☐
			7.- Coraje ☐	7.- Miedo **(N)** ☐	7.- Empatizar ☐	7.- Satisfacciones ☐
5.-	5.-	5.-	8.- Curiosidad ☐	8.- Tristeza **(N)** ☐	8.- Tristeza ☐	8.- Logros ☐
6.-	6.-	6.-	9.- Desagrado ☐	9.- Alegría **(P)** ☐	9.- Filtrar Infor. ☐	9.- Disfrutes ☐
7.-	7.-	7.-	10.- Esperanza ☐	10.- Amor **(P)** ☐	10.- Interactuar ☐	10.- Habilidades ☐
			11.- Expectativa ☐	11.- Esperanza **(P)** ☐	11.- Planificar ☐	
8.-	8.-	8.-	12.- Felicidad ☐	12.- Felicidad **(P)** ☐	12.- Tolerar ☐	
			13.- Ira ☐	13.- Gratitud **(P)** ☐	13.- Resolver ☐	
9.-	9.-	9.-	14.- Miedo ☐	14.- Compasión **(P)** ☐	14.- Transformar ☐	
10.-	10.-	10.-	15.- Odio ☐	15.- Sorpresa **(NE)** ☐	15.- Evaluar ☐	

*Positivo **(P)**; Negativo **(N)** y Neutro **(NE)**

AGRUPAMIENTOS para trabajar con el alumnado en el aula. Coloca una cruz **X**	A.I. ☐	T.C. ☐	G.G. ☐				
COMPETENCIAS/ HABILIDADES *Desarrolladas*	CL ☐	STEM ☐	CD ☐	IEE ☐	CPSAA ☐	CSC ☐	CCEE ☐
EVALUACIÓN DE LA ACTIVIDAD REALIZADA	**NS** (0-4) ☐		**S** (5-6) ☐		**MS** (7-8) ☐		**EX** (9-10) ☐

GROOMING

Grooming (del inglés "togrom": acercarse, y "groom": niño; engatusamiento). Ciberacoso deliberado ejercido por adultos sobre niños, cuya finalidad conlleva un control emocional para lograr beneficios sexuales implícitos o explícitos. Las conexiones suelen llevarse a cabo en lugares apartados de la casa para no ser detectados los acosadores. (Molina Del Peral y Vecina-Navarro, 2017; Tresgallo, 2020).

Figura 34

Momo

Tabla 34

Torbellino de ideas que te inspira la lámina presentada. *Escribe en el espacio punteado (.......) una sola palabra.*			EMOCIONES removidas en el/la lector/a. Coloca una cruz **X**	SENTIMIENTOS * despertados por el/la lector/a. Coloca una cruz **X**	HABILIDADES desarrolladas por el/la lector/a. Coloca una cruz **X**	DESCUBRIMIENTOS personales del/a lector/a. Coloca una cruz **X**
Sobre la persona						
del/la **Agresor/a**	de la **Víctima**	del/los **Espectador/es**				
1.-	1.-	1.-	1.- Alegría ☐	1.- Celos **(N)** ☐	1.- Observar ☐	1.- Culpabilidades ☐
			2.- Aceptación ☐	2.- Culpa **(N)** ☐	2.- Reflexionar ☐	2.- Fracasos ☐
2.-	2.-	2.-	3.- Amor ☐	3.- Desesperanza **(N)** ☐	3.- Analizar ☐	3.- Límites ☐
			4.- Anticipación ☐	4.- Frustración **(N)** ☐	4.- Imaginar ☐	4.- Inseguridades ☐
3.-	3.-	3.-	5.- Asco ☐	5.- Hostilidad **(N)** ☐	5.- Expresar ☐	5.- Vulnerabilidad ☐
4.-	4.-	4.-	6.- Aversión ☐	6.- Ira **(N)** ☐	6.- Argumentar ☐	6.- Vergüenzas ☐
5.-	5.-	5.-	7.- Coraje ☐	7.- Miedo **(N)** ☐	7.- Empatizar ☐	7.- Satisfacciones ☐
			8.- Curiosidad ☐	8.- Tristeza **(N)** ☐	8.- Tristeza ☐	8.- Logros ☐
6.-	6.-	6.-	9.- Desagrado ☐	9.- Alegría **(P)** ☐	9.- Filtrar Infor. ☐	9.- Disfrutes ☐
7.-	7.-	7.-	10.- Esperanza ☐	10.- Amor **(P)** ☐	10.- Interactuar ☐	10.- Habilidades ☐
			11.- Expectativa ☐	11.- Esperanza **(P)** ☐	11.- Planificar ☐	
8.-	8.-	8.-	12.- Felicidad ☐	12.- Felicidad **(P)** ☐	12.- Tolerar ☐	
9.-	9.-	9.-	13.- Ira ☐	13.- Gratitud **(P)** ☐	13.- Resolver ☐	
			14.- Miedo ☐	14.- Compasión **(P)** ☐	14.- Transformar ☐	
10.-	10.-	10.-	15.- Odio ☐	15.- Sorpresa **(NE)** ☐	15.- Evaluar ☐	

*Positivo **(P)**; Negativo **(N)** y Neutro **(NE)**

AGRUPAMIENTOS para trabajar con el alumnado en el aula. Coloca una cruz **X**	**A.I.** ☐	**T.C.** ☐	**G.G.** ☐				
COMPETENCIAS/ HABILIDADES *Desarrolladas*	**CL** ☐	**STEM** ☐	**CD** ☐	**IEE** ☐	**CPSAA** ☐	**CSC** ☐	**CCEE** ☐
EVALUACIÓN DE LA ACTIVIDAD REALIZADA	**NS** (0-4) ☐		**S** (5-6) ☐		**MS** (7-8) ☐		**EX** (9-10) ☐

MOMO

Momo (chantaje sexual). Acoso cibernético de origen asiático. Representa a una muñeca terrorífica. Pretende conseguir imágenes comprometidas de las víctimas (eróticas) para someterlas a un chantaje sexual. El contacto con las víctimas suele realizarse por las redes sociales (WhatsApp o Facebook). (Tresgallo, 2020).

Figura 35

Olivia

Tabla 35

Torbellino de ideas que te inspira la lámina presentada. *Escribe en el espacio punteado (……) una sola palabra.* Sobre la persona			EMOCIONES removidas en el/la lector/a. Coloca una cruz **X**	SENTIMIENTOS * despertados por el/la lector/a. Coloca una cruz **X**	HABILIDADES desarrolladas por el/la lector/a. Coloca una cruz **X**	DESCUBRIMIENTOS personales del/a lector/a. Coloca una cruz **X**
del/la **Agresor/a**	de la **Víctima**	del/los **Espectador/es**	1.- Alegría ☐	1.- Celos **(N)** ☐	1.- Observar ☐	1.- Culpabilidades ☐
1.- …………………	1.- …………………	1.- …………………	2.- Aceptación ☐	2.- Culpa **(N)** ☐	2.- Reflexionar ☐	2.- Fracasos ☐
2.- …………………	2.- …………………	2.- …………………	3.- Amor ☐	3.- Desesperanza **(N)** ☐	3.- Analizar ☐	3.- Límites ☐
3.- …………………	3.- …………………	3.- …………………	4.- Anticipación ☐	4.- Frustración **(N)** ☐	4.- Imaginar ☐	4.- Inseguridades ☐
			5.- Asco ☐	5.- Hostilidad **(N)** ☐	5.- Expresar ☐	5.- Vulnerabilidad ☐
4.- …………………	4.- …………………	4.- …………………	6.- Aversión ☐	6.- Ira **(N)** ☐	6.- Argumentar ☐	6.- Vergüenzas ☐
5.- …………………	5.- …………………	5.- …………………	7.- Coraje ☐	7.- Miedo **(N)** ☐	7.- Empatizar ☐	7.- Satisfacciones ☐
			8.- Curiosidad ☐	8.- Tristeza **(N)** ☐	8.- Tristeza ☐	8.- Logros ☐
6.- …………………	6.- …………………	6.- …………………	9.- Desagrado ☐	9.- Alegría **(P)** ☐	9.- Filtrar Infor. ☐	9.- Disfrutes ☐
7.- …………………	7.- …………………	7.- …………………	10.- Esperanza ☐	10.- Amor **(P)** ☐	10.- Interactuar ☐	10.- Habilidades ☐
			11.- Expectativa ☐	11.- Esperanza **(P)** ☐	11.- Planificar ☐	
8.- …………………	8.- …………………	8.- …………………	12.- Felicidad ☐	12.- Felicidad **(P)** ☐	12.- Tolerar ☐	
9.- …………………	9.- …………………	9.- …………………	13.- Ira ☐	13.- Gratitud **(P)** ☐	13.- Resolver ☐	
			14.- Miedo ☐	14.- Compasión **(P)** ☐	14.- Transformar ☐	
10.- …………………	10.- …………………	10.- …………………	15.- Odio ☐	15.- Sorpresa **(NE)** ☐	15.- Evaluar ☐	

*Positivo **(P)**; Negativo **(N)** y Neutro **(NE)**

AGRUPAMIENTOS para trabajar con el alumnado en el aula. Coloca una cruz **X**	**A.I.** ☐	**T.C.** ☐	**G.G.** ☐				
COMPETENCIAS/ HABILIDADES *Desarrolladas*	**CL** ☐	**STEM** ☐	**CD** ☐	**IEE** ☐	**CPSAA** ☐	**CSC** ☐	**CCEE** ☐
EVALUACIÓN DE LA ACTIVIDAD REALIZADA	**NS** (0-4) ☐		**S** (5-6) ☐		**MS** (7-8) ☐		**EX** (9-10) ☐

OLIVIA

Olivia (chantaje pornográfico). Acoso cibernético. Su objetivo consiste en redirigir a las víctimas a una página pornográfica. La invitación, la realiza "Olivia" por WhatsApp, simulando que es amiga de un conocido que ha cambiado de número de teléfono. Ella se ofrece a facilitarle el enlace de contacto con su amiga. Al pinchar en el enlace se produce el chantaje. (Tresgallo, 2020).

6

SECUELAS DEL BULLYING

Figura 36

Absentismo escolar

Tabla 36

Torbellino de ideas que te inspira la lámina presentada. *Escribe en el espacio punteado (…….) una sola palabra.*			EMOCIONES removidas en el/la lector/a. Coloca una cruz **X**	SENTIMIENTOS * despertados por el/la lector/a. Coloca una cruz **X**	HABILIDADES desarrolladas por el/la lector/a. Coloca una cruz **X**	DESCUBRIMIENTOS personales del/a lector/a. Coloca una cruz **X**
Sobre la persona						
del/la **Agresor/a**	de la **Víctima**	del/los **Espectador/es**				
1.- ……………………	1.- ……………………	1.- ……………………	1.- Alegría ☐	1.- Celos **(N)** ☐	1.- Observar ☐	1.- Culpabilidades ☐
2.- ……………………	2.- ……………………	2.- ……………………	2.- Aceptación ☐	2.- Culpa **(N)** ☐	2.- Reflexionar ☐	2.- Fracasos ☐
3.- ……………………	3.- ……………………	3.- ……………………	3.- Amor ☐	3.- Desesperanza **(N)** ☐	3.- Analizar ☐	3.- Límites ☐
			4.- Anticipación ☐	4.- Frustración **(N)** ☐	4.- Imaginar ☐	4.- Inseguridades ☐
4.- ……………………	4.- ……………………	4.- ……………………	5.- Asco ☐	5.- Hostilidad **(N)** ☐	5.- Expresar ☐	5.- Vulnerabilidad ☐
5.- ……………………	5.- ……………………	5.- ……………………	6.- Aversión ☐	6.- Ira **(N)** ☐	6.- Argumentar ☐	6.- Vergüenzas ☐
			7.- Coraje ☐	7.- Miedo **(N)** ☐	7.- Empatizar ☐	7.- Satisfacciones ☐
6.- ……………………	6.- ……………………	6.- ……………………	8.- Curiosidad ☐	8.- Tristeza **(N)** ☐	8.- Tristeza ☐	8.- Logros ☐
7.- ……………………	7.- ……………………	7.- ……………………	9.- Desagrado ☐	9.- Alegría **(P)** ☐	9.- Filtrar Infor. ☐	9.- Disfrutes ☐
			10.- Esperanza ☐	10.- Amor **(P)** ☐	10.- Interactuar ☐	10.- Habilidades ☐
8. ……………………	8.- ……………………	8 - ……………………	11.- Expectativa ☐	11.- Esperanza **(P)** ☐	11.- Planificar ☐	
			12.- Felicidad ☐	12.- Felicidad **(P)** ☐	12.- Tolerar ☐	
9.- ……………………	9.- ……………………	9.- ……………………	13.- Ira ☐	13.- Gratitud **(P)** ☐	13.- Resolver ☐	
			14.- Miedo ☐	14.- Compasión **(P)** ☐	14.- Transformar ☐	
10.- ……………………	10.- ……………………	10.- ……………………	15.- Odio ☐	15.- Sorpresa **(NE)** ☐	15.- Evaluar ☐	

*Positivo **(P)**; Negativo **(N)** y Neutro **(NE)**

AGRUPAMIENTOS para trabajar con el alumnado en el aula. Coloca una cruz **X**	**A.I.** ☐	**T.C.** ☐	**G.G.** ☐				
COMPETENCIAS/ HABILIDADES *Desarrolladas*	**CL** ☐	**STEM** ☐	**CD** ☐	**IEE** ☐	**CPSAA** ☐	**CSC** ☐	**CCEE** ☐
EVALUACIÓN DE LA ACTIVIDAD REALIZADA	**NS** (0-4) ☐		**S** (5-6) ☐		**MS** (7-8) ☐		**EX** (9-10) ☐

ABSENTISMO ESCOLAR

Absentismo escolar (procede del latín: "absens" / "absentis": ausente). Falta de comparecencia a un lugar o tarea. Nula voluntad para tomar decisiones o ejecutar actos. Situación por la cual los niños y jóvenes en edad escolar obligatoria no asisten a clase, o no lo hacen de una forma regular o permanente. Predictor de un conflicto social (Ander-Egg, 1997; Canda et al., 2009; R.A.E., 1992; Tresgallo, 2020, 2021; Urra, 2018). Tresgallo (2021) constata un absentismo escolar en Galicia del 4,8%.

Figura 37

Abulia

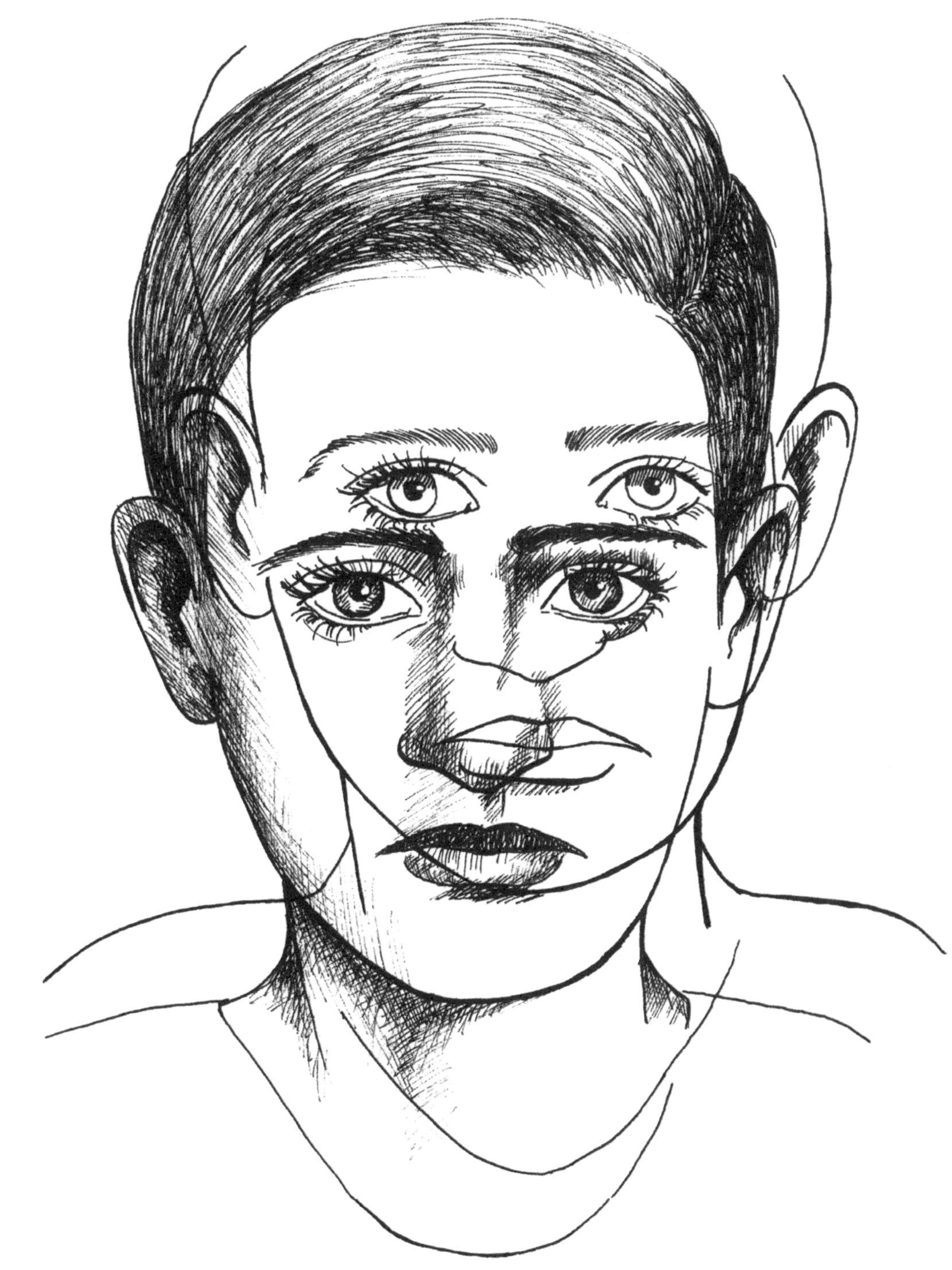

Torbellino de ideas que te inspira la lámina presentada. *Escribe en el espacio punteado (.......) una sola palabra.*			EMOCIONES removidas en el/la lector/a. Coloca una cruz **X**	SENTIMIENTOS * despertados por el/la lector/a. Coloca una cruz **X**	HABILIDADES desarrolladas por el/la lector/a. Coloca una cruz **X**	DESCUBRIMIENTOS personales del/a lector/a. Coloca una cruz **X**
Sobre la persona						
del/la **Agresor/a**	de la **Víctima**	del/los **Espectador/es**				
1.-	1.-	1.-	1.- Alegría ☐	1.- Celos **(N)** ☐	1.- Observar ☐	1.- Culpabilidades ☐
			2.- Aceptación ☐	2.- Culpa **(N)** ☐	2.- Reflexionar ☐	2.- Fracasos ☐
2.-	2.-	2.-	3.- Amor ☐	3.- Desesperanza **(N)** ☐	3.- Analizar ☐	3.- Límites ☐
			4.- Anticipación ☐	4.- Frustración **(N)** ☐	4.- Imaginar ☐	4.- Inseguridades ☐
3.-	3.-	3.-	5.- Asco ☐	5.- Hostilidad **(N)** ☐	5.- Expresar ☐	5.- Vulnerabilidad ☐
4.-	4.-	4.-	6.- Aversión ☐	6.- Ira **(N)** ☐	6.- Argumentar ☐	6.- Vergüenzas ☐
			7.- Coraje ☐	7.- Miedo **(N)** ☐	7.- Empatizar ☐	7.- Satisfacciones ☐
5.-	5.-	5.-	8.- Curiosidad ☐	8.- Tristeza **(N)** ☐	8.- Tristeza ☐	8.- Logros ☐
6.-	6.-	6.-	9.- Desagrado ☐	9.- Alegría **(P)** ☐	9.- Filtrar Infor. ☐	9.- Disfrutes ☐
7.-	7.-	7.-	10.- Esperanza ☐	10.- Amor **(P)** ☐	10.- Interactuar ☐	10.- Habilidades ☐
			11.- Expectativa ☐	11.- Esperanza **(P)** ☐	11.- Planificar ☐	
8.-	8.-	8.-	12.- Felicidad ☐	12.- Felicidad **(P)** ☐	12.- Tolerar ☐	
9.-	9.-	9.-	13.- Ira ☐	13.- Gratitud **(P)** ☐	13.- Resolver ☐	
			14.- Miedo ☐	14.- Compasión **(P)** ☐	14.- Transformar ☐	
10.-	10.-	10.-	15.- Odio ☐	15.- Sorpresa **(NE)** ☐	15.- Evaluar ☐	

*Positivo **(P)**; Negativo **(N)** y Neutro **(NE)**

AGRUPAMIENTOS para trabajar con el alumnado en el aula. Coloca una cruz **X**	**A.I.** ☐	**T.C.** ☐	**G.G.** ☐				
COMPETENCIAS/ HABILIDADES *Desarrolladas*	**CL** ☐	**STEM** ☐	**CD** ☐	**IEE** ☐	**CPSAA** ☐	**CSC** ☐	**CCEE** ☐
EVALUACIÓN DE LA ACTIVIDAD REALIZADA	**NS** (0-4) ☐		**S** (5-6) ☐		**MS** (7-8) ☐		**EX** (9-10) ☐

ABULIA

Abulia, (procede del griego "aboulia": falta de voluntad, con prefijo derivativo). Deterioro de la misma para actuar. Se traduce como indecisión y sentimiento de impotencia (Corominas, 1973; Farré, 1999; R.AE., 1992; Saz, 2000).

164

Tabla 38

Torbellino de ideas que te inspira la lámina presentada. _Escribe en el espacio punteado (…….) una sola palabra._			EMOCIONES removidas en el/la lector/a. Coloca una cruz **X**	SENTIMIENTOS * despertados por el/la lector/a. Coloca una cruz **X**	HABILIDADES desarrolladas por el/la lector/a. Coloca una cruz **X**	DESCUBRIMIENTOS personales del/a lector/a. Coloca una cruz **X**
Sobre la persona						
del/la **Agresor/a**	de la **Víctima**	del/los **Espectador/es**				
1.- …………………	1.- …………………	1.- …………………	1.- Alegría ☐	1.- Celos **(N)** ☐	1.- Observar ☐	1.- Culpabilidades ☐
			2.- Aceptación ☐	2.- Culpa **(N)** ☐	2.- Reflexionar ☐	2.- Fracasos ☐
2.- …………………	2.- …………………	2.- …………………	3.- Amor ☐	3.- Desesperanza **(N)** ☐	3.- Analizar ☐	3.- Límites ☐
			4.- Anticipación ☐	4.- Frustración **(N)** ☐	4.- Imaginar ☐	4.- Inseguridades ☐
3.- …………………	3.- …………………	3.- …………………	5.- Asco ☐	5.- Hostilidad **(N)** ☐	5.- Expresar ☐	5.- Vulnerabilidad ☐
4.- …………………	4.- …………………	4.- …………………	6.- Aversión ☐	6.- Ira **(N)** ☐	6.- Argumentar ☐	6.- Vergüenzas ☐
5.- …………………	5.- …………………	5.- …………………	7.- Coraje ☐	7.- Miedo **(N)** ☐	7.- Empatizar ☐	7.- Satisfacciones ☐
			8.- Curiosidad ☐	8.- Tristeza **(N)** ☐	8.- Tristeza ☐	8.- Logros ☐
6.- …………………	6.- …………………	6.- …………………	9.- Desagrado ☐	9.- Alegría **(P)** ☐	9.- Filtrar Infor. ☐	9.- Disfrutes ☐
7.- …………………	7.- …………………	7.- …………………	10.- Esperanza ☐	10.- Amor **(P)** ☐	10.- Interactuar ☐	10.- Habilidades ☐
			11.- Expectativa ☐	11.- Esperanza **(P)** ☐	11.- Planificar ☐	
8.- …………………	8.- …………………	8.- …………………	12.- Felicidad ☐	12.- Felicidad **(P)** ☐	12.- Tolerar ☐	
9.- …………………	9.- …………………	9.- …………………	13.- Ira ☐	13.- Gratitud **(P)** ☐	13.- Resolver ☐	
			14.- Miedo ☐	14.- Compasión **(P)** ☐	14.- Transformar ☐	
10.- …………………	10.- …………………	10.- …………………	15.- Odio ☐	15.- Sorpresa **(NE)** ☐	15.- Evaluar ☐	

*Positivo **(P)**; Negativo **(N)** y Neutro **(NE)**

AGRUPAMIENTOS para trabajar con el alumnado en el aula. Coloca una cruz **X**	**A.I.** ☐		**T.C.** ☐		**G.G.** ☐		
COMPETENCIAS/ HABILIDADES _Desarrolladas_	**CL** ☐	**STEM** ☐	**CD** ☐	**IEE** ☐	**CPSAA** ☐	**CSC** ☐	**CCEE** ☐
EVALUACIÓN DE LA ACTIVIDAD REALIZADA	**NS** (0-4) ☐		**S** (5-6) ☐		**MS** (7-8) ☐		**EX** (9-10) ☐

AGORAFOBIA

Agorafobia, es un término griego que procede de "ágora": asamblea, plaza pública; y "fobia": temor). Miedo a los espacios despejados, abiertos y extensos. Suele ir precedida de una crisis de ansiedad. Por ejemplo: guardar cola, entrar en un ascensor, mezclarse con la gente, atravesar un puente o túnel, viajar en tren, autobús, etc. (Canda et al., 2009; Corominas, 1973; Farré, 1999; Tresgallo, 2020).

Tabla 39

Torbellino de ideas que te inspira la lámina presentada. *Escribe en el espacio punteado (……..) una sola palabra.* Sobre la persona			EMOCIONES removidas en el/la lector/a. Coloca una cruz **X**	SENTIMIENTOS * despertados por el/la lector/a. Coloca una cruz **X**	HABILIDADES desarrolladas por el/la lector/a. Coloca una cruz **X**	DESCUBRIMIENTOS personales del/a lector/a. Coloca una cruz **X**
del/la **Agresor/a**	de la **Víctima**	del/los **Espectador/es**				
1.- ……………………	1.- ……………………	1.- ……………………	1.- Alegría ☐	1.- Celos **(N)** ☐	1.- Observar ☐	1.- Culpabilidades ☐
			2.- Aceptación ☐	2.- Culpa **(N)** ☐	2.- Reflexionar ☐	2.- Fracasos ☐
2.- ……………………	2.- ……………………	2.- ……………………	3.- Amor ☐	3.- Desesperanza **(N)** ☐	3.- Analizar ☐	3.- Límites ☐
			4.- Anticipación ☐	4.- Frustración **(N)** ☐	4.- Imaginar ☐	4.- Inseguridades ☐
3.- ……………………	3.- ……………………	3.- ……………………	5.- Asco ☐	5.- Hostilidad **(N)** ☐	5.- Expresar ☐	5.- Vulnerabilidad ☐
4.- ……………………	4.- ……………………	4.- ……………………	6.- Aversión ☐	6.- Ira **(N)** ☐	6.- Argumentar ☐	6.- Vergüenzas ☐
5.- ……………………	5.- ……………………	5.- ……………………	7.- Coraje ☐	7.- Miedo **(N)** ☐	7.- Empatizar ☐	7.- Satisfacciones ☐
			8.- Curiosidad ☐	8.- Tristeza **(N)** ☐	8.- Tristeza ☐	8.- Logros ☐
6.- ……………………	6.- ……………………	6.- ……………………	9.- Desagrado ☐	9.- Alegría **(P)** ☐	9.- Filtrar Infor. ☐	9.- Disfrutes ☐
7.- ……………………	7.- ……………………	7.- ……………………	10.- Esperanza ☐	10.- Amor **(P)** ☐	10.- Interactuar ☐	10.- Habilidades ☐
			11.- Expectativa ☐	11.- Esperanza **(P)** ☐	11.- Planificar ☐	
8. ……………………	8.- ……………………	8.- ……………………	12.- Felicidad ☐	12.- Felicidad **(P)** ☐	12.- Tolerar ☐	
9.- ……………………	9.- ……………………	9.- ……………………	13.- Ira ☐	13.- Gratitud **(P)** ☐	13.- Resolver ☐	
			14.- Miedo ☐	14.- Compasión **(P)** ☐	14.- Transformar ☐	
10.- ……………………	10.- ……………………	10.- ……………………	15.- Odio ☐	15.- Sorpresa **(NE)** ☐	15.- Evaluar ☐	

***Positivo (P); Negativo (N) y Neutro (NE)**

AGRUPAMIENTOS para trabajar con el alumnado en el aula. Coloca una cruz **X**	**A.I.** ☐	**T.C.** ☐	**G.G.** ☐				
COMPETENCIAS/ HABILIDADES *Desarrolladas*	**CL** ☐	**STEM** ☐	**CD** ☐	**IEE** ☐	**CPSAA** ☐	**CSC** ☐	**CCEE** ☐
EVALUACIÓN DE LA ACTIVIDAD REALIZADA	**NS** (0-4) ☐		**S** (5-6) ☐		**MS** (7-8) ☐		**EX** (9-10) ☐

ANGUSTIA

Angustia (del latín "angustus": estrecho). Alteración emocional caracterizada por la tensión y síntomas psíquicos. Malestar indefinible que dificulta la respiración, impide descansar, generando diversos síntomas físicos (contracturas musculares, asma, dermatitis, cólicos, infarto de miocardio). Fuente: (Corominas, 1973; Martos, 2020; Saz, 2000).

Figura 40

Anorexia

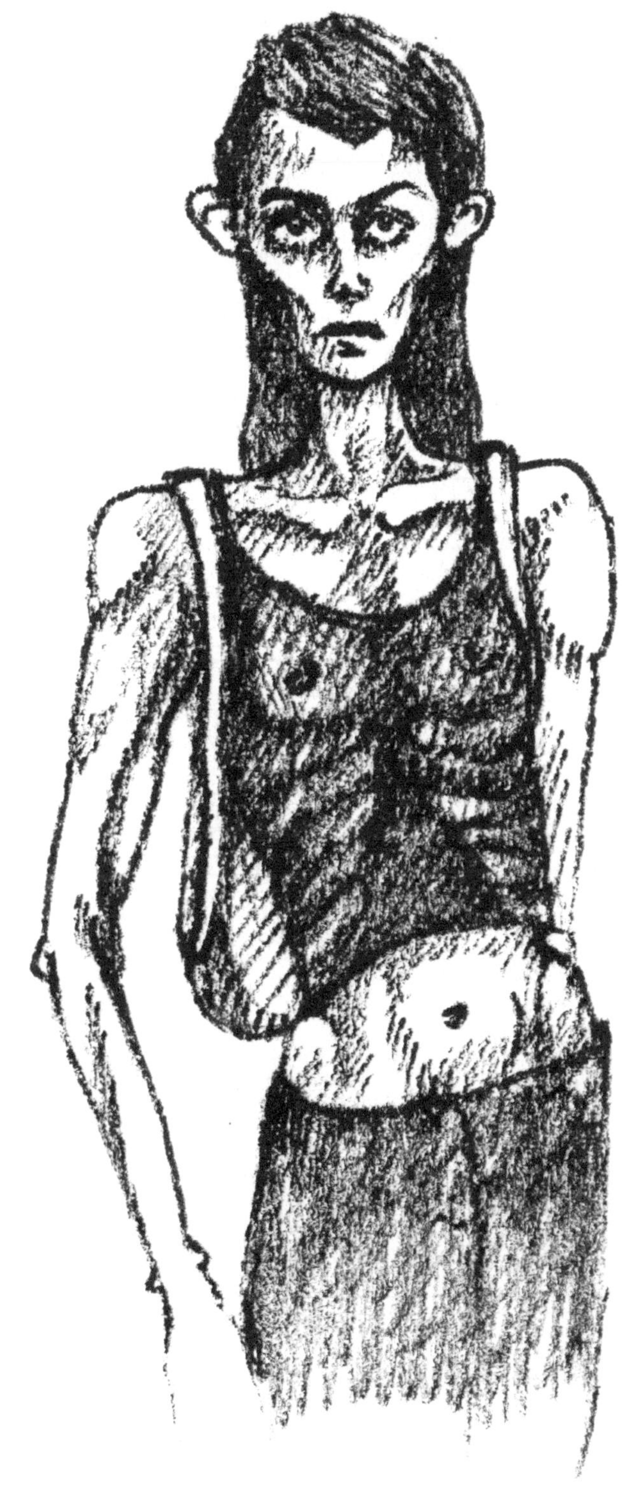

Tabla 40

Torbellino de ideas que te inspira la lámina presentada. *Escribe en el espacio punteado (.......) una sola palabra.*			EMOCIONES removidas en el/la lector/a. Coloca una cruz **X**	SENTIMIENTOS * despertados por el/la lector/a. Coloca una cruz **X**	HABILIDADES desarrolladas por el/la lector/a. Coloca una cruz **X**	DESCUBRIMIENTOS personales del/a lector/a. Coloca una cruz **X**
Sobre la persona						
del/la **Agresor/a**	de la **Víctima**	del/los **Espectador/es**				
1.-	1.-	1.-	1.- Alegría ☐	1.- Celos **(N)** ☐	1.- Observar ☐	1.- Culpabilidades ☐
			2.- Aceptación ☐	2.- Culpa **(N)** ☐	2.- Reflexionar ☐	2.- Fracasos ☐
2.-	2.-	2.-	3.- Amor ☐	3.- Desesperanza **(N)** ☐	3.- Analizar ☐	3.- Límites ☐
			4.- Anticipación ☐	4.- Frustración **(N)** ☐	4.- Imaginar ☐	4.- Inseguridades ☐
3.-	3.-	3.-	5.- Asco ☐	5.- Hostilidad **(N)** ☐	5.- Expresar ☐	5.- Vulnerabilidad ☐
4.-	4.-	4.-	6.- Aversión ☐	6.- Ira **(N)** ☐	6.- Argumentar ☐	6.- Vergüenzas ☐
			7.- Coraje ☐	7.- Miedo **(N)** ☐	7.- Empatizar ☐	7.- Satisfacciones ☐
5.-	5.-	5.-	8.- Curiosidad ☐	8.- Tristeza **(N)** ☐	8.- Tristeza ☐	8.- Logros ☐
6.-	6.-	6.-	9.- Desagrado ☐	9.- Alegría **(P)** ☐	9.- Filtrar Infor. ☐	9.- Disfrutes ☐
7.-	7.-	7.-	10.- Esperanza ☐	10.- Amor **(P)** ☐	10.- Interactuar ☐	10.- Habilidades ☐
			11.- Expectativa ☐	11.- Esperanza **(P)** ☐	11.- Planificar ☐	
8.-	8.-	8.-	12.- Felicidad ☐	12.- Felicidad **(P)** ☐	12.- Tolerar ☐	
9.-	9.-	9.-	13.- Ira ☐	13.- Gratitud **(P)** ☐	13.- Resolver ☐	
			14.- Miedo ☐	14.- Compasión **(P)** ☐	14.- Transformar ☐	
10.-	10.-	10.-	15.- Odio ☐	15.- Sorpresa **(NE)** ☐	15.- Evaluar ☐	

***Positivo (P); Negativo (N) y Neutro (NE)**

AGRUPAMIENTOS para trabajar con el alumnado en el aula. Coloca una cruz **X**	**A.I.** ☐	**T.C.** ☐	**G.G.** ☐				
COMPETENCIAS/ HABILIDADES *Desarrolladas*	**CL** ☐	**STEM** ☐	**CD** ☐	**IEE** ☐	**CPSAA** ☐	**CSC** ☐	**CCEE** ☐
EVALUACIÓN DE LA ACTIVIDAD REALIZADA	**NS** (0-4) ☐		**S** (5-6) ☐		**MS** (7-8) ☐		**EX** (9-10) ☐

ANOREXIA

Anorexia (prefijo griego "a": negación y, también del griego "orégo": apetecer). Trastorno alimentario que indica la existencia de posibles conflictos familiares, escolares, generando aversión a la comida. "Mis Bimbo" peligroso juego que se puso de moda en el Reino Unido. (Martos, 2020).

Figura 41
Ansiedad

Tabla 41

Torbellino de ideas que te inspira la lámina presentada. *Escribe en el espacio punteado (.......) una sola palabra.*			EMOCIONES removidas en el/la lector/a. Coloca una cruz **X**	SENTIMIENTOS * despertados por el/la lector/a. Coloca una cruz **X**	HABILIDADES desarrolladas por el/la lector/a. Coloca una cruz **X**	DESCUBRIMIENTOS personales del/a lector/a. Coloca una cruz **X**
Sobre la persona						
del/la **Agresor/a**	de la **Víctima**	del/los **Espectador/es**				
1.-	1.-	1.-	1.- Alegría ☐	1.- Celos **(N)** ☐	1.- Observar ☐	1.- Culpabilidades ☐
			2.- Aceptación ☐	2.- Culpa **(N)** ☐	2.- Reflexionar ☐	2.- Fracasos ☐
2.-	2.-	2.-	3.- Amor ☐	3.- Desesperanza **(N)** ☐	3.- Analizar ☐	3.- Límites ☐
			4.- Anticipación ☐	4.- Frustración **(N)** ☐	4.- Imaginar ☐	4.- Inseguridades ☐
3.-	3.-	3.-	5.- Asco ☐	5.- Hostilidad **(N)** ☐	5.- Expresar ☐	5.- Vulnerabilidad ☐
4.-	4.-	4.-	6.- Aversión ☐	6.- Ira **(N)** ☐	6.- Argumentar ☐	6.- Vergüenzas ☐
5.-	5.-	5.-	7.- Coraje ☐	7.- Miedo **(N)** ☐	7.- Empatizar ☐	7.- Satisfacciones ☐
			8.- Curiosidad ☐	8.- Tristeza **(N)** ☐	8.- Tristeza ☐	8.- Logros ☐
6.-	6.-	6.-	9.- Desagrado ☐	9.- Alegría **(P)** ☐	9.- Filtrar Infor. ☐	9.- Disfrutes ☐
7.-	7.-	7.-	10.- Esperanza ☐	10.- Amor **(P)** ☐	10.- Interactuar ☐	10.- Habilidades ☐
			11.- Expectativa ☐	11.- Esperanza **(P)** ☐	11.- Planificar ☐	
8.-	8.-	8.-	12.- Felicidad ☐	12.- Felicidad **(P)** ☐	12.- Tolerar ☐	
			13.- Ira ☐	13.- Gratitud **(P)** ☐	13.- Resolver ☐	
9.-	9.-	9.-	14.- Miedo ☐	14.- Compasión **(P)** ☐	14.- Transformar ☐	
10.-	10.-	10.-	15.- Odio ☐	15.- Sorpresa **(NE)** ☐	15.- Evaluar ☐	

*Positivo **(P)**; Negativo **(N)** y Neutro **(NE)**

AGRUPAMIENTOS para trabajar con el alumnado en el aula. Coloca una cruz **X**	**A.I.** ☐	**T.C.** ☐	**G.G.** ☐				
COMPETENCIAS/ HABILIDADES *Desarrolladas*	**CL** ☐	**STEM** ☐	**CD** ☐	**IEE** ☐	**CPSAA** ☐	**CSC** ☐	**CCEE** ☐
EVALUACIÓN DE LA ACTIVIDAD REALIZADA	**NS** (0-4) ☐		**S** (5-6) ☐		**MS** (7-8) ☐		**EX** (9-10) ☐

ANSIEDAD

Ansiedad (del latín "anxietas": congoja, aflicción). Estado emocional o temor, presentado ante un conflicto, en el que se amplifica el peligro. Caracterizado por la tensión nerviosa y miedo intenso, con síntomas somáticos (temblor, sudoración, palpitaciones, ruborización, taquicardias, contracción del estómago, etc. (Corominas, 1973; Martos, 2020; Saz, 2000; Tresgallo, 2020; Watt, 2015).

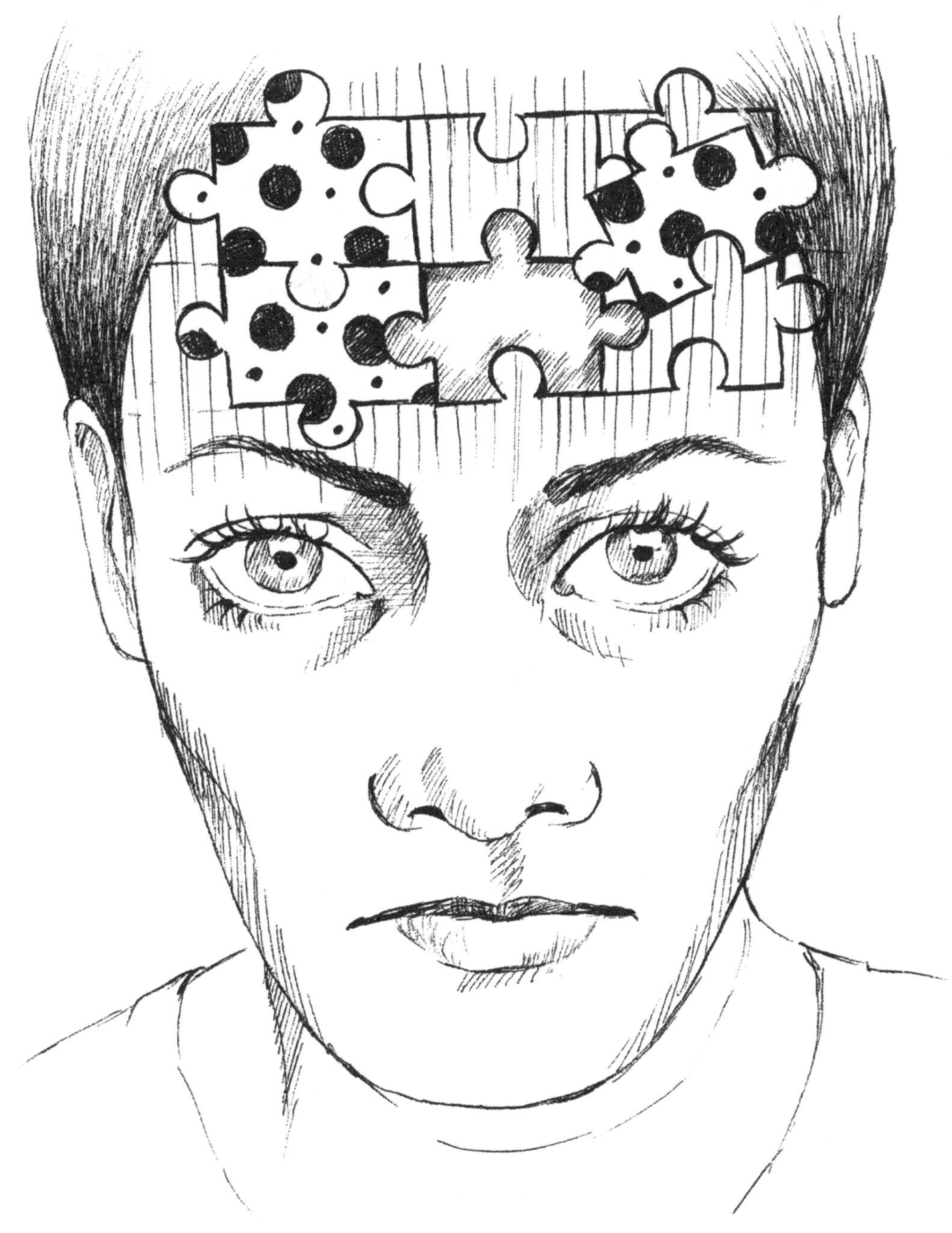

Tabla 42

Torbellino de ideas que te inspira la lámina presentada. Escribe en el espacio punteado (.......) una sola palabra.			EMOCIONES removidas en el/la lector/a. Coloca una cruz **X**	SENTIMIENTOS * despertados por el/la lector/a. Coloca una cruz **X**	HABILIDADES desarrolladas por el/la lector/a. Coloca una cruz **X**	DESCUBRIMIENTOS personales del/a lector/a. Coloca una cruz **X**
Sobre la persona						
del/la **Agresor/a**	de la **Víctima**	del/los **Espectador/es**				
1.-	1.-	1.-	1.- Alegría ☐	1.- Celos **(N)** ☐	1.- Observar ☐	1.- Culpabilidades ☐
			2.- Aceptación ☐	2.- Culpa **(N)** ☐	2.- Reflexionar ☐	2.- Fracasos ☐
2.-	2.-	2.-	3.- Amor ☐	3.- Desesperanza **(N)** ☐	3.- Analizar ☐	3.- Límites ☐
			4.- Anticipación ☐	4.- Frustración **(N)** ☐	4.- Imaginar ☐	4.- Inseguridades ☐
3.-	3.-	3.-	5.- Asco ☐	5.- Hostilidad **(N)** ☐	5.- Expresar ☐	5.- Vulnerabilidad ☐
4.-	4.-	4.-	6.- Aversión ☐	6.- Ira **(N)** ☐	6.- Argumentar ☐	6.- Vergüenzas ☐
5.-	5.-	5.-	7.- Coraje ☐	7.- Miedo **(N)** ☐	7.- Empatizar ☐	7.- Satisfacciones ☐
			8.- Curiosidad ☐	8.- Tristeza **(N)** ☐	8.- Tristeza ☐	8.- Logros ☐
6.-	6.-	6.-	9.- Desagrado ☐	9.- Alegría **(P)** ☐	9.- Filtrar Infor. ☐	9.- Disfrutes ☐
7.-	7.-	7.-	10.- Esperanza ☐	10.- Amor **(P)** ☐	10.- Interactuar ☐	10.- Habilidades ☐
			11.- Expectativa ☐	11.- Esperanza **(P)** ☐	11.- Planificar ☐	
8.-	8.-	8.-	12.- Felicidad ☐	12.- Felicidad **(P)** ☐	12.- Tolerar ☐	
9.-	9.-	9.-	13.- Ira ☐	13.- Gratitud **(P)** ☐	13.- Resolver ☐	
			14.- Miedo ☐	14.- Compasión **(P)** ☐	14.- Transformar ☐	
10.-	10.-	10.-	15.- Odio ☐	15.- Sorpresa **(NE)** ☐	15.- Evaluar ☐	

***Positivo (P)**; Negativo **(N)** y Neutro **(NE)**

AGRUPAMIENTOS para trabajar con el alumnado en el aula. Coloca una cruz **X**	**A.I.** ☐	**T.C.** ☐	**G.G.** ☐				
COMPETENCIAS/ HABILIDADES *Desarrolladas*	**CL** ☐	**STEM** ☐	**CD** ☐	**IEE** ☐	**CPSAA** ☐	**CSC** ☐	**CCEE** ☐
EVALUACIÓN DE LA ACTIVIDAD REALIZADA	**NS** (0-4) ☐		**S** (5-6) ☐		**MS** (7-8) ☐		**EX** (9-10) ☐

FALSA ATRIBUCIÓN

Falsa atribución, referida a las explicaciones dadas por una persona sobre su comportamiento. Los motivos pueden venir de dentro de uno mismo o de fuera (culpando a los demás de sus fracasos). Propia de personas con dificultades sociales, fobias, etc. (Farré, 1999; Tresgallo, 2020).

Figura 43

Bajada del rendimiento académico

174

Tabla 43

Torbellino de ideas que te inspira la lámina presentada. Escribe en el espacio punteado (…….) una sola palabra.			EMOCIONES removidas en el/la lector/a. Coloca una cruz **X**	SENTIMIENTOS * despertados por el/la lector/a. Coloca una cruz **X**	HABILIDADES desarrolladas por el/la lector/a. Coloca una cruz **X**	DESCUBRIMIENTOS personales del/a lector/a. Coloca una cruz **X**
Sobre la persona						
del/la **Agresor/a**	de la **Víctima**	del/los **Espectador/es**				
1.- ……………………	1.- ……………………	1.- ……………………	1.- Alegría ☐	1.- Celos **(N)** ☐	1.- Observar ☐	1.- Culpabilidades ☐
			2.- Aceptación ☐	2.- Culpa **(N)** ☐	2.- Reflexionar ☐	2.- Fracasos ☐
2.- ……………………	2.- ……………………	2.- ……………………	3.- Amor ☐	3.- Desesperanza **(N)** ☐	3.- Analizar ☐	3.- Límites ☐
			4.- Anticipación ☐	4.- Frustración **(N)** ☐	4.- Imaginar ☐	4.- Inseguridades ☐
3.- ……………………	3.- ……………………	3.- ……………………	5.- Asco ☐	5.- Hostilidad **(N)** ☐	5.- Expresar ☐	5.- Vulnerabilidad ☐
4.- ……………………	4.- ……………………	4.- ……………………	6.- Aversión ☐	6.- Ira **(N)** ☐	6.- Argumentar ☐	6.- Vergüenzas ☐
			7.- Coraje ☐	7.- Miedo **(N)** ☐	7.- Empatizar ☐	7.- Satisfacciones ☐
5.- ……………………	5.- ……………………	5.- ……………………	8.- Curiosidad ☐	8.- Tristeza **(N)** ☐	8.- Tristeza ☐	8.- Logros ☐
6.- ……………………	6.- ……………………	6.- ……………………	9.- Desagrado ☐	9.- Alegría **(P)** ☐	9.- Filtrar Infor. ☐	9.- Disfrutes ☐
			10.- Esperanza ☐	10.- Amor **(P)** ☐	10.- Interactuar ☐	10.- Habilidades ☐
7.- ……………………	7.- ……………………	7.- ……………………	11.- Expectativa ☐	11.- Esperanza **(P)** ☐	11.- Planificar ☐	
8.- ……………………	8.- ……………………	8.- ……………………	12.- Felicidad ☐	12.- Felicidad **(P)** ☐	12.- Tolerar ☐	
			13.- Ira ☐	13.- Gratitud **(P)** ☐	13.- Resolver ☐	
9.- ……………………	9.- ……………………	9.- ……………………	14.- Miedo ☐	14.- Compasión **(P)** ☐	14.- Transformar ☐	
10.- ……………………	10.- ……………………	10.- ……………………	15.- Odio ☐	15.- Sorpresa **(NE)** ☐	15.- Evaluar ☐	

*Positivo **(P)**; Negativo **(N)** y Neutro **(NE)**

AGRUPAMIENTOS para trabajar con el alumnado en el aula. Coloca una cruz **X**	**A.I.** ☐	**T.C.** ☐	**G.G.** ☐				
COMPETENCIAS/ HABILIDADES *Desarrolladas*	**CL** ☐	**STEM** ☐	**CD** ☐	**IEE** ☐	**CPSAA** ☐	**CSC** ☐	**CCEE** ☐
EVALUACIÓN DE LA ACTIVIDAD REALIZADA	**NS** (0-4) ☐		**S** (5-6) ☐		**MS** (7-8) ☐		**EX** (9-10) ☐

BAJADA DEL RENDIMIENTO ACADÉMICO

Rendimiento académico (Re, prefijo: hacia atrás. "Dare": dar. Sufijo "-miento": medio, instrumento o resultado). Ander-Egg (1997) lo define como el nivel de aprovechamiento o de logro en la actividad escolar. De ordinario, se mide a través de pruebas de evaluación con las que se establece el grado de aprovechamiento alcanzado. Para Canda Moreno et al., (2009) hace referencia al nivel de conocimientos del alumno, medido a través de una prueba de evaluación. Intervienen varios aspectos: nivel intelectual, variables de personalidad y motivacionales, el sexo, la aptitud, intereses, medio ambiente, autoestima, etc., cuando el rendimiento no coincide con la capacidad, se habla de "rendimiento discrepante". Uruñuela (2006) detecta una bajada de rendimiento del 15,3%, mal comportamiento 36,9% y Tresgallo (2021) del 5,5% en Galicia.

Figura 44

Delincuencia

Tabla 44

Torbellino de ideas que te inspira la lámina presentada. *Escribe en el espacio punteado (…….) una sola palabra.* Sobre la persona			EMOCIONES removidas en el/la lector/a. Coloca una cruz **X**	SENTIMIENTOS * despertados por el/la lector/a. Coloca una cruz **X**	HABILIDADES desarrolladas por el/la lector/a. Coloca una cruz **X**	DESCUBRIMIENTOS personales del/a lector/a. Coloca una cruz **X**
del/la **Agresor/a**	de la **Víctima**	del/los **Espectador/es**				
1.- ……………………	1.- ……………………	1.- ……………………	1.- Alegría ☐	1.- Celos **(N)** ☐	1.- Observar ☐	1.- Culpabilidades ☐
			2.- Aceptación ☐	2.- Culpa **(N)** ☐	2.- Reflexionar ☐	2.- Fracasos ☐
2.- ……………………	2.- ……………………	2.- ……………………	3.- Amor ☐	3.- Desesperanza **(N)** ☐	3.- Analizar ☐	3.- Límites ☐
			4.- Anticipación ☐	4.- Frustración **(N)** ☐	4.- Imaginar ☐	4.- Inseguridades ☐
3.- ……………………	3.- ……………………	3.- ……………………	5.- Asco ☐	5.- Hostilidad **(N)** ☐	5.- Expresar ☐	5.- Vulnerabilidad ☐
4.- ……………………	4.- ……………………	4.- ……………………	6.- Aversión ☐	6.- Ira **(N)** ☐	6.- Argumentar ☐	6.- Vergüenzas ☐
			7.- Coraje ☐	7.- Miedo **(N)** ☐	7.- Empatizar ☐	7.- Satisfacciones ☐
5.- ……………………	5.- ……………………	5.- ……………………	8.- Curiosidad ☐	8.- Tristeza **(N)** ☐	8.- Tristeza ☐	8.- Logros ☐
6.- ……………………	6.- ……………………	6.- ……………………	9.- Desagrado ☐	9.- Alegría **(P)** ☐	9.- Filtrar Infor. ☐	9.- Disfrutes ☐
7.- ……………………	7.- ……………………	7.- ……………………	10.- Esperanza ☐	10.- Amor **(P)** ☐	10.- Interactuar ☐	10.- Habilidades ☐
			11.- Expectativa ☐	11.- Esperanza **(P)** ☐	11.- Planificar ☐	
8.- ……………………	8.- ……………………	8.- ……………………	12.- Felicidad ☐	12.- Felicidad **(P)** ☐	12.- Tolerar ☐	
9.- ……………………	9.- ……………………	9.- ……………………	13.- Ira ☐	13.- Gratitud **(P)** ☐	13.- Resolver ☐	
			14.- Miedo ☐	14.- Compasión **(P)** ☐	14.- Transformar ☐	
10.- ……………………	10.- ……………………	10.- ……………………	15.- Odio ☐	15.- Sorpresa **(NE)** ☐	15.- Evaluar ☐	

*Positivo **(P)**; Negativo **(N)** y Neutro **(NE)**

AGRUPAMIENTOS para trabajar con el alumnado en el aula. Coloca una cruz **X**	**A.I.** ☐	**T.C.** ☐	**G.G.** ☐				
COMPETENCIAS/ HABILIDADES *Desarrolladas*	**CL** ☐	**STEM** ☐	**CD** ☐	**IEE** ☐	**CPSAA** ☐	**CSC** ☐	**CCEE** ☐
EVALUACIÓN DE LA ACTIVIDAD REALIZADA	**NS** (0-4) ☐		**S** (5-6) ☐		**MS** (7-8) ☐		**EX** (9-10) ☐

DELINCUENCIA

Delincuencia (del latín "delinquentia": cometer una falta por abandono). Cometer un delito. Ser culpable de algo. Conducta antisocial que refleja perturbaciones de distintos tipos por ausencia de un clima familiar adecuado, pobreza, aislamiento, etc. (Farré, 1999; Saz, 2000; Schaub y Zenke, 2001; Tresgallo, 2021). Serrano & Iborra (2005) constatan que los agresores visionan películas y manipulan videojuegos violentos (39,3%) y sienten rabia u odio hacia los demás en el 39,3% de los casos.

Figura 45

Depresión

Tabla 45

Torbellino de ideas que te inspira la lámina presentada. Escribe en el espacio punteado (.......) una sola palabra. Sobre la persona			EMOCIONES removidas en el/la lector/a. Coloca una cruz **X**	SENTIMIENTOS * despertados por el/la lector/a. Coloca una cruz **X**	HABILIDADES desarrolladas por el/la lector/a. Coloca una cruz **X**	DESCUBRIMIENTOS personales del/a lector/a. Coloca una cruz **X**
del/la **Agresor/a**	de la **Víctima**	del/los **Espectador/es**				
1.-	1.-	1.-	1.- Alegría ☐	1.- Celos **(N)** ☐	1.- Observar ☐	1.- Culpabilidades ☐
2.-	2.-	2.-	2.- Aceptación ☐	2.- Culpa **(N)** ☐	2.- Reflexionar ☐	2.- Fracasos ☐
3.-	3.-	3.-	3.- Amor ☐	3.- Desesperanza **(N)** ☐	3.- Analizar ☐	3.- Límites ☐
			4.- Anticipación ☐	4.- Frustración **(N)** ☐	4.- Imaginar ☐	4.- Inseguridades ☐
4.-	4.-	4.-	5.- Asco ☐	5.- Hostilidad **(N)** ☐	5.- Expresar ☐	5.- Vulnerabilidad ☐
5.-	5.-	5.-	6.- Aversión ☐	6.- Ira **(N)** ☐	6.- Argumentar ☐	6.- Vergüenzas ☐
			7.- Coraje ☐	7.- Miedo **(N)** ☐	7.- Empatizar ☐	7.- Satisfacciones ☐
6.-	6.-	6.-	8.- Curiosidad ☐	8.- Tristeza **(N)** ☐	8.- Tristeza ☐	8.- Logros ☐
7.-	7.-	7.-	9.- Desagrado ☐	9.- Alegría **(P)** ☐	9.- Filtrar Infor. ☐	9.- Disfrutes ☐
			10.- Esperanza ☐	10.- Amor **(P)** ☐	10.- Interactuar ☐	10.- Habilidades ☐
8.	8.-	8 -	11.- Expectativa ☐	11.- Esperanza **(P)** ☐	11.- Planificar ☐	
			12.- Felicidad ☐	12.- Felicidad **(P)** ☐	12.- Tolerar ☐	
9.-	9.-	9.-	13.- Ira ☐	13.- Gratitud **(P)** ☐	13.- Resolver ☐	
			14.- Miedo ☐	14.- Compasión **(P)** ☐	14.- Transformar ☐	
10.-	10.-	10.-	15.- Odio ☐	15.- Sorpresa **(NE)** ☐	15.- Evaluar ☐	

*****Positivo **(P)**; Negativo **(N)** y Neutro **(NE)**

AGRUPAMIENTOS para trabajar con el alumnado en el aula. Coloca una cruz **X**	**A.I.** ☐	**T.C.** ☐	**G.G.** ☐				
COMPETENCIAS/ HABILIDADES *Desarrolladas*	**CL** ☐	**STEM** ☐	**CD** ☐	**IEE** ☐	**CPSAA** ☐	**CSC** ☐	**CCEE** ☐
EVALUACIÓN DE LA ACTIVIDAD REALIZADA	**NS** (0-4) ☐		**S** (5-6) ☐		**MS** (7-8) ☐		**EX** (9-10) ☐

BAJADA DEL RENDIMIENTO ACADÉMICO

Depresión (del latín "depressio-nis": hundimiento, hundimiento moral). Decaimiento del ánimo y la voluntad, disminución de la actividad psíquica afectando a la personalidad. Expresiones frecuentes son: "Nadie me quiere", "no valgo para nada", tengo un nudo en la garganta" (Canda et al., 2009; Tresgallo, 2020). Piñuel (2007) detecta un porcentaje del 54,8% en su investigación.

Figura 46

Desamparo

Tabla 46

Torbellino de ideas que te inspira la lámina presentada. *Escribe en el espacio punteado (.......) una sola palabra.*			EMOCIONES removidas en el/la lector/a. Coloca una cruz **X**	SENTIMIENTOS * despertados por el/la lector/a. Coloca una cruz **X**	HABILIDADES desarrolladas por el/la lector/a. Coloca una cruz **X**	DESCUBRIMIENTOS personales del/a lector/a. Coloca una cruz **X**
Sobre la persona						
del/la **Agresor/a**	de la **Víctima**	del/los **Espectador/es**				
1.-	1.-	1.-	1.- Alegría ☐	1.- Celos **(N)** ☐	1.- Observar ☐	1.- Culpabilidades ☐
			2.- Aceptación ☐	2.- Culpa **(N)** ☐	2.- Reflexionar ☐	2.- Fracasos ☐
2.-	2.-	2.-	3.- Amor ☐	3.- Desesperanza **(N)** ☐	3.- Analizar ☐	3.- Límites ☐
			4.- Anticipación ☐	4.- Frustración **(N)** ☐	4.- Imaginar ☐	4.- Inseguridades ☐
3.-	3.-	3.-	5.- Asco ☐	5.- Hostilidad **(N)** ☐	5.- Expresar ☐	5.- Vulnerabilidad ☐
4.-	4.-	4.-	6.- Aversión ☐	6.- Ira **(N)** ☐	6.- Argumentar ☐	6.- Vergüenzas ☐
5.-	5.-	5.-	7.- Coraje ☐	7.- Miedo **(N)** ☐	7.- Empatizar ☐	7.- Satisfacciones ☐
			8.- Curiosidad ☐	8.- Tristeza **(N)** ☐	8.- Tristeza ☐	8.- Logros ☐
6.-	6.-	6.-	9.- Desagrado ☐	9.- Alegría **(P)** ☐	9.- Filtrar Infor. ☐	9.- Disfrutes ☐
7.-	7.-	7.-	10.- Esperanza ☐	10.- Amor **(P)** ☐	10.- Interactuar ☐	10.- Habilidades ☐
			11.- Expectativa ☐	11.- Esperanza **(P)** ☐	11.- Planificar ☐	
8.-	8.	8.-	12.- Felicidad ☐	12.- Felicidad **(P)** ☐	12.- Tolerar ☐	
9.-	9.-	9.-	13.- Ira ☐	13.- Gratitud **(P)** ☐	13.- Resolver ☐	
			14.- Miedo ☐	14.- Compasión **(P)** ☐	14.- Transformar ☐	
10.-	10.-	10.-	15.- Odio ☐	15.- Sorpresa **(NE)** ☐	15.- Evaluar ☐	

***Positivo (P)**; Negativo **(N)** y Neutro **(NE)**

AGRUPAMIENTOS para trabajar con el alumnado en el aula. Coloca una cruz **X**	**A.I.** ☐	**T.C.** ☐	**G.G.** ☐				
COMPETENCIAS/ HABILIDADES *Desarrolladas*	**CL** ☐	**STEM** ☐	**CD** ☐	**IEE** ☐	**CPSAA** ☐	**CSC** ☐	**CCEE** ☐
EVALUACIÓN DE LA ACTIVIDAD REALIZADA	**NS** (0-4) ☐		**S** (5-6) ☐		**MS** (7-8) ☐		**EX** (9-10) ☐

DESAMPARO

Desamparo (del latín "des", prefijo: inversión en acción y "anteparare": prevenir). Sentimiento de abandono sufrido por alguien ante una situación crítica. Puede perderse el apoyo de los demás. Aspecto muy necesario para progresar y seguir adelante. (Eslea et al., 2004; Saz, 2000; Tresgallo, 2020).

Figura 47

Desensibilización

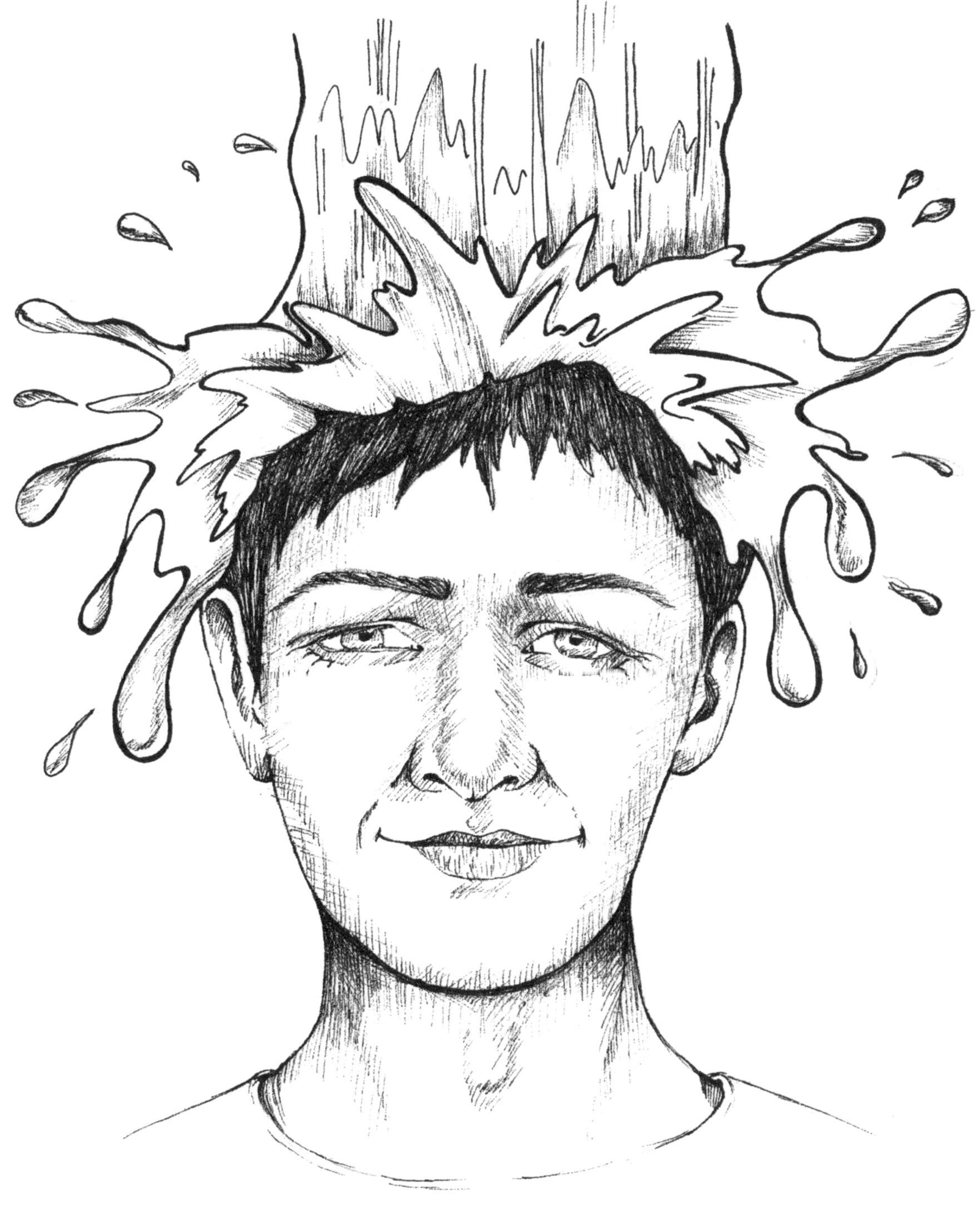

Tabla 47

Torbellino de ideas que te inspira la lámina presentada. *Escribe en el espacio punteado (…….) una sola palabra.*			EMOCIONES removidas en el/la lector/a. Coloca una cruz **X**	SENTIMIENTOS * despertados por el/la lector/a. Coloca una cruz **X**	HABILIDADES desarrolladas por el/la lector/a. Coloca una cruz **X**	DESCUBRIMIENTOS personales del/a lector/a. Coloca una cruz **X**
Sobre la persona						
del/la **Agresor/a**	de la **Víctima**	del/los **Espectador/es**				
1.- ………………………	1.- ………………………	1.- ………………………	1.- Alegría ☐	1.- Celos **(N)** ☐	1.- Observar ☐	1.- Culpabilidades ☐
			2.- Aceptación ☐	2.- Culpa **(N)** ☐	2.- Reflexionar ☐	2.- Fracasos ☐
2.- ………………………	2.- ………………………	2.- ………………………	3.- Amor ☐	3.- Desesperanza **(N)** ☐	3.- Analizar ☐	3.- Límites ☐
			4.- Anticipación ☐	4.- Frustración **(N)** ☐	4.- Imaginar ☐	4.- Inseguridades ☐
3.- ………………………	3.- ………………………	3.- ………………………	5.- Asco ☐	5.- Hostilidad **(N)** ☐	5.- Expresar ☐	5.- Vulnerabilidad ☐
4.- ………………………	4.- ………………………	4.- ………………………	6.- Aversión ☐	6.- Ira **(N)** ☐	6.- Argumentar ☐	6.- Vergüenzas ☐
5.- ………………………	5.- ………………………	5.- ………………………	7.- Coraje ☐	7.- Miedo **(N)** ☐	7.- Empatizar ☐	7.- Satisfacciones ☐
			8.- Curiosidad ☐	8.- Tristeza **(N)** ☐	8.- Tristeza ☐	8.- Logros ☐
6.- ………………………	6.- ………………………	6.- ………………………	9.- Desagrado ☐	9.- Alegría **(P)** ☐	9.- Filtrar Infor. ☐	9.- Disfrutes ☐
7.- ………………………	7.- ………………………	7.- ………………………	10.- Esperanza ☐	10.- Amor **(P)** ☐	10.- Interactuar ☐	10.- Habilidades ☐
			11.- Expectativa ☐	11.- Esperanza **(P)** ☐	11.- Planificar ☐	
8 - ……………	8.- ………………………	8.- ………………………	12.- Felicidad ☐	12.- Felicidad **(P)** ☐	12.- Tolerar ☐	
9.- ………………………	9.- ………………………	9.- ………………………	13.- Ira ☐	13.- Gratitud **(P)** ☐	13.- Resolver ☐	
			14.- Miedo ☐	14.- Compasión **(P)** ☐	14.- Transformar ☐	
10.- ………………………	10.- ………………………	10.- ………………………	15.- Odio ☐	15.- Sorpresa **(NE)** ☐	15.- Evaluar ☐	

*Positivo **(P)**; Negativo **(N)** y Neutro **(NE)**

AGRUPAMIENTOS para trabajar con el alumnado en el aula. Coloca una cruz **X**	**A.I.** ☐	**T.C.** ☐	**G.G.** ☐				
COMPETENCIAS/ HABILIDADES *Desarrolladas*	**CL** ☐	**STEM** ☐	**CD** ☐	**IEE** ☐	**CPSAA** ☐	**CSC** ☐	**CCEE** ☐
EVALUACIÓN DE LA ACTIVIDAD REALIZADA	**NS** (0-4) ☐		**S** (5-6) ☐		**MS** (7-8) ☐		**EX** (9-10) ☐

DESENSIBILIZACIÓN

Desensibilización, consiste en lograr que desaparezca una sensibilidad anormal. Dicha anormalidad facilita el que se pierda toda sensibilidad ante cualquier tipo de intimidación y humillación hacia la persona de las víctimas sin sentir y/o hacer nada para cambiarla. (Canda et al., 2009; Tresgallo, 2020).

Figura 48

Disforia

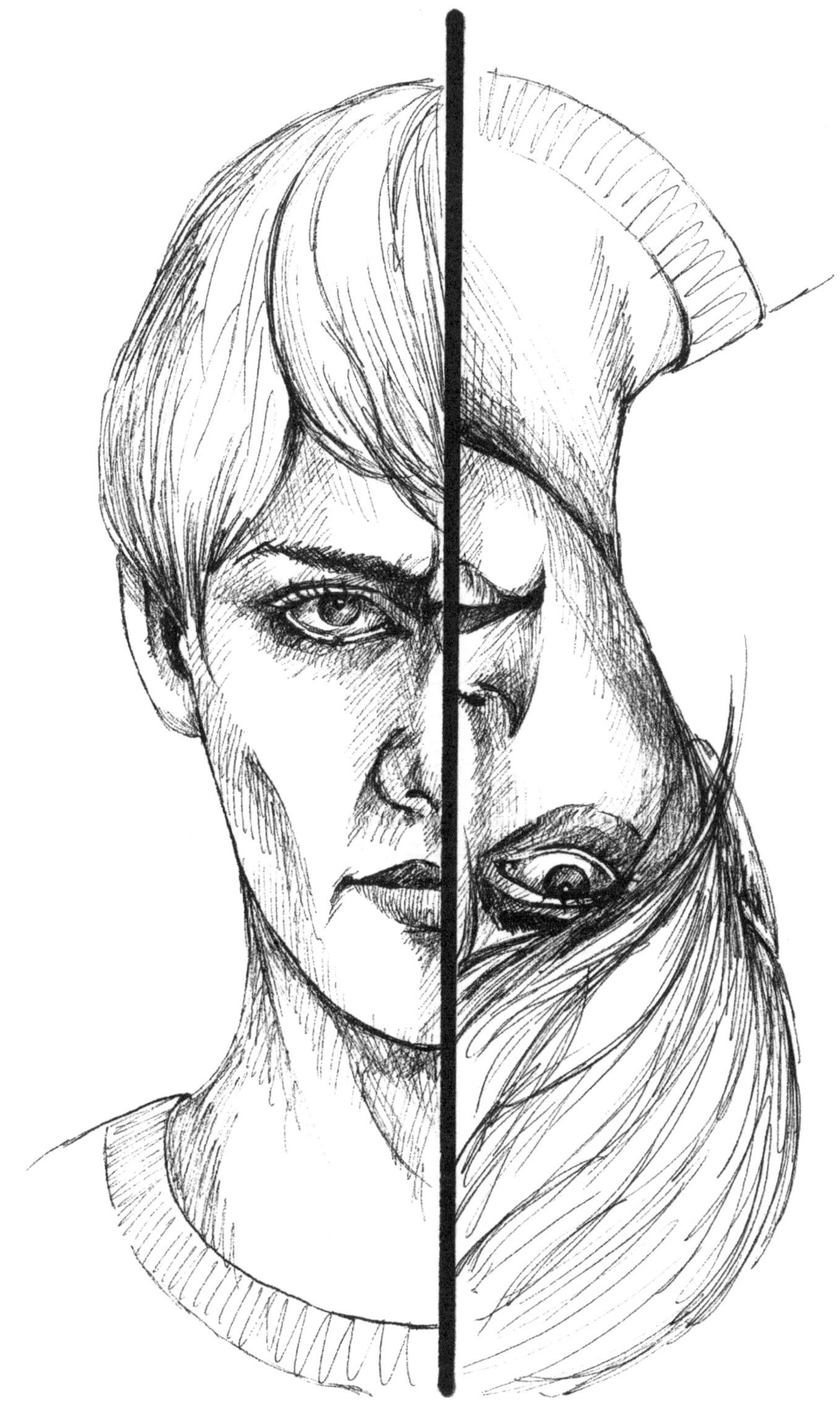

Tabla 48

Torbellino de ideas que te inspira la lámina presentada. Escribe en el espacio punteado (.......) una sola palabra.			EMOCIONES removidas en el/la lector/a. Coloca una cruz **X**	SENTIMIENTOS * despertados por el/la lector/a. Coloca una cruz **X**	HABILIDADES desarrolladas por el/la lector/a. Coloca una cruz **X**	DESCUBRIMIENTOS personales del/a lector/a. Coloca una cruz **X**
Sobre la persona						
del/la **Agresor/a**	de la **Víctima**	del/los **Espectador/es**				
1.-	1.-	1.-	1.- Alegría ☐	1.- Celos **(N)** ☐	1.- Observar ☐	1.- Culpabilidades ☐
			2.- Aceptación ☐	2.- Culpa **(N)** ☐	2.- Reflexionar ☐	2.- Fracasos ☐
2.-	2.-	2.-	3.- Amor ☐	3.- Desesperanza **(N)** ☐	3.- Analizar ☐	3.- Límites ☐
			4.- Anticipación ☐	4.- Frustración **(N)** ☐	4.- Imaginar ☐	4.- Inseguridades ☐
3.-	3.-	3.-	5.- Asco ☐	5.- Hostilidad **(N)** ☐	5.- Expresar ☐	5.- Vulnerabilidad ☐
4.-	4.-	4.-	6.- Aversión ☐	6.- Ira **(N)** ☐	6.- Argumentar ☐	6.- Vergüenzas ☐
5.-	5.-	5.-	7.- Coraje ☐	7.- Miedo **(N)** ☐	7.- Empatizar ☐	7.- Satisfacciones ☐
			8.- Curiosidad ☐	8.- Tristeza **(N)** ☐	8.- Tristeza ☐	8.- Logros ☐
6.-	6.-	6.-	9.- Desagrado ☐	9.- Alegría **(P)** ☐	9.- Filtrar Infor. ☐	9.- Disfrutes ☐
7.-	7.-	7.-	10.- Esperanza ☐	10.- Amor **(P)** ☐	10.- Interactuar ☐	10.- Habilidades ☐
			11.- Expectativa ☐	11.- Esperanza **(P)** ☐	11.- Planificar ☐	
8.-	8.-	8.- ,...............	12.- Felicidad ☐	12.- Felicidad **(P)** ☐	12.- Tolerar ☐	
9.-	9.-	9.-	13.- Ira ☐	13.- Gratitud **(P)** ☐	13.- Resolver ☐	
			14.- Miedo ☐	14.- Compasión **(P)** ☐	14.- Transformar ☐	
10.-	10.-	10.-	15.- Odio ☐	15.- Sorpresa **(NE)** ☐	15.- Evaluar ☐	

*Positivo **(P)**; Negativo **(N)** y Neutro **(NE)**

AGRUPAMIENTOS para trabajar con el alumnado en el aula. Coloca una cruz **X**	A.I. ☐	T.C. ☐	G.G. ☐				
COMPETENCIAS/ HABILIDADES *Desarrolladas*	CL ☐	STEM ☐	CD ☐	IEE ☐	CPSAA ☐	CSC ☐	CCEE ☐
EVALUACIÓN DE LA ACTIVIDAD REALIZADA	**NS** (0-4) ☐		**S** (5-6) ☐		**MS** (7-8) ☐		**EX** (9-10) ☐

DISFORIA

Disforia (término de origen griego que significa "malestar"). Se caracteriza por estados de ánimo desagradables, inestabilidad de humor, inquietud, tristeza, irritabilidad, ansiedad. Término contrapuesto a la "euforia" (Canda et al., 2009; Martí, 1999; Tresgallo, 2020).

Figura 49

Disminución del apoyo social

Tabla 49

Torbellino de ideas que te inspira la lámina presentada. *Escribe en el espacio punteado (…….) una sola palabra.*			EMOCIONES removidas en el/la lector/a. Coloca una cruz **X**	SENTIMIENTOS * despertados por el/la lector/a. Coloca una cruz **X**	HABILIDADES desarrolladas por el/la lector/a. Coloca una cruz **X**	DESCUBRIMIENTOS personales del/a lector/a. Coloca una cruz **X**
Sobre la persona						
del/la **Agresor/a**	de la **Víctima**	del/los **Espectador/es**				
1.- ……………………	1.- ……………………	1.- ……………………	1.- Alegría ☐	1.- Celos **(N)** ☐	1.- Observar ☐	1.- Culpabilidades ☐
			2.- Aceptación ☐	2.- Culpa **(N)** ☐	2.- Reflexionar ☐	2.- Fracasos ☐
2.- ……………………	2.- ……………………	2.- ……………………	3.- Amor ☐	3.- Desesperanza **(N)** ☐	3.- Analizar ☐	3.- Límites ☐
			4.- Anticipación ☐	4.- Frustración **(N)** ☐	4.- Imaginar ☐	4.- Inseguridades ☐
3.- ……………………	3.- ……………………	3.- ……………………	5.- Asco ☐	5.- Hostilidad **(N)** ☐	5.- Expresar ☐	5.- Vulnerabilidad ☐
4.- ……………………	4.- ……………………	4.- ……………………	6.- Aversión ☐	6.- Ira **(N)** ☐	6.- Argumentar ☐	6.- Vergüenzas ☐
5.- ……………………	5.- ……………………	5.- ……………………	7.- Coraje ☐	7.- Miedo **(N)** ☐	7.- Empatizar ☐	7.- Satisfacciones ☐
			8.- Curiosidad ☐	8.- Tristeza **(N)** ☐	8.- Tristeza ☐	8.- Logros ☐
6.- ……………………	6.- ……………………	6.- ……………………	9.- Desagrado ☐	9.- Alegría **(P)** ☐	9.- Filtrar Infor. ☐	9.- Disfrutes ☐
7.- ……………………	7.- ……………………	7.- ……………………	10.- Esperanza ☐	10.- Amor **(P)** ☐	10.- Interactuar ☐	10.- Habilidades ☐
			11.- Expectativa ☐	11.- Esperanza **(P)** ☐	11.- Planificar ☐	
8.- ……………………	8.- ……………………	8.- ……………………	12.- Felicidad ☐	12.- Felicidad **(P)** ☐	12.- Tolerar ☐	
9.- ……………………	9.- ……………………	9.- ……………………	13.- Ira ☐	13.- Gratitud **(P)** ☐	13.- Resolver ☐	
			14.- Miedo ☐	14.- Compasión **(P)** ☐	14.- Transformar ☐	
10.- ……………………	10.- ……………………	10.- ……………………	15.- Odio ☐	15.- Sorpresa **(NE)** ☐	15.- Evaluar ☐	

*Positivo **(P)**; Negativo **(N)** y Neutro **(NE)**

AGRUPAMIENTOS para trabajar con el alumnado en el aula. Coloca una cruz **X**	**A.I.** ☐	**T.C.** ☐	**G.G.** ☐				
COMPETENCIAS/ HABILIDADES *Desarrolladas*	**CL** ☐	**STEM** ☐	**CD** ☐	**IEE** ☐	**CPSAA** ☐	**CSC** ☐	**CCEE** ☐
EVALUACIÓN DE LA ACTIVIDAD REALIZADA	**NS** (0-4) ☐		**S** (5-6) ☐		**MS** (7-8) ☐		**EX** (9-10) ☐

DISMINUCIÓN DEL APOYO SOCIAL

Disminución del apoyo social. Se caracteriza porque la víctima cada vez tiene menos amistades. De ello se encargan los seguidores del agresor. Por este motivo, la persona victimizada, se viene abajo cosechando una imagen negativa de sí misma, al quedarse aislada (Ricou, 2005; Tresgallo, 2020). Dueñas & Senra (2009) encuentran un 85,7% de bloqueo social de las víctimas y un 72,5% de exclusión social. Save The Children (2016) constata una exclusión del 16,6% de los victimizados.

Tabla 50

Torbellino de ideas que te inspira la lámina presentada. *Escribe en el espacio punteado (…….) una sola palabra.*			EMOCIONES removidas en el/la lector/a. Coloca una cruz **X**	SENTIMIENTOS * despertados por el/la lector/a. Coloca una cruz **X**	HABILIDADES desarrolladas por el/la lector/a. Coloca una cruz **X**	DESCUBRIMIENTOS personales del/a lector/a. Coloca una cruz **X**
Sobre la persona						
del/la **Agresor/a**	de la **Víctima**	del/los **Espectador/es**				
1.- ……………………	1.- ……………………	1.- ……………………	1.- Alegría ☐	1.- Celos **(N)** ☐	1.- Observar ☐	1.- Culpabilidades ☐
			2.- Aceptación ☐	2.- Culpa **(N)** ☐	2.- Reflexionar ☐	2.- Fracasos ☐
2.- ……………………	2.- ……………………	2.- ……………………	3.- Amor ☐	3.- Desesperanza **(N)** ☐	3.- Analizar ☐	3.- Límites ☐
			4.- Anticipación ☐	4.- Frustración **(N)** ☐	4.- Imaginar ☐	4.- Inseguridades ☐
3.- ……………………	3.- ……………………	3.- ……………………	5.- Asco ☐	5.- Hostilidad **(N)** ☐	5.- Expresar ☐	5.- Vulnerabilidad ☐
4.- ……………………	4.- ……………………	4.- ……………………	6.- Aversión ☐	6.- Ira **(N)** ☐	6.- Argumentar ☐	6.- Vergüenzas ☐
			7.- Coraje ☐	7.- Miedo **(N)** ☐	7.- Empatizar ☐	7.- Satisfacciones ☐
5.- ……………………	5.- ……………………	5.- ……………………	8.- Curiosidad ☐	8.- Tristeza **(N)** ☐	8.- Tristeza ☐	8.- Logros ☐
6.- ……………………	6.- ……………………	6.- ……………………	9.- Desagrado ☐	9.- Alegría **(P)** ☐	9.- Filtrar Infor. ☐	9.- Disfrutes ☐
7.- ……………………	7.- ……………………	7.- ……………………	10.- Esperanza ☐	10.- Amor **(P)** ☐	10.- Interactuar ☐	10.- Habilidades ☐
			11.- Expectativa ☐	11.- Esperanza **(P)** ☐	11.- Planificar ☐	
8.- ……………………	8.- ……………………	8.- ……………………	12.- Felicidad ☐	12.- Felicidad **(P)** ☐	12.- Tolerar ☐	
9.- ……………………	9.- ……………………	9.- ……………………	13.- Ira ☐	13.- Gratitud **(P)** ☐	13.- Resolver ☐	
			14.- Miedo ☐	14.- Compasión **(P)** ☐	14.- Transformar ☐	
10.- ……………………	10.- ……………………	10.- ……………………	15.- Odio ☐	15.- Sorpresa **(NE)** ☐	15.- Evaluar ☐	

*Positivo **(P)**; Negativo **(N)** y Neutro **(NE)**

AGRUPAMIENTOS para trabajar con el alumnado en el aula. Coloca una cruz **X**	A.I. ☐	T.C. ☐	G.G. ☐				
COMPETENCIAS/ HABILIDADES *Desarrolladas*	**CL** ☐	**STEM** ☐	**CD** ☐	**IEE** ☐	**CPSAA** ☐	**CSC** ☐	**CCEE** ☐
EVALUACIÓN DE LA ACTIVIDAD REALIZADA	**NS** (0-4) ☐		**S** (5-6) ☐		**MS** (7-8) ☐		**EX** (9-10) ☐

ENURESIS

Enuresis (procedente del griego "enourein": orinarse encima). Consiste en la emisión repetida de orina en la cama o en la ropa, durante el día o la noche. La pérdida del control de los esfínteres puede venir dado por un problema grave o una gran preocupación. (Farré, 1999; Saz, 2000; Tresgallo, 2020).

Figura 51

Estrés postraumático

Tabla 51

<table>
<tr><th colspan="3">Torbellino de ideas que te inspira la lámina presentada.
Escribe en el espacio punteado (.......) una sola palabra.</th><th>EMOCIONES
removidas
en el/la lector/a.
Coloca una cruz X</th><th>SENTIMIENTOS *
despertados
por el/la lector/a.
Coloca una cruz X</th><th>HABILIDADES
desarrolladas
por el/la lector/a.
Coloca una cruz X</th><th>DESCUBRIMIENTOS
personales
del/a lector/a.
Coloca una cruz X</th></tr>
<tr><th colspan="3">Sobre la persona</th><td rowspan="2">1.- Alegría ☐</td><td rowspan="2">1.- Celos (N) ☐</td><td rowspan="2">1.- Observar ☐</td><td rowspan="2">1.- Culpabilidades ☐</td></tr>
<tr><th>del/la Agresor/a</th><th>de la Víctima</th><th>del/los Espectador/es</th></tr>
<tr><td>1.- ....</td><td>1.- ....</td><td>1.- ....</td><td>2.- Aceptación ☐</td><td>2.- Culpa (N) ☐</td><td>2.- Reflexionar ☐</td><td>2.- Fracasos ☐</td></tr>
<tr><td></td><td></td><td></td><td>3.- Amor ☐</td><td>3.- Desesperanza (N) ☐</td><td>3.- Analizar ☐</td><td>3.- Límites ☐</td></tr>
<tr><td>2.- ....</td><td>2.- ....</td><td>2.- ....</td><td>4.- Anticipación ☐</td><td>4.- Frustración (N) ☐</td><td>4.- Imaginar ☐</td><td>4.- Inseguridades ☐</td></tr>
<tr><td>3.- ....</td><td>3.- ....</td><td>3.- ....</td><td>5.- Asco ☐</td><td>5.- Hostilidad (N) ☐</td><td>5.- Expresar ☐</td><td>5.- Vulnerabilidad ☐</td></tr>
<tr><td></td><td></td><td></td><td>6.- Aversión ☐</td><td>6.- Ira (N) ☐</td><td>6.- Argumentar ☐</td><td>6.- Vergüenzas ☐</td></tr>
<tr><td>4.- ....</td><td>4.- ....</td><td>4.- ....</td><td>7.- Coraje ☐</td><td>7.- Miedo (N) ☐</td><td>7.- Empatizar ☐</td><td>7.- Satisfacciones ☐</td></tr>
<tr><td>5.- ....</td><td>5.- ....</td><td>5.- ....</td><td>8.- Curiosidad ☐</td><td>8.- Tristeza (N) ☐</td><td>8.- Tristeza ☐</td><td>8.- Logros ☐</td></tr>
<tr><td></td><td></td><td></td><td>9.- Desagrado ☐</td><td>9.- Alegría (P) ☐</td><td>9.- Filtrar Infor. ☐</td><td>9.- Disfrutes ☐</td></tr>
<tr><td>6.- ....</td><td>6.- ....</td><td>6.- ....</td><td>10.- Esperanza ☐</td><td>10.- Amor (P) ☐</td><td>10.- Interactuar ☐</td><td>10.- Habilidades ☐</td></tr>
<tr><td>7.- ....</td><td>7.- ....</td><td>7.- ....</td><td>11.- Expectativa ☐</td><td>11.- Esperanza (P) ☐</td><td>11.- Planificar ☐</td><td></td></tr>
<tr><td></td><td></td><td></td><td>12.- Felicidad ☐</td><td>12.- Felicidad (P) ☐</td><td>12.- Tolerar ☐</td><td></td></tr>
<tr><td>8.- ....</td><td>8.- ....</td><td>8.- ....</td><td>13.- Ira ☐</td><td>13.- Gratitud (P) ☐</td><td>13.- Resolver ☐</td><td></td></tr>
<tr><td>9.- ....</td><td>9.- ....</td><td>9.- ....</td><td>14.- Miedo ☐</td><td>14.- Compasión (P) ☐</td><td>14.- Transformar ☐</td><td></td></tr>
<tr><td>10.- ....</td><td>10.- ....</td><td>10.- ....</td><td>15.- Odio ☐</td><td>15.- Sorpresa (NE) ☐</td><td>15.- Evaluar ☐</td><td></td></tr>
</table>

*Positivo **(P)**; Negativo **(N)** y Neutro **(NE)**

<table>
<tr><th>AGRUPAMIENTOS
para trabajar con el alumnado en el aula.
Coloca una cruz X</th><td>A.I. ☐</td><td>T.C. ☐</td><td>G.G. ☐</td><td></td><td></td><td></td><td></td></tr>
<tr><th>COMPETENCIAS/ HABILIDADES
Desarrolladas</th><td>CL ☐</td><td>STEM ☐</td><td>CD ☐</td><td>IEE ☐</td><td>CPSAA ☐</td><td>CSC ☐</td><td>CCEE ☐</td></tr>
<tr><th>EVALUACIÓN DE LA ACTIVIDAD REALIZADA</th><td colspan="2">NS (0-4) ☐</td><td colspan="2">S (5-6) ☐</td><td colspan="2">MS (7-8) ☐</td><td>EX (9-10) ☐</td></tr>
</table>

ESTRÉS POSTRAUMÁTICO

Estrés postraumático (del inglés "estrés": presión, y del latín "estrictus": estricto). Resultado de diversas situaciones traumáticas que pueden conducir a dicho síndrome. Puede presentarse ante vivencias muy duras y lesivas (guerras, catástrofes, epidemias y fuertes agresiones). Los síntomas se reviven con el regreso a las situaciones vividas y/o padecidas, al igual que los sentimientos de culpabilidad. (Martos, 2020; <www.deChile.net>, 2001-2022).

Tabla 52

Torbellino de ideas que te inspira la lámina presentada. Escribe en el espacio punteado (…….) una sola palabra.		
Sobre la persona		
del/la **Agresor/a**	de la **Víctima**	del/los **Espectador/es**
1.-	1.-	1.- ....
2.-	2.-	2.- ....
3.-	3.-	3.- ....
4.-	4.-	4.- ....
5.-	5.-	5.- ....
6.-	6.-	6.- ....
7.-	7.-	7.- ....
8.-	8.-	8.- ....
9.-	9.-	9.- ....
10.-	10.-	10.- ....

EMOCIONES removidas en el/la lector/a. Coloca una cruz **X**	SENTIMIENTOS * despertados por el/la lector/a. Coloca una cruz **X**	HABILIDADES desarrolladas por el/la lector/a. Coloca una cruz **X**	DESCUBRIMIENTOS personales del/a lector/a. Coloca una cruz **X**
1.- Alegría ☐	1.- Celos **(N)** ☐	1.- Observar ☐	1.- Culpabilidades ☐
2.- Aceptación ☐	2.- Culpa **(N)** ☐	2.- Reflexionar ☐	2.- Fracasos ☐
3.- Amor ☐	3.- Desesperanza **(N)** ☐	3.- Analizar ☐	3.- Límites ☐
4.- Anticipación ☐	4.- Frustración **(N)** ☐	4.- Imaginar ☐	4.- Inseguridades ☐
5.- Asco ☐	5.- Hostilidad **(N)** ☐	5.- Expresar ☐	5.- Vulnerabilidad ☐
6.- Aversión ☐	6.- Ira **(N)** ☐	6.- Argumentar ☐	6.- Vergüenzas ☐
7.- Coraje ☐	7.- Miedo **(N)** ☐	7.- Empatizar ☐	7.- Satisfacciones ☐
8.- Curiosidad ☐	8.- Tristeza **(N)** ☐	8.- Tristeza ☐	8.- Logros ☐
9.- Desagrado ☐	9.- Alegría **(P)** ☐	9.- Filtrar Infor. ☐	9.- Disfrutes ☐
10.- Esperanza ☐	10.- Amor **(P)** ☐	10.- Interactuar ☐	10.- Habilidades ☐
11.- Expectativa ☐	11.- Esperanza **(P)** ☐	11.- Planificar ☐	
12.- Felicidad ☐	12.- Felicidad **(P)** ☐	12.- Tolerar ☐	
13.- Ira ☐	13.- Gratitud **(P)** ☐	13.- Resolver ☐	
14.- Miedo ☐	14.- Compasión **(P)** ☐	14.- Transformar ☐	
15.- Odio ☐	15.- Sorpresa **(NE)** ☐	15.- Evaluar ☐	

*Positivo **(P)**; Negativo **(N)** y Neutro **(NE)**

AGRUPAMIENTOS para trabajar con el alumnado en el aula. Coloca una cruz **X**	**A.I.** ☐	**T.C.** ☐	**G.G.** ☐				
COMPETENCIAS/ HABILIDADES *Desarrolladas*	**CL** ☐	**STEM** ☐	**CD** ☐	**IEE** ☐	**CPSAA** ☐	**CSC** ☐	**CCEE** ☐
EVALUACIÓN DE LA ACTIVIDAD REALIZADA	**NS** (0-4) ☐		**S** (5-6) ☐		**MS** (7-8) ☐		**EX** (9-10) ☐

FATIGA CRÓNICA

Fatiga crónica (del latín: "fatigare": hacer agrietar, y del griego: "cronos": tiempo). Síndrome caracterizado por una duración de unos seis meses. Va acompañada de debilidad y sintomatología depresiva. Puede provocar fiebre, disminución de peso, cefaleas, náuseas, dolores musculares, desagrado, irritabilidad, incomodidad y estrés en las actividades escolares por el perpetuo sufrimiento. (Arslam, Savaser, Hallet y Balci, 2012; Farré, 1999; <www.deChile.net>, 2001-2022).

Fobias

Tabla 53

Torbellino de ideas que te inspira la lámina presentada. Escribe en el espacio punteado (…….) una sola palabra.			EMOCIONES removidas en el/la lector/a. Coloca una cruz X	SENTIMIENTOS * despertados por el/la lector/a. Coloca una cruz X	HABILIDADES desarrolladas por el/la lector/a. Coloca una cruz X	DESCUBRIMIENTOS personales del/a lector/a. Coloca una cruz X
Sobre la persona						
del/la **Agresor/a**	de la **Víctima**	del/los **Espectador/es**				
1.- …………………	1.- …………………	1.- …………………	1.- Alegría ☐	1.- Celos **(N)** ☐	1.- Observar ☐	1.- Culpabilidades ☐
2.- …………………	2.- …………………	2.- …………………	2.- Aceptación ☐	2.- Culpa **(N)** ☐	2.- Reflexionar ☐	2.- Fracasos ☐
3.- …………………	3.- …………………	3.- …………………	3.- Amor ☐	3.- Desesperanza **(N)** ☐	3.- Analizar ☐	3.- Límites ☐
			4.- Anticipación ☐	4.- Frustración **(N)** ☐	4.- Imaginar ☐	4.- Inseguridades ☐
4.- …………………	4.- …………………	4.- …………………	5.- Asco ☐	5.- Hostilidad **(N)** ☐	5.- Expresar ☐	5.- Vulnerabilidad ☐
5.- …………………	5.- …………………	5.- …………………	6.- Aversión ☐	6.- Ira **(N)** ☐	6.- Argumentar ☐	6.- Vergüenzas ☐
			7.- Coraje ☐	7.- Miedo **(N)** ☐	7.- Empatizar ☐	7.- Satisfacciones ☐
6.- …………………	6.- …………………	6.- …………………	8.- Curiosidad ☐	8.- Tristeza **(N)** ☐	8.- Tristeza ☐	8.- Logros ☐
7.- …………………	7.- …………………	7.- …………………	9.- Desagrado ☐	9.- Alegría **(P)** ☐	9.- Filtrar Infor. ☐	9.- Disfrutes ☐
			10.- Esperanza ☐	10.- Amor **(P)** ☐	10.- Interactuar ☐	10.- Habilidades ☐
8.- …………………	8 - …………………	8.- …………………	11.- Expectativa ☐	11.- Esperanza **(P)** ☐	11.- Planificar ☐	
			12.- Felicidad ☐	12.- Felicidad **(P)** ☐	12.- Tolerar ☐	
9.- …………………	9.- …………………	9.- …………………	13.- Ira ☐	13.- Gratitud **(P)** ☐	13.- Resolver ☐	
			14.- Miedo ☐	14.- Compasión **(P)** ☐	14.- Transformar ☐	
10.- …………………	10.- …………………	10.- …………………	15.- Odio ☐	15.- Sorpresa **(NE)** ☐	15.- Evaluar ☐	

*Positivo **(P)**; Negativo **(N)** y Neutro **(NE)**

AGRUPAMIENTOS para trabajar con el alumnado en el aula. Coloca una cruz X	A.I. ☐	T.C. ☐	G.G. ☐				
COMPETENCIAS/ HABILIDADES *Desarrolladas*	CL ☐	STEM ☐	CD ☐	IEE ☐	CPSAA ☐	CSC ☐	CCEE ☐
EVALUACIÓN DE LA ACTIVIDAD REALIZADA	**NS** (0-4) ☐		**S** (5-6) ☐		**MS** (7-8) ☐		**EX** (9-10) ☐

FOBIAS

Fobias (procede del griego "fobos": temor, odio, repulsión). Definidas como miedos irracionales, exagerados y continuos. Sus consecuencias pueden ahogar y no dejar vivir a sus pacientes. Tienen un carácter defensivo de la angustia que el enfermo desplaza desde un trauma afectivo insoportable hacia un objeto banal. (Martos, 2020; Tresgallo, 2021; <www.deChile.net>, 2001-2022).

Melancolía

Tabla 54

Torbellino de ideas que te inspira la lámina presentada. *Escribe en el espacio punteado (…….) una sola palabra.*			EMOCIONES removidas en el/la lector/a. Coloca una cruz **X**	SENTIMIENTOS * despertados por el/la lector/a. Coloca una cruz **X**	HABILIDADES desarrolladas por el/la lector/a. Coloca una cruz **X**	DESCUBRIMIENTOS personales del/a lector/a. Coloca una cruz **X**
Sobre la persona						
del/la **Agresor/a**	de la **Víctima**	del/los **Espectador/es**				
1.- ………………………	1.- ………………………	1.- ………………………	1.- Alegría ☐	1.- Celos **(N)** ☐	1.- Observar ☐	1.- Culpabilidades ☐
			2.- Aceptación ☐	2.- Culpa **(N)** ☐	2.- Reflexionar ☐	2.- Fracasos ☐
2.- ………………………	2.- ………………………	2.- ………………………	3.- Amor ☐	3.- Desesperanza **(N)** ☐	3.- Analizar ☐	3.- Límites ☐
			4.- Anticipación ☐	4.- Frustración **(N)** ☐	4.- Imaginar ☐	4.- Inseguridades ☐
3.- ………………………	3.- ………………………	3.- ………………………	5.- Asco ☐	5.- Hostilidad **(N)** ☐	5.- Expresar ☐	5.- Vulnerabilidad ☐
4.- ………………………	4.- ………………………	4.- ………………………	6.- Aversión ☐	6.- Ira **(N)** ☐	6.- Argumentar ☐	6.- Vergüenzas ☐
			7.- Coraje ☐	7.- Miedo **(N)** ☐	7.- Empatizar ☐	7.- Satisfacciones ☐
5.- ………………………	5.- ………………………	5.- ………………………	8.- Curiosidad ☐	8.- Tristeza **(N)** ☐	8.- Tristeza ☐	8.- Logros ☐
6.- ………………………	6.- ………………………	6.- ………………………	9.- Desagrado ☐	9.- Alegría **(P)** ☐	9.- Filtrar Infor. ☐	9.- Disfrutes ☐
7.- ………………………	7.- ………………………	7.- ………………………	10.- Esperanza ☐	10.- Amor **(P)** ☐	10.- Interactuar ☐	10.- Habilidades ☐
			11.- Expectativa ☐	11.- Esperanza **(P)** ☐	11.- Planificar ☐	
8.- ………………………	8.- ………………………	8.- ………………………	12.- Felicidad ☐	12.- Felicidad **(P)** ☐	12.- Tolerar ☐	
9.- ………………………	9.- ………………………	9.- ………………………	13.- Ira ☐	13.- Gratitud **(P)** ☐	13.- Resolver ☐	
			14.- Miedo ☐	14.- Compasión **(P)** ☐	14.- Transformar ☐	
10.- ………………………	10.- ………………………	10.- ………………………	15.- Odio ☐	15.- Sorpresa **(NE)** ☐	15.- Evaluar ☐	

*Positivo **(P)**; Negativo **(N)** y Neutro **(NE)**

AGRUPAMIENTOS para trabajar con el alumnado en el aula. Coloca una cruz **X**	**A.I.** ☐	**T.C.** ☐	**G.G.** ☐			
COMPETENCIAS/ HABILIDADES *Desarrolladas*	**CL** ☐	**STEM** ☐	**CD** ☐	**IEE** ☐	**CPSAA** ☐	**CSC** ☐	**CCEE** ☐
EVALUACIÓN DE LA ACTIVIDAD REALIZADA	**NS** (0-4) ☐		**S** (5-6) ☐		**MS** (7-8) ☐	**EX** (9-10) ☐

MELANCOLÍA

Melancolía (del griego "melas": negro; y "kholi": bilis). Término acuñado por Hipócrates, a la que denomina "bilis negra". Hace referencia a un estado de inhibición generalizada, incluyendo la depresión. La mente se centra en lo que se ha perdido y es difícil de recuperar. Puede manifestarse en un despertar precoz, agitación, anorexia o culpabilidad (Farré, 1999; Tresgallo, 2021; <www.deChile.net>, 2001-2022; Watt, 2015).

Figura 55

Neurosis

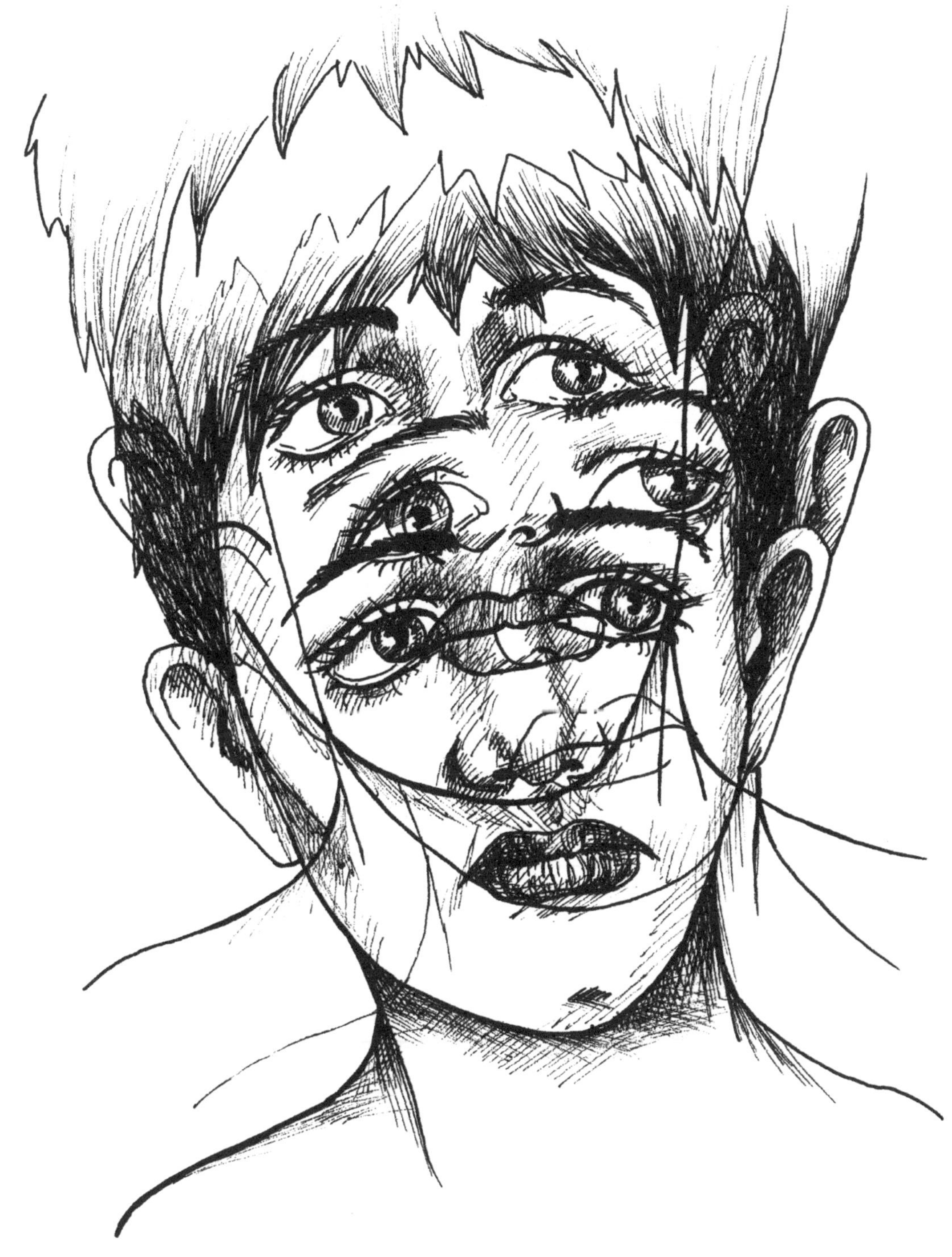

Tabla 55

Torbellino de ideas que te inspira la lámina presentada. *Escribe en el espacio punteado (.......) una sola palabra.*			EMOCIONES removidas en el/la lector/a. Coloca una cruz **X**		SENTIMIENTOS * despertados por el/la lector/a. Coloca una cruz **X**		HABILIDADES desarrolladas por el/la lector/a. Coloca una cruz **X**		DESCUBRIMIENTOS personales del/a lector/a. Coloca una cruz **X**	
Sobre la persona										
del/la **Agresor/a**	de la **Víctima**	del/los **Espectador/es**								
1.-	1.-	1.-	1.- Alegría	☐	1.- Celos **(N)**	☐	1.- Observar	☐	1.- Culpabilidades	☐
			2.- Aceptación	☐	2.- Culpa **(N)**	☐	2.- Reflexionar	☐	2.- Fracasos	☐
2.-	2.-	2.-	3.- Amor	☐	3.- Desesperanza **(N)**	☐	3.- Analizar	☐	3.- Límites	☐
			4.- Anticipación	☐	4.- Frustración **(N)**	☐	4.- Imaginar	☐	4.- Inseguridades	☐
3.-	3.-	3.-	5.- Asco	☐	5.- Hostilidad **(N)**	☐	5.- Expresar	☐	5.- Vulnerabilidad	☐
4.-	4.-	4.-	6.- Aversión	☐	6.- Ira **(N)**	☐	6.- Argumentar	☐	6.- Vergüenzas	☐
			7.- Coraje	☐	7.- Miedo **(N)**	☐	7.- Empatizar	☐	7.- Satisfacciones	☐
5.-	5.-	5.-	8.- Curiosidad	☐	8.- Tristeza **(N)**	☐	8.- Tristeza	☐	8.- Logros	☐
6.-	6.-	6.-	9.- Desagrado	☐	9.- Alegría **(P)**	☐	9.- Filtrar Infor.	☐	9.- Disfrutes	☐
7.-	7.-	7.-	10.- Esperanza	☐	10.- Amor **(P)**	☐	10.- Interactuar	☐	10.- Habilidades	☐
			11.- Expectativa	☐	11.- Esperanza **(P)**	☐	11.- Planificar	☐		
8.-	8.-	8.-	12.- Felicidad	☐	12.- Felicidad **(P)**	☐	12.- Tolerar	☐		
9.-	9.-	9.-	13.- Ira	☐	13.- Gratitud **(P)**	☐	13.- Resolver	☐		
			14.- Miedo	☐	14.- Compasión **(P)**	☐	14.- Transformar	☐		
10.-	10.-	10.-	15.- Odio	☐	15.- Sorpresa **(NE)**	☐	15.- Evaluar	☐		

*Positivo **(P)**; Negativo **(N)** y Neutro **(NE)**

AGRUPAMIENTOS para trabajar con el alumnado en el aula. Coloca una cruz **X**	**A.I.** ☐	**T.C.** ☐	**G.G.** ☐				
COMPETENCIAS/ HABILIDADES *Desarrolladas*	**CL** ☐	**STEM** ☐	**CD** ☐	**IEE** ☐	**CPSAA** ☐	**CSC** ☐	**CCEE** ☐
EVALUACIÓN DE LA ACTIVIDAD REALIZADA	**NS** (0-4) ☐		**S** (5-6) ☐		**MS** (7-8) ☐		**EX** (9-10) ☐

NEUROSIS

Neurosis (del griego "neuron": nervio; y el sufijo "-osis": desorden, enfermedad). Término acuñado por W. Cullen para identificar las enfermedades basadas en el sistema nervioso sin base anatómico-patológica (manía, melancolía, histeria, etc.). Las secuelas típicas de las víctimas son: trastornos ansiosos, pánico, trastornos histéricos y depresivos, (Coopeland, Wolke, Angold y Costelo, 2013; Saz, 1999; Tresgallo, 2021; <www.deChile.net>, 2001-2022).

Figura 56

Onicofagia

Tabla 56

Torbellino de ideas que te inspira la lámina presentada. *Escribe en el espacio punteado (…….) una sola palabra.*			EMOCIONES removidas en el/la lector/a. Coloca una cruz **X**	SENTIMIENTOS * despertados por el/la lector/a. Coloca una cruz **X**	HABILIDADES desarrolladas por el/la lector/a. Coloca una cruz **X**	DESCUBRIMIENTOS personales del/a lector/a. Coloca una cruz **X**
Sobre la persona						
del/la **Agresor/a**	de la **Víctima**	del/los **Espectador/es**				
1.- ……………………	1.- ……………………	1.- ……………………	1.- Alegría ☐	1.- Celos **(N)** ☐	1.- Observar ☐	1.- Culpabilidades ☐
2.- ……………………	2.- ……………………	2.- ……………………	2.- Aceptación ☐	2.- Culpa **(N)** ☐	2.- Reflexionar ☐	2.- Fracasos ☐
3.- ……………………	3.- ……………………	3.- ……………………	3.- Amor ☐	3.- Desesperanza **(N)** ☐	3.- Analizar ☐	3.- Límites ☐
			4.- Anticipación ☐	4.- Frustración **(N)** ☐	4.- Imaginar ☐	4.- Inseguridades ☐
4.- ……………………	4.- ……………………	4.- ……………………	5.- Asco ☐	5.- Hostilidad **(N)** ☐	5.- Expresar ☐	5.- Vulnerabilidad ☐
5.- ……………………	5.- ……………………	5.- ……………………	6.- Aversión ☐	6.- Ira **(N)** ☐	6.- Argumentar ☐	6.- Vergüenzas ☐
			7.- Coraje ☐	7.- Miedo **(N)** ☐	7.- Empatizar ☐	7.- Satisfacciones ☐
6.- ……………………	6.- ……………………	6.- ……………………	8.- Curiosidad ☐	8.- Tristeza **(N)** ☐	8.- Tristeza ☐	8.- Logros ☐
7.- ……………………	7.- ……………………	7.- ……………………	9.- Desagrado ☐	9.- Alegría **(P)** ☐	9.- Filtrar Infor. ☐	9.- Disfrutes ☐
			10.- Esperanza ☐	10.- Amor **(P)** ☐	10.- Interactuar ☐	10.- Habilidades ☐
8. ……………………	8.- ……………………	8.- ……………………	11.- Expectativa ☐	11.- Esperanza **(P)** ☐	11.- Planificar ☐	
			12.- Felicidad ☐	12.- Felicidad **(P)** ☐	12.- Tolerar ☐	
9.- ……………………	9.- ……………………	9.- ……………………	13.- Ira ☐	13.- Gratitud **(P)** ☐	13.- Resolver ☐	
			14.- Miedo ☐	14.- Compasión **(P)** ☐	14.- Transformar ☐	
10.- ……………………	10.- ……………………	10.- ……………………	15.- Odio ☐	15.- Sorpresa **(NE)** ☐	15.- Evaluar ☐	

*Positivo **(P)**; Negativo **(N)** y Neutro **(NE)**

AGRUPAMIENTOS para trabajar con el alumnado en el aula. Coloca una cruz **X**	**A.I.** ☐	**T.C.** ☐	**G.G.** ☐				
COMPETENCIAS/ HABILIDADES *Desarrolladas*	**CL** ☐	**STEM** ☐	**CD** ☐	**IEE** ☐	**CPSAA** ☐	**CSC** ☐	**CCEE** ☐
EVALUACIÓN DE LA ACTIVIDAD REALIZADA	**NS** (0-4) ☐		**S** (5-6) ☐		**MS** (7-8) ☐		**EX** (9-10) ☐

ONICOFAGIA

Onicofagia (del griego "onyx": uña; y "phagein": comer). Hábito morboso que consiste en morderse las uñas de forma compulsiva. Se considera como un indicativo de un estado neurótico. Puede presentarse en personas que viven o padecen un alto nivel de estrés y ansiedad. Un 45% de chicos realizan dicha práctica. Fuente: (Canda et al., 2009; Cortés y Oropeza, 2011; Farré, 1999; Tresgallo, 2021; <www.deChile.net>, 2001-2022).

Tabla 57

Torbellino de ideas que te inspira la lámina presentada. *Escribe en el espacio punteado (…….) una sola palabra.*			EMOCIONES removidas en el/la lector/a. Coloca una cruz **X**	SENTIMIENTOS * despertados por el/la lector/a. Coloca una cruz **X**	HABILIDADES desarrolladas por el/la lector/a. Coloca una cruz **X**	DESCUBRIMIENTOS personales del/a lector/a. Coloca una cruz **X**
Sobre la persona						
del/la **Agresor/a**	de la **Víctima**	del/los **Espectador/es**				
1.- ……………………	1.- ……………………	1.- ……………………	1.- Alegría ☐	1.- Celos **(N)** ☐	1.- Observar ☐	1.- Culpabilidades ☐
			2.- Aceptación ☐	2.- Culpa **(N)** ☐	2.- Reflexionar ☐	2.- Fracasos ☐
2.- ……………………	2.- ……………………	2.- ……………………	3.- Amor ☐	3.- Desesperanza **(N)** ☐	3.- Analizar ☐	3.- Límites ☐
			4.- Anticipación ☐	4.- Frustración **(N)** ☐	4.- Imaginar ☐	4.- Inseguridades ☐
3.- ……………………	3.- ……………………	3.- ……………………	5.- Asco ☐	5.- Hostilidad **(N)** ☐	5.- Expresar ☐	5.- Vulnerabilidad ☐
4.- ……………………	4.- ……………………	4.- ……………………	6.- Aversión ☐	6.- Ira **(N)** ☐	6.- Argumentar ☐	6.- Vergüenzas ☐
5.- ……………………	5.- ……………………	5.- ……………………	7.- Coraje ☐	7.- Miedo **(N)** ☐	7.- Empatizar ☐	7.- Satisfacciones ☐
			8.- Curiosidad ☐	8.- Tristeza **(N)** ☐	8.- Tristeza ☐	8.- Logros ☐
6.- ……………………	6.- ……………………	6.- ……………………	9.- Desagrado ☐	9.- Alegría **(P)** ☐	9.- Filtrar Infor. ☐	9.- Disfrutes ☐
7.- ……………………	7.- ……………………	7.- ……………………	10.- Esperanza ☐	10.- Amor **(P)** ☐	10.- Interactuar ☐	10.- Habilidades ☐
			11.- Expectativa ☐	11.- Esperanza **(P)** ☐	11.- Planificar ☐	
8.- ……………………	8. ……………………	8.- ……………………	12.- Felicidad ☐	12.- Felicidad **(P)** ☐	12.- Tolerar ☐	
9.- ……………………	9.- ……………………	9.- ……………………	13.- Ira ☐	13.- Gratitud **(P)** ☐	13.- Resolver ☐	
			14.- Miedo ☐	14.- Compasión **(P)** ☐	14.- Transformar ☐	
10.- ……………………	10.- ……………………	10.- ……………………	15.- Odio ☐	15.- Sorpresa **(NE)** ☐	15.- Evaluar ☐	

*Positivo **(P)**; Negativo **(N)** y Neutro **(NE)**

AGRUPAMIENTOS para trabajar con el alumnado en el aula. Coloca una cruz **X**	**A.I.** ☐	**T.C.** ☐	**G.G.** ☐				
COMPETENCIAS/ HABILIDADES *Desarrolladas*	**CL** ☐	**STEM** ☐	**CD** ☐	**IEE** ☐	**CPSAA** ☐	**CSC** ☐	**CCEE** ☐
EVALUACIÓN DE LA ACTIVIDAD REALIZADA	**NS** (0-4) ☐		**S** (5-6) ☐		**MS** (7-8) ☐		**EX** (9-10) ☐

PÁNICO

Pánico (del griego "panikón": terror, basado en la mitología griega). Mecanismo de alarma adaptativo y apropiado (respuesta de huida o de lucha). Pero puede responder a episodios repetitivos de angustia inalterable, de breve duración y carácter espontáneo. Indicadores típicos son: cansancio y abatimiento, fatiga generalizada, deficiente rendimiento académico y mala concentración. Fuente: (Corominas, 1973, Farré, 1999; Watt, 2015).

Figura 58

Pesadilla

Tabla 58

Torbellino de ideas que te inspira la lámina presentada. Escribe en el espacio punteado (.......) una sola palabra.			EMOCIONES removidas en el/la lector/a. Coloca una cruz **X**	SENTIMIENTOS * despertados por el/la lector/a. Coloca una cruz **X**	HABILIDADES desarrolladas por el/la lector/a. Coloca una cruz **X**	DESCUBRIMIENTOS personales del/a lector/a. Coloca una cruz **X**
Sobre la persona						
del/la **Agresor/a**	de la **Víctima**	del/los **Espectador/es**				
1.-	1.-	1.-	1.- Alegría ☐	1.- Celos **(N)** ☐	1.- Observar ☐	1.- Culpabilidades ☐
			2.- Aceptación ☐	2.- Culpa **(N)** ☐	2.- Reflexionar ☐	2.- Fracasos ☐
2.-	2.-	2.-	3.- Amor ☐	3.- Desesperanza **(N)** ☐	3.- Analizar ☐	3.- Límites ☐
			4.- Anticipación ☐	4.- Frustración **(N)** ☐	4.- Imaginar ☐	4.- Inseguridades ☐
3.-	3.-	3.-	5.- Asco ☐	5.- Hostilidad **(N)** ☐	5.- Expresar ☐	5.- Vulnerabilidad ☐
4.-	4.-	4.-	6.- Aversión ☐	6.- Ira **(N)** ☐	6.- Argumentar ☐	6.- Vergüenzas ☐
5.-	5.-	5.-	7.- Coraje ☐	7.- Miedo **(N)** ☐	7.- Empatizar ☐	7.- Satisfacciones ☐
			8.- Curiosidad ☐	8.- Tristeza **(N)** ☐	8.- Tristeza ☐	8.- Logros ☐
6.-	6.-	6.-	9.- Desagrado ☐	9.- Alegría **(P)** ☐	9.- Filtrar Infor. ☐	9.- Disfrutes ☐
7.-	7.-	7.-	10.- Esperanza ☐	10.- Amor **(P)** ☐	10.- Interactuar ☐	10.- Habilidades ☐
			11.- Expectativa ☐	11.- Esperanza **(P)** ☐	11.- Planificar ☐	
8.-	8.-	8.-	12.- Felicidad ☐	12.- Felicidad **(P)** ☐	12.- Tolerar ☐	
9.-	9.-	9.-	13.- Ira ☐	13.- Gratitud **(P)** ☐	13.- Resolver ☐	
			14.- Miedo ☐	14.- Compasión **(P)** ☐	14.- Transformar ☐	
10.-	10.-	10.-	15.- Odio ☐	15.- Sorpresa **(NE)** ☐	15.- Evaluar ☐	

*Positivo **(P)**; Negativo **(N)** y Neutro **(NE)**

AGRUPAMIENTOS para trabajar con el alumnado en el aula. Coloca una cruz **X**	**A.I.** ☐	**T.C.** ☐	**G.G.** ☐				
COMPETENCIAS/ HABILIDADES *Desarrolladas*	**CL** ☐	**STEM** ☐	**CD** ☐	**IEE** ☐	**CPSAA** ☐	**CSC** ☐	**CCEE** ☐
EVALUACIÓN DE LA ACTIVIDAD REALIZADA	**NS** (0-4) ☐		**S** (5-6) ☐		**MS** (7-8) ☐		**EX** (9-10) ☐

PESADILLA

Pesadilla (del latín "pensare": estimar, sopesar). Ensueño, angustia, inseguridad en la escuela. El DSM – IV incluye dicho trastorno dentro del grupo de parasomnias. Estos despertares se producen durante el sueño. Son provocados por situaciones terroríficas, dejando recuerdos muy reales, con amenazas de la supervivencia, seguridad o autoestima. (Canda et al., 2009; Tresgallo, 2021; <www.deChile.net>, 2001-2022).

Figura 59

Taquicardias

Tabla 59

<table>
<tr><td colspan="3">Torbellino de ideas que te inspira la lámina presentada.
Escribe en el espacio punteado (…….) una sola palabra.
Sobre la persona</td><td>EMOCIONES
removidas
en el/la lector/a.
Coloca una cruz X</td><td>SENTIMIENTOS *
despertados
por el/la lector/a.
Coloca una cruz X</td><td>HABILIDADES
desarrolladas
por el/la lector/a.
Coloca una cruz X</td><td>DESCUBRIMIENTOS
personales
del/a lector/a.
Coloca una cruz X</td></tr>
<tr><td>del/la Agresor/a</td><td>de la Víctima</td><td>del/los Espectador/es</td><td></td><td></td><td></td><td></td></tr>
<tr><td>1.- ………………………</td><td>1.- ………………………</td><td>1.- ………………………</td><td>1.- Alegría ☐</td><td>1.- Celos (N) ☐</td><td>1.- Observar ☐</td><td>1.- Culpabilidades ☐</td></tr>
<tr><td></td><td></td><td></td><td>2.- Aceptación ☐</td><td>2.- Culpa (N) ☐</td><td>2.- Reflexionar ☐</td><td>2.- Fracasos ☐</td></tr>
<tr><td>2.- ………………………</td><td>2.- ………………………</td><td>2.- ………………………</td><td>3.- Amor ☐</td><td>3.- Desesperanza (N) ☐</td><td>3.- Analizar ☐</td><td>3.- Límites ☐</td></tr>
<tr><td></td><td></td><td></td><td>4.- Anticipación ☐</td><td>4.- Frustración (N) ☐</td><td>4.- Imaginar ☐</td><td>4.- Inseguridades ☐</td></tr>
<tr><td>3.- ………………………</td><td>3.- ………………………</td><td>3.- ………………………</td><td>5.- Asco ☐</td><td>5.- Hostilidad (N) ☐</td><td>5.- Expresar ☐</td><td>5.- Vulnerabilidad ☐</td></tr>
<tr><td>4.- ………………………</td><td>4.- ………………………</td><td>4.- ………………………</td><td>6.- Aversión ☐</td><td>6.- Ira (N) ☐</td><td>6.- Argumentar ☐</td><td>6.- Vergüenzas ☐</td></tr>
<tr><td>5.- ………………………</td><td>5.- ………………………</td><td>5.- ………………………</td><td>7.- Coraje ☐</td><td>7.- Miedo (N) ☐</td><td>7.- Empatizar ☐</td><td>7.- Satisfacciones ☐</td></tr>
<tr><td></td><td></td><td></td><td>8.- Curiosidad ☐</td><td>8.- Tristeza (N) ☐</td><td>8.- Tristeza ☐</td><td>8.- Logros ☐</td></tr>
<tr><td>6.- ………………………</td><td>6.- ………………………</td><td>6.- ………………………</td><td>9.- Desagrado ☐</td><td>9.- Alegría (P) ☐</td><td>9.- Filtrar Infor. ☐</td><td>9.- Disfrutes ☐</td></tr>
<tr><td>7.- ………………………</td><td>7.- ………………………</td><td>7.- ………………………</td><td>10.- Esperanza ☐</td><td>10.- Amor (P) ☐</td><td>10.- Interactuar ☐</td><td>10.- Habilidades ☐</td></tr>
<tr><td></td><td></td><td></td><td>11.- Expectativa ☐</td><td>11.- Esperanza (P) ☐</td><td>11.- Planificar ☐</td><td></td></tr>
<tr><td>8.- ………………</td><td>8.- ………………</td><td>8.- ………………………</td><td>12.- Felicidad ☐</td><td>12.- Felicidad (P) ☐</td><td>12.- Tolerar ☐</td><td></td></tr>
<tr><td></td><td></td><td></td><td>13.- Ira ☐</td><td>13.- Gratitud (P) ☐</td><td>13.- Resolver ☐</td><td></td></tr>
<tr><td>9.- ………………………</td><td>9.- ………………………</td><td>9.- ………………………</td><td>14.- Miedo ☐</td><td>14.- Compasión (P) ☐</td><td>14.- Transformar ☐</td><td></td></tr>
<tr><td>10.- ………………………</td><td>10.- ………………………</td><td>10.- ………………………</td><td>15.- Odio ☐</td><td>15.- Sorpresa (NE) ☐</td><td>15.- Evaluar ☐</td><td></td></tr>
</table>

***Positivo (P)**; Negativo **(N)** y Neutro **(NE)**

<table>
<tr><td>AGRUPAMIENTOS
para trabajar con el alumnado en el aula.
Coloca una cruz X</td><td>A.I. ☐</td><td>T.C. ☐</td><td>G.G. ☐</td><td></td><td></td><td></td><td></td></tr>
<tr><td>COMPETENCIAS/ HABILIDADES
Desarrolladas</td><td>CL ☐</td><td>STEM ☐</td><td>CD ☐</td><td>IEE ☐</td><td>CPSAA ☐</td><td>CSC ☐</td><td>CCEE ☐</td></tr>
<tr><td>EVALUACIÓN DE LA ACTIVIDAD REALIZADA</td><td colspan="2">NS (0-4) ☐</td><td colspan="2">S (5-6) ☐</td><td colspan="2">MS (7-8) ☐</td><td>EX (9-10) ☐</td></tr>
</table>

TAQUICARDIAS

Taquicardia (del griego "takis": veloz, y "kardia": corazón). Incremento de la frecuencia cardíaca. Respuesta inespecífica de la alerta y la emoción, mediatizada por el sistema nervioso simpático. Aumento de los latidos cardíacos, pulso más rápido de lo normal; más de <100 latidos/minuto>. (Canda Moreno et al., 2009; Farré, 1999; Saz, 2000; Tresgallo, 2020; <www.deChile.net>, 2001-2022).

Figura 60

Terrores nocturnos

Tabla 60

<table>
<tr><td colspan="3">Torbellino de ideas que te inspira la lámina presentada.
Escribe en el espacio punteado (.......) una sola palabra.
Sobre la persona</td><td>EMOCIONES
removidas
en el/la lector/a.
Coloca una cruz X</td><td>SENTIMIENTOS *
despertados
por el/la lector/a.
Coloca una cruz X</td><td>HABILIDADES
desarrolladas
por el/la lector/a.
Coloca una cruz X</td><td>DESCUBRIMIENTOS
personales
del/a lector/a.
Coloca una cruz X</td></tr>
<tr><td>del/la Agresor/a</td><td>de la Víctima</td><td>del/los Espectador/es</td><td></td><td></td><td></td><td></td></tr>
<tr><td>1.- ....</td><td>1.- ....</td><td>1.- ....</td><td>1.- Alegría ☐</td><td>1.- Celos (N) ☐</td><td>1.- Observar ☐</td><td>1.- Culpabilidades ☐</td></tr>
<tr><td></td><td></td><td></td><td>2.- Aceptación ☐</td><td>2.- Culpa (N) ☐</td><td>2.- Reflexionar ☐</td><td>2.- Fracasos ☐</td></tr>
<tr><td>2.- ....</td><td>2.- ....</td><td>2.- ....</td><td>3.- Amor ☐</td><td>3.- Desesperanza (N) ☐</td><td>3.- Analizar ☐</td><td>3.- Límites ☐</td></tr>
<tr><td></td><td></td><td></td><td>4.- Anticipación ☐</td><td>4.- Frustración (N) ☐</td><td>4.- Imaginar ☐</td><td>4.- Inseguridades ☐</td></tr>
<tr><td>3.- ....</td><td>3.- ....</td><td>3.- ....</td><td>5.- Asco ☐</td><td>5.- Hostilidad (N) ☐</td><td>5.- Expresar ☐</td><td>5.- Vulnerabilidad ☐</td></tr>
<tr><td>4.- ....</td><td>4.- ....</td><td>4.- ....</td><td>6.- Aversión ☐</td><td>6.- Ira (N) ☐</td><td>6.- Argumentar ☐</td><td>6.- Vergüenzas ☐</td></tr>
<tr><td></td><td></td><td></td><td>7.- Coraje ☐</td><td>7.- Miedo (N) ☐</td><td>7.- Empatizar ☐</td><td>7.- Satisfacciones ☐</td></tr>
<tr><td>5.- ....</td><td>5.- ....</td><td>5.- ....</td><td>8.- Curiosidad ☐</td><td>8.- Tristeza (N) ☐</td><td>8.- Tristeza ☐</td><td>8.- Logros ☐</td></tr>
<tr><td>6.- ....</td><td>6.- ....</td><td>6.- ....</td><td>9.- Desagrado ☐</td><td>9.- Alegría (P) ☐</td><td>9.- Filtrar Infor. ☐</td><td>9.- Disfrutes ☐</td></tr>
<tr><td></td><td></td><td></td><td>10.- Esperanza ☐</td><td>10.- Amor (P) ☐</td><td>10.- Interactuar ☐</td><td>10.- Habilidades ☐</td></tr>
<tr><td>7.- ....</td><td>7.- ....</td><td>7.- ....</td><td>11.- Expectativa ☐</td><td>11.- Esperanza (P) ☐</td><td>11.- Planificar ☐</td><td></td></tr>
<tr><td>8.- ....</td><td>8.- ....</td><td>8.- ....</td><td>12.- Felicidad ☐</td><td>12.- Felicidad (P) ☐</td><td>12.- Tolerar ☐</td><td></td></tr>
<tr><td></td><td></td><td></td><td>13.- Ira ☐</td><td>13.- Gratitud (P) ☐</td><td>13.- Resolver ☐</td><td></td></tr>
<tr><td>9.- ....</td><td>9.- ....</td><td>9.- ....</td><td>14.- Miedo ☐</td><td>14.- Compasión (P) ☐</td><td>14.- Transformar ☐</td><td></td></tr>
<tr><td>10.- ....</td><td>10.- ....</td><td>10.- ....</td><td>15.- Odio ☐</td><td>15.- Sorpresa (NE) ☐</td><td>15.- Evaluar ☐</td><td></td></tr>
</table>

***Positivo (P)**; Negativo **(N)** y Neutro **(NE)**

<table>
<tr><td>AGRUPAMIENTOS
para trabajar con el alumnado en el aula.
Coloca una cruz X</td><td>A.I. ☐</td><td>T.C. ☐</td><td colspan="2">G.G. ☐</td><td></td><td></td></tr>
<tr><td>COMPETENCIAS/ HABILIDADES
Desarrolladas</td><td>CL ☐</td><td>STEM ☐</td><td>CD ☐</td><td>IEE ☐</td><td>CPSAA ☐</td><td>CSC ☐   CCEE ☐</td></tr>
<tr><td>EVALUACIÓN DE LA ACTIVIDAD REALIZADA</td><td colspan="2">NS (0-4) ☐</td><td colspan="2">S (5-6) ☐</td><td>MS (7-8) ☐</td><td>EX (9-10) ☐</td></tr>
</table>

TAQUICARDIAS

Terrores nocturnos (del latín "tremo": temblar). Parasomnia que afecta al sueño REM. Caracterizada por episodios de agitación de corta duración. Aparecen los gritos, la mirada confusa, la sudoración abundante, llantos y gesticulaciones. Normalmente la persona recuerda los episodios vividos con bastante nitidez. Fuente: (Canda Moreno et al., 2009; Farré, 1999; Tresgallo, 2020; <www.deChile.net>, 2001-2022). Whatt (2015) define el terror como lo que se siente cuando las luces se apagan y percibes algo detrás de ti; lo oyes, notas su aliento en tu oreja, pero cuando te giras, no hay nada.

Figura 61

Trastorno de tics

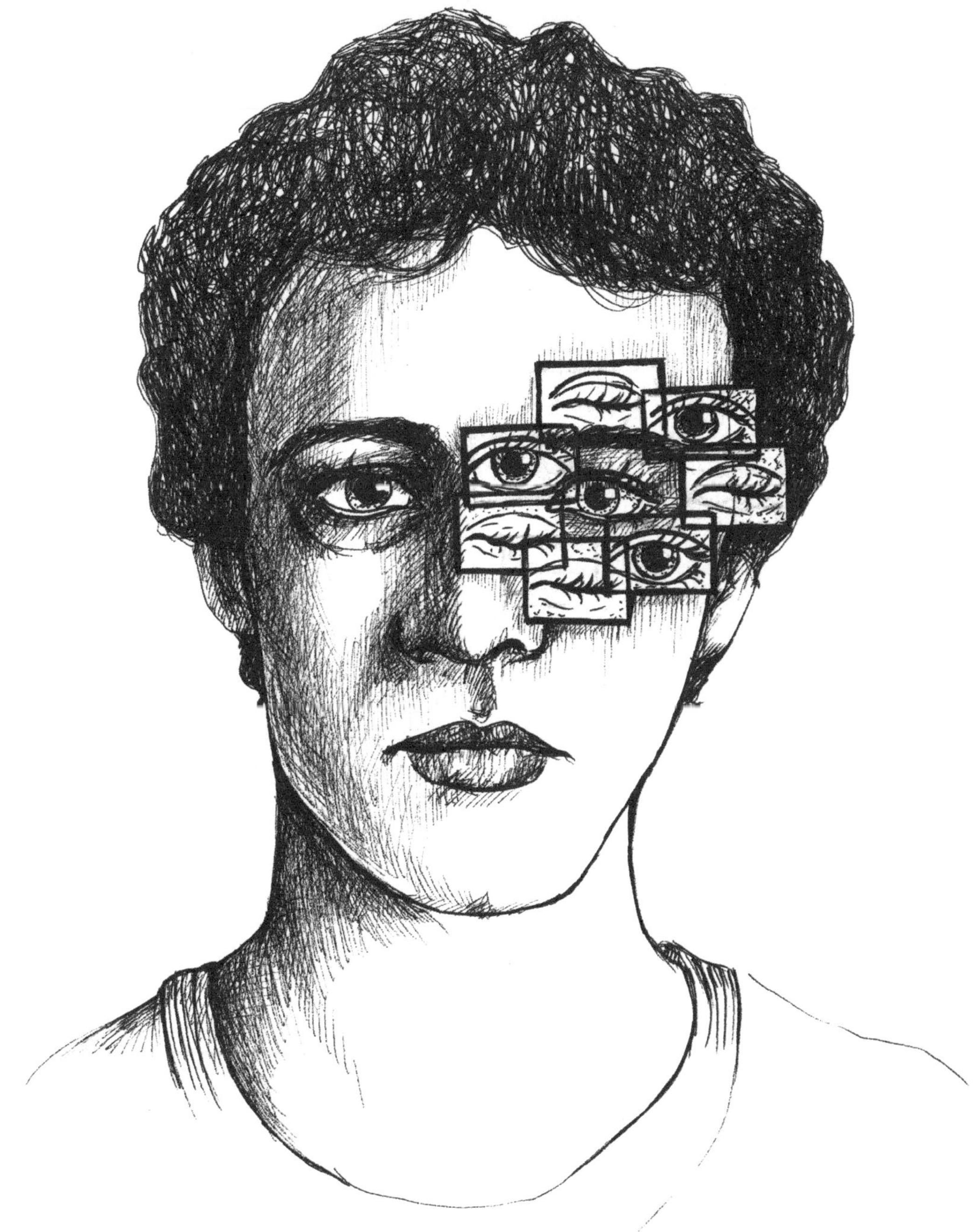

Tabla 61

Torbellino de ideas que te inspira la lámina presentada. *Escribe en el espacio punteado (.......) una sola palabra.*			EMOCIONES removidas en el/la lector/a. Coloca una cruz **X**	SENTIMIENTOS * despertados por el/la lector/a. Coloca una cruz **X**	HABILIDADES desarrolladas por el/la lector/a. Coloca una cruz **X**	DESCUBRIMIENTOS personales del/a lector/a. Coloca una cruz **X**
Sobre la persona						
del/la **Agresor/a**	de la **Víctima**	del/los **Espectador/es**				
1.-	1.-	1.-	1.- Alegría ☐	1.- Celos **(N)** ☐	1.- Observar ☐	1.- Culpabilidades ☐
			2.- Aceptación ☐	2.- Culpa **(N)** ☐	2.- Reflexionar ☐	2.- Fracasos ☐
2.-	2.-	2.-	3.- Amor ☐	3.- Desesperanza **(N)** ☐	3.- Analizar ☐	3.- Límites ☐
			4.- Anticipación ☐	4.- Frustración **(N)** ☐	4.- Imaginar ☐	4.- Inseguridades ☐
3.-	3.-	3.-	5.- Asco ☐	5.- Hostilidad **(N)** ☐	5.- Expresar ☐	5.- Vulnerabilidad ☐
4.-	4.-	4.-	6.- Aversión ☐	6.- Ira **(N)** ☐	6.- Argumentar ☐	6.- Vergüenzas ☐
			7.- Coraje ☐	7.- Miedo **(N)** ☐	7.- Empatizar ☐	7.- Satisfacciones ☐
5.-	5.-	5.-	8.- Curiosidad ☐	8.- Tristeza **(N)** ☐	8.- Tristeza ☐	8.- Logros ☐
6.-	6.-	6.-	9.- Desagrado ☐	9.- Alegría **(P)** ☐	9.- Filtrar Infor. ☐	9.- Disfrutes ☐
7.-	7.-	7.-	10.- Esperanza ☐	10.- Amor **(P)** ☐	10.- Interactuar ☐	10.- Habilidades ☐
			11.- Expectativa ☐	11.- Esperanza **(P)** ☐	11.- Planificar ☐	
8.-	8.-	8.-	12.- Felicidad ☐	12.- Felicidad **(P)** ☐	12.- Tolerar ☐	
9.-	9.-	9.-	13.- Ira ☐	13.- Gratitud **(P)** ☐	13.- Resolver ☐	
			14.- Miedo ☐	14.- Compasión **(P)** ☐	14.- Transformar ☐	
10.-	10.-	10.-	15.- Odio ☐	15.- Sorpresa **(NE)** ☐	15.- Evaluar ☐	

*Positivo **(P)**; Negativo **(N)** y Neutro **(NE)**

AGRUPAMIENTOS para trabajar con el alumnado en el aula. Coloca una cruz **X**	A.I. ☐	T.C. ☐	G.G. ☐				
COMPETENCIAS/ HABILIDADES *Desarrolladas*	CL ☐	STEM ☐	CD ☐	IEE ☐	CPSAA ☐	CSC ☐	CCEE ☐
EVALUACIÓN DE LA ACTIVIDAD REALIZADA	**NS** (0-4) ☐		**S** (5-6) ☐		**MS** (7-8) ☐		**EX** (9-10) ☐

TRASTORNOS DE TICS

Trastorno de tics (del francés "tic". Onomatopeya). Movimiento motor involuntario, rápido e intermitente. Se repite con frecuencia y de la misma forma. Puede deberse a un conflicto emocional, enfermedad neurológica, por un tratamiento o por una situación estresante. Clasificado por el DMS-V como síndrome de Guilles de la Tourette. Fuente: (Canda Moreno et al., 2009; Corominas, 1973; Tresgallo, 2020; <www.deChile.net>, 2001-2022).

Figura 62

Trastornos por déficit de la atención

Tabla 62

Torbellino de ideas que te inspira la lámina presentada. Escribe en el espacio punteado (…….) una sola palabra. Sobre la persona			EMOCIONES removidas en el/la lector/a. Coloca una cruz **X**	SENTIMIENTOS * despertados por el/la lector/a. Coloca una cruz **X**	HABILIDADES desarrolladas por el/la lector/a. Coloca una cruz **X**	DESCUBRIMIENTOS personales del/a lector/a. Coloca una cruz **X**
del/la **Agresor/a**	de la **Víctima**	del/los **Espectador/es**				
1.- …………………	1.- …………………	1.- …………………	1.- Alegría ☐	1.- Celos **(N)** ☐	1.- Observar ☐	1.- Culpabilidades ☐
			2.- Aceptación ☐	2.- Culpa **(N)** ☐	2.- Reflexionar ☐	2.- Fracasos ☐
2.- …………………	2.- …………………	2.- …………………	3.- Amor ☐	3.- Desesperanza **(N)** ☐	3.- Analizar ☐	3.- Límites ☐
			4.- Anticipación ☐	4.- Frustración **(N)** ☐	4.- Imaginar ☐	4.- Inseguridades ☐
3.- …………………	3.- …………………	3.- …………………	5.- Asco ☐	5.- Hostilidad **(N)** ☐	5.- Expresar ☐	5.- Vulnerabilidad ☐
			6.- Aversión ☐	6.- Ira **(N)** ☐	6.- Argumentar ☐	6.- Vergüenzas ☐
4.- …………………	4.- …………………	4.- …………………	7.- Coraje ☐	7.- Miedo **(N)** ☐	7.- Empatizar ☐	7.- Satisfacciones ☐
			8.- Curiosidad ☐	8.- Tristeza **(N)** ☐	8.- Tristeza ☐	8.- Logros ☐
5.- …………………	5.- …………………	5.- …………………	9.- Desagrado ☐	9.- Alegría **(P)** ☐	9.- Filtrar Infor. ☐	9.- Disfrutes ☐
			10.- Esperanza ☐	10.- Amor **(P)** ☐	10.- Interactuar ☐	10.- Habilidades ☐
6.- …………………	6.- …………………	6.- …………………	11.- Expectativa ☐	11.- Esperanza **(P)** ☐	11.- Planificar ☐	
7.- …………………	7.- …………………	7.- …………………	12.- Felicidad ☐	12.- Felicidad **(P)** ☐	12.- Tolerar ☐	
			13.- Ira ☐	13.- Gratitud **(P)** ☐	13.- Resolver ☐	
8. …………………	8.- …………………	8 - …………………	14.- Miedo ☐	14.- Compasión **(P)** ☐	14.- Transformar ☐	
9.- …………………	9.- …………………	9.- …………………	15.- Odio ☐	15.- Sorpresa **(NE)** ☐	15.- Evaluar ☐	
10.- …………………	10.- …………………	10.- …………………				

*Positivo **(P)**; Negativo **(N)** y Neutro **(NE)**

AGRUPAMIENTOS para trabajar con el alumnado en el aula. Coloca una cruz **X**	**A.I.** ☐	**T.C.** ☐	**G.G.** ☐				
COMPETENCIAS/ HABILIDADES *Desarrolladas*	**CL** ☐	**STEM** ☐	**CD** ☐	**IEE** ☐	**CPSAA** ☐	**CSC** ☐	**CCEE** ☐
EVALUACIÓN DE LA ACTIVIDAD REALIZADA	**NS** (0-4) ☐		**S** (5-6) ☐		**MS** (7-8) ☐		**EX** (9-10) ☐

TRASTORNOS POR DÉFICIT DE ATENCIÓN

Trastorno por déficit de atención (del latín "trans": al otro lado; "tornare": girar en sentido inverso). Los psiquiatras y psicólogos los describen como conductas observables en los niños y jóvenes que muestran ausencia de atención, impulsividad e hiperactividad. Su etiología puede ir ligada a factores genéticos, escolares y ambientales. Fuente: (Canda Moreno et al., 2009; <www.deChile.net>, 2001-2022).

Figura 63

Trauma

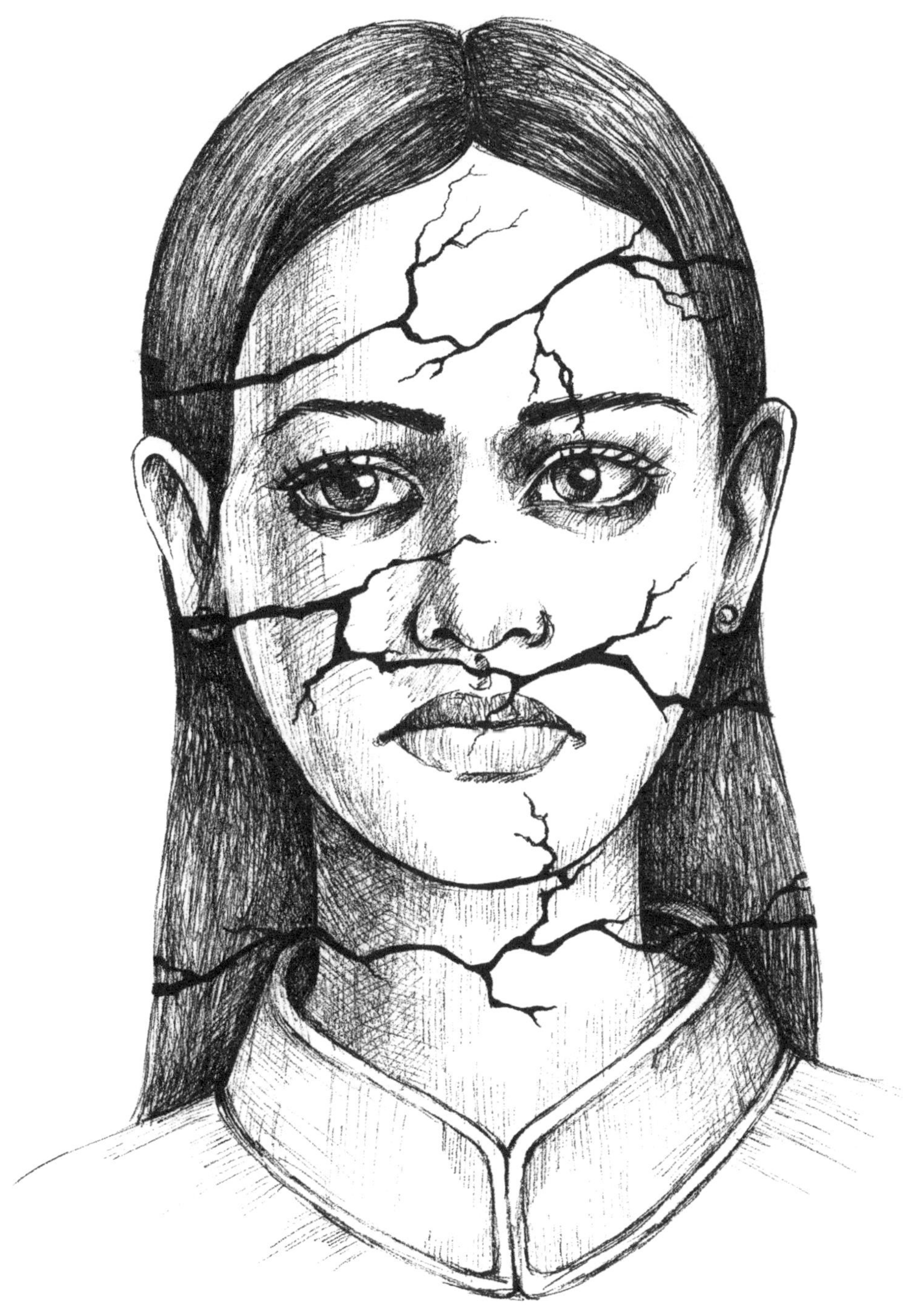

Tabla 63

Torbellino de ideas que te inspira la lámina presentada. Escribe en el espacio punteado (.......) una sola palabra.			EMOCIONES removidas en el/la lector/a. Coloca una cruz **X**	SENTIMIENTOS * despertados por el/la lector/a. Coloca una cruz **X**	HABILIDADES desarrolladas por el/la lector/a. Coloca una cruz **X**	DESCUBRIMIENTOS personales del/a lector/a. Coloca una cruz **X**
Sobre la persona						
del/la **Agresor/a**	de la **Víctima**	del/los **Espectador/es**				
1.-	1.-	1.-	1.- Alegría ☐	1.- Celos **(N)** ☐	1.- Observar ☐	1.- Culpabilidades ☐
			2.- Aceptación ☐	2.- Culpa **(N)** ☐	2.- Reflexionar ☐	2.- Fracasos ☐
2.-	2.-	2.-	3.- Amor ☐	3.- Desesperanza **(N)** ☐	3.- Analizar ☐	3.- Límites ☐
			4.- Anticipación ☐	4.- Frustración **(N)** ☐	4.- Imaginar ☐	4.- Inseguridades ☐
3.-	3.-	3.-	5.- Asco ☐	5.- Hostilidad **(N)** ☐	5.- Expresar ☐	5.- Vulnerabilidad ☐
4.-	4.-	4.-	6.- Aversión ☐	6.- Ira **(N)** ☐	6.- Argumentar ☐	6.- Vergüenzas ☐
			7.- Coraje ☐	7.- Miedo **(N)** ☐	7.- Empatizar ☐	7.- Satisfacciones ☐
5.-	5.-	5.-	8.- Curiosidad ☐	8.- Tristeza **(N)** ☐	8.- Tristeza ☐	8.- Logros ☐
6.-	6.-	6.-	9.- Desagrado ☐	9.- Alegría **(P)** ☐	9.- Filtrar Infor. ☐	9.- Disfrutes ☐
			10.- Esperanza ☐	10.- Amor **(P)** ☐	10.- Interactuar ☐	10.- Habilidades ☐
7.-	7.-	7.-	11.- Expectativa ☐	11.- Esperanza **(P)** ☐	11.- Planificar ☐	
8.-	8.-	8.	12.- Felicidad ☐	12.- Felicidad **(P)** ☐	12.- Tolerar ☐	
			13.- Ira ☐	13.- Gratitud **(P)** ☐	13.- Resolver ☐	
9.-	9.-	9.-	14.- Miedo ☐	14.- Compasión **(P)** ☐	14.- Transformar ☐	
10.-	10.-	10.-	15.- Odio ☐	15.- Sorpresa **(NE)** ☐	15.- Evaluar ☐	

*Positivo **(P)**; Negativo **(N)** y Neutro **(NE)**

AGRUPAMIENTOS para trabajar con el alumnado en el aula. Coloca una cruz **X**	**A.I.** ☐	**T.C.** ☐	**G.G.** ☐				
COMPETENCIAS/ HABILIDADES *Desarrolladas*	**CL** ☐	**STEM** ☐	**CD** ☐	**IEE** ☐	**CPSAA** ☐	**CSC** ☐	**CCEE** ☐
EVALUACIÓN DE LA ACTIVIDAD REALIZADA	**NS** (0-4) ☐		**S** (5-6) ☐		**MS** (7-8) ☐		**EX** (9-10) ☐

TRAUMA

Trauma (del griego "trauma"/"tritroskein": lastimar, herir). Lesión determinada por una causa violenta, también se puede referir al campo psíquico. Referido a efectos patógenos por haber vivido emociones de gran intensidad. Choque emocional que deja huella en el subconsciente. (Ander-Egg, 1997; Canda Moreno et al., 2009).

Tabla 64

Torbellino de ideas que te inspira la lámina presentada. *Escribe en el espacio punteado (.......) una sola palabra.*			EMOCIONES removidas en el/la lector/a. Coloca una cruz **X**	SENTIMIENTOS * despertados por el/la lector/a. Coloca una cruz **X**	HABILIDADES desarrolladas por el/la lector/a. Coloca una cruz **X**	DESCUBRIMIENTOS personales del/a lector/a. Coloca una cruz **X**
Sobre la persona						
del/la **Agresor/a**	de la **Víctima**	del/los **Espectador/es**				
1.-	1.-	1.-	1.- Alegría ☐	1.- Celos **(N)** ☐	1.- Observar ☐	1.- Culpabilidades ☐
			2.- Aceptación ☐	2.- Culpa **(N)** ☐	2.- Reflexionar ☐	2.- Fracasos ☐
2.-	2.-	2.-	3.- Amor ☐	3.- Desesperanza **(N)** ☐	3.- Analizar ☐	3.- Límites ☐
			4.- Anticipación ☐	4.- Frustración **(N)** ☐	4.- Imaginar ☐	4.- Inseguridades ☐
3.-	3.-	3.-	5.- Asco ☐	5.- Hostilidad **(N)** ☐	5.- Expresar ☐	5.- Vulnerabilidad ☐
4.-	4.-	4.-	6.- Aversión ☐	6.- Ira **(N)** ☐	6.- Argumentar ☐	6.- Vergüenzas ☐
5.-	5.-	5.-	7.- Coraje ☐	7.- Miedo **(N)** ☐	7.- Empatizar ☐	7.- Satisfacciones ☐
			8.- Curiosidad ☐	8.- Tristeza **(N)** ☐	8.- Tristeza ☐	8.- Logros ☐
6.-	6.-	6.-	9.- Desagrado ☐	9.- Alegría **(P)** ☐	9.- Filtrar Infor. ☐	9.- Disfrutes ☐
7.-	7.-	7.-	10.- Esperanza ☐	10.- Amor **(P)** ☐	10.- Interactuar ☐	10.- Habilidades ☐
			11.- Expectativa ☐	11.- Esperanza **(P)** ☐	11.- Planificar ☐	
8.-	8.-	8.-	12.- Fellcldad ☐	12.- Fellcldad **(P)** ☐	12.- Tolerar ☐	
			13.- Ira ☐	13.- Gratitud **(P)** ☐	13.- Resolver ☐	
9.-	9.-	9.-	14.- Miedo ☐	14.- Compasión **(P)** ☐	14.- Transformar ☐	
10.-	10.-	10.-	15.- Odio ☐	15.- Sorpresa **(NE)** ☐	15.- Evaluar ☐	

*Positivo **(P)**; Negativo **(N)** y Neutro **(NE)**

AGRUPAMIENTOS para trabajar con el alumnado en el aula. Coloca una cruz **X**	A.I. ☐	T.C. ☐	G.G. ☐				
COMPETENCIAS/ HABILIDADES *Desarrolladas*	CL ☐	STEM ☐	CD ☐	IEE ☐	CPSAA ☐	CSC ☐	CCEE ☐
EVALUACIÓN DE LA ACTIVIDAD REALIZADA	**NS** (0-4) ☐		**S** (5-6) ☐		**MS** (7-8) ☐		**EX** (9-10) ☐

TRISTEZA

Tristeza (del latín "tristis": triste, apenado). Situación de peligro para la integridad física o bienestar de una persona. Se presenta de forma brusca y duradera. La tristeza puede silenciar a la persona y la mente se hunde, las extremidades se desploman y se nota una sensación de derrumbe y agotamiento. El exceso de "bilis negra" (humor), causaba la tristeza, según los médicos del Renacimiento. Fuente: (Farré, 1999; <www.deChile.net>, 2001-2022; Watt, 2015).

Figura 65

Suicicio

Tabla 65

Torbellino de ideas que te inspira la lámina presentada. _Escribe en el espacio punteado (.......) una sola palabra._ Sobre la persona			EMOCIONES removidas en el/la lector/a. Coloca una cruz **X**	SENTIMIENTOS * despertados por el/la lector/a. Coloca una cruz **X**	HABILIDADES desarrolladas por el/la lector/a. Coloca una cruz **X**	DESCUBRIMIENTOS personales del/a lector/a. Coloca una cruz **X**
del/la **Agresor/a**	de la **Víctima**	del/los **Espectador/es**				
1.-	1.-	1.-	1.- Alegría ☐	1.- Celos **(N)** ☐	1.- Observar ☐	1.- Culpabilidades ☐
			2.- Aceptación ☐	2.- Culpa **(N)** ☐	2.- Reflexionar ☐	2.- Fracasos ☐
2.-	2.-	2.-	3.- Amor ☐	3.- Desesperanza **(N)** ☐	3.- Analizar ☐	3.- Límites ☐
			4.- Anticipación ☐	4.- Frustración **(N)** ☐	4.- Imaginar ☐	4.- Inseguridades ☐
3.-	3.-	3.-	5.- Asco ☐	5.- Hostilidad **(N)** ☐	5.- Expresar ☐	5.- Vulnerabilidad ☐
4.-	4.-	4.-	6.- Aversión ☐	6.- Ira **(N)** ☐	6.- Argumentar ☐	6.- Vergüenzas ☐
5.-	5.-	5.-	7.- Coraje ☐	7.- Miedo **(N)** ☐	7.- Empatizar ☐	7.- Satisfacciones ☐
			8.- Curiosidad ☐	8.- Tristeza **(N)** ☐	8.- Tristeza ☐	8.- Logros ☐
6.-	6.-	6.-	9.- Desagrado ☐	9.- Alegría **(P)** ☐	9.- Filtrar Infor. ☐	9.- Disfrutes ☐
7.-	7.-	7.-	10.- Esperanza ☐	10.- Amor **(P)** ☐	10.- Interactuar ☐	10.- Habilidades ☐
			11.- Expectativa ☐	11.- Esperanza **(P)** ☐	11.- Planificar ☐	
8.-	8.	8.-	12.- Felicidad ☐	12.- Felicidad **(P)** ☐	12.- Tolerar ☐	
9.-	9.-	9.-	13.- Ira ☐	13.- Gratitud **(P)** ☐	13.- Resolver ☐	
			14.- Miedo ☐	14.- Compasión **(P)** ☐	14.- Transformar ☐	
10.-	10.-	10.-	15.- Odio ☐	15.- Sorpresa **(NE)** ☐	15.- Evaluar ☐	

*Positivo **(P)**; Negativo **(N)** y Neutro **(NE)**

AGRUPAMIENTOS para trabajar con el alumnado en el aula. Coloca una cruz **X**	A.I. ☐	T.C. ☐	G.G. ☐				
COMPETENCIAS/ HABILIDADES _Desarrolladas_	CL ☐	STEM ☐	CD ☐	IEE ☐	CPSAA ☐	CSC ☐	CCEE ☐
EVALUACIÓN DE LA ACTIVIDAD REALIZADA	NS (0-4) ☐		S (5-6) ☐		MS (7-8) ☐		EX (9-10) ☐

SUICIDIO

Suicidio (del latín "suicidium", "sui": de sí; y "cidium", "caedere": cortar matar). El pensamiento suicida incluye sentimientos de soledad, pocas habilidades sociales, baja autoestima, escasas estrategias para enfrentarse a los problemas, las dificultades y la frustración. Las tentativas de suicidio son una llamada de atención y una petición de ayuda. Fuente: (Martos, 2020; Urra, 2018; <www.deChile.net>, 2001-2022).

7

MEDIDAS DE INTERVENCIÓN EN EL CENTRO EDUCATIVO

Dado que ya se han explicado en otros apartados las diversas actividades a realizar con los tres componentes del triángulo agresivo (agresor, víctima y espectadores), únicamente se citan las dos medidas propuestas desde el seno del centro educativo. Se hace referencia a los mediadores y a la nueva figura que desde el curso 2022-2023, es necesaria y de obligado cumplimiento, en los entornos escolares. Se trata del Coordinador de Bienestar Emocional (COBI). De ambas figuras, se hace eco el presente libro (Figuras 66 y 67) y se trabajan con sus correspondientes Tablas (66 y 67).

Tabla 66

Torbellino de ideas que te inspira la lámina presentada. *Escribe en el espacio punteado (.......) una sola palabra.*			EMOCIONES removidas en el/la lector/a. Coloca una cruz **X**	SENTIMIENTOS * despertados por el/la lector/a. Coloca una cruz **X**	HABILIDADES desarrolladas por el/la lector/a. Coloca una cruz **X**	DESCUBRIMIENTOS personales del/a lector/a. Coloca una cruz **X**
Sobre la persona						
del/la **Agresor/a**	de la **Víctima**	del/los **Espectador/es**				
1.-	1.-	1.-	1.- Alegría ☐	1.- Celos **(N)** ☐	1.- Observar ☐	1.- Culpabilidades ☐
2.-	2.-	2.-	2.- Aceptación ☐	2.- Culpa **(N)** ☐	2.- Reflexionar ☐	2.- Fracasos ☐
3.-	3.-	3.-	3.- Amor ☐	3.- Desesperanza **(N)** ☐	3.- Analizar ☐	3.- Límites ☐
4.-	4.-	4.-	4.- Anticipación ☐	4.- Frustración **(N)** ☐	4.- Imaginar ☐	4.- Inseguridades ☐
5.-	5.-	5.-	5.- Asco ☐	5.- Hostilidad **(N)** ☐	5.- Expresar ☐	5.- Vulnerabilidad ☐
6.-	6.-	6.-	6.- Aversión ☐	6.- Ira **(N)** ☐	6.- Argumentar ☐	6.- Vergüenzas ☐
7.-	7.-	7.-	7.- Coraje ☐	7.- Miedo **(N)** ☐	7.- Empatizar ☐	7.- Satisfacciones ☐
8.-	8.-	8.-	8.- Curiosidad ☐	8.- Tristeza **(N)** ☐	8.- Tristeza ☐	8.- Logros ☐
9.-	9.-	9.-	9.- Desagrado ☐	9.- Alegría **(P)** ☐	9.- Filtrar Infor. ☐	9.- Disfrutes ☐
10.-	10.-	10.-	10.- Esperanza ☐	10.- Amor **(P)** ☐	10.- Interactuar ☐	10.- Habilidades ☐
			11.- Expectativa ☐	11.- Esperanza **(P)** ☐	11.- Planificar ☐	
			12.- Felicidad ☐	12.- Felicidad **(P)** ☐	12.- Tolerar ☐	
			13.- Ira ☐	13.- Gratitud **(P)** ☐	13.- Resolver ☐	
			14.- Miedo ☐	14.- Compasión **(P)** ☐	14.- Transformar ☐	
			15.- Odio ☐	15.- Sorpresa **(NE)** ☐	15.- Evaluar ☐	

*Positivo **(P)**; Negativo **(N)** y Neutro **(NE)**

AGRUPAMIENTOS para trabajar con el alumnado en el aula. Coloca una cruz **X**	**A.I.** ☐	**T.C.** ☐	**G.G.** ☐				
COMPETENCIAS/ HABILIDADES *Desarrolladas*	**CL** ☐	**STEM** ☐	**CD** ☐	**IEE** ☐	**CPSAA** ☐	**CSC** ☐	**CCEE** ☐
EVALUACIÓN DE LA ACTIVIDAD REALIZADA	**NS** (0-4) ☐		**S** (5-6) ☐		**MS** (7-8) ☐		**EX** (9-10) ☐

MEDIADORES ESCOLARES

Mediador (del latín "mediator-ris": el que trata de encontrar un punto medio que puede ser aceptado por ambas partes. "Medius": medio. Y el sufijo "-dor": agente, el que hace la acción). El patio de recreo es el punto de mayor conflictividad en la convivencia en los centros educativos. Diversos estudios de investigación así lo atestiguan. (Lodeiro, 2001) encuentra un 20% de acoso en el patio de recreo; Pareja (2002) detecta un 9,8%; Oñederra y col. (2005) encuentran un 60%, Serrano & Iborra (2005) constatan un 53,3%; Tresgallo (2021) señala un porcentaje del 26,4%.

Coordinadora de Bienestar Emocional (COBI)

Tabla 67

Torbellino de ideas que te inspira la lámina presentada. Escribe en el espacio punteado (.......) una sola palabra.			EMOCIONES removidas en el/la lector/a. Coloca una cruz **X**	SENTIMIENTOS * despertados por el/la lector/a. Coloca una cruz **X**	HABILIDADES desarrolladas por el/la lector/a. Coloca una cruz **X**	DESCUBRIMIENTOS personales del/a lector/a. Coloca una cruz **X**
Sobre la persona						
del/la **Agresor/a**	de la **Víctima**	del/los **Espectador/es**				
1.-	1.-	1.-	1.- Alegría ☐	1.- Celos **(N)** ☐	1.- Observar ☐	1.- Culpabilidades ☐
			2.- Aceptación ☐	2.- Culpa **(N)** ☐	2.- Reflexionar ☐	2.- Fracasos ☐
2.-	2.-	2.-	3.- Amor ☐	3.- Desesperanza **(N)** ☐	3.- Analizar ☐	3.- Límites ☐
			4.- Anticipación ☐	4.- Frustración **(N)** ☐	4.- Imaginar ☐	4.- Inseguridades ☐
3.-	3.-	3.-	5.- Asco ☐	5.- Hostilidad **(N)** ☐	5.- Expresar ☐	5.- Vulnerabilidad ☐
4.-	4.-	4.-	6.- Aversión ☐	6.- Ira **(N)** ☐	6.- Argumentar ☐	6.- Vergüenzas ☐
			7.- Coraje ☐	7.- Miedo **(N)** ☐	7.- Empatizar ☐	7.- Satisfacciones ☐
5.-	5.-	5.-	8.- Curiosidad ☐	8.- Tristeza **(N)** ☐	8.- Tristeza ☐	8.- Logros ☐
6.-	6.-	6.-	9.- Desagrado ☐	9.- Alegría **(P)** ☐	9.- Filtrar Infor. ☐	9.- Disfrutes ☐
7.-	7.-	7.-	10.- Esperanza ☐	10.- Amor **(P)** ☐	10.- Interactuar ☐	10.- Habilidades ☐
			11.- Expectativa ☐	11.- Esperanza **(P)** ☐	11.- Planificar ☐	
8.-	8.-	8.-	12.- Felicidad ☐	12.- Felicidad **(P)** ☐	12.- Tolerar ☐	
9.-	9.-	9.-	13.- Ira ☐	13.- Gratitud **(P)** ☐	13.- Resolver ☐	
			14.- Miedo ☐	14.- Compasión **(P)** ☐	14.- Transformar ☐	
10.-	10.-	10.-	15.- Odio ☐	15.- Sorpresa **(NE)** ☐	15.- Evaluar ☐	

*Positivo **(P)**; Negativo **(N)** y Neutro **(NE)**

AGRUPAMIENTOS para trabajar con el alumnado en el aula. Coloca una cruz **X**	**A.I.** ☐	**T.C.** ☐	**G.G.** ☐				
COMPETENCIAS/ HABILIDADES *Desarrolladas*	**CL** ☐	**STEM** ☐	**CD** ☐	**IEE** ☐	**CPSAA** ☐	**CSC** ☐	**CCEE** ☐
EVALUACIÓN DE LA ACTIVIDAD REALIZADA	**NS** (0-4) ☐		**S** (5-6) ☐		**MS** (7-8) ☐		**EX** (9-10) ☐

COORDINADORA DE BIENESTAR EMOCIONAL (COBI)

El Coordinador o Coordinadora de Bienestar Emocional, es un papel que comienza a ser efectivo a partir del curso 2022-2023, acorde con las exigencias de la Ley Orgánica 8/2021de 4 de junio, de Protección Integral a la Infancia y a la Adolescencia frente a la Violencia (LOPIVI, 8/2021 de 4 de junio). Queda recogido en el Artículo 35 de la citada ley. Tiene como objetivos: garantizar los derechos fundamentales de los niños, proteger su integridad física, psíquica, psicológica y moral frente a la violencia, permitir el desarrollo de su personalidad y la protección integral. Su ámbito de aplicación es para todo el territorio español y protege a los menores de edad que se encuentren en España, independientemente de su nacionalidad. Afecta a cualquier centro educativo, independientemente de su titularidad. En Galicia, la persona que encarna dicha figura pertenece al departamento de orientación, el cual vela por la salud y bienestar emocional del alumnado. La persona que lleva a cabo dicha coordinación deberá favorecer la formación específica en materia de seguridad, uso seguro y responsable de Internet.

MEDIDAS DE INTERVENCIÓN FUERA DEL CENTRO EDUCATIVO

Fuera del centro educativo se facilitan datos eminentemente prácticos (con sus respectivos teléfonos) de dos instituciones para llamar en caso de necesidad y recibir la pertinente ayuda. Se trata la Asociación contra el Acoso Escolar de Asturias (Figura 68) y la Ayuda a Niños y Adolescentes en Riesgo (ANAR), Figura 69. A ambas instituciones se les ha pedido el pertinente permiso para figurar en el presente libro. También figura La Barandilla para ayudar a prevenir el suicidio (Figura 70).

Figura 68

ACAE (Asturias)

Tabla 68

Torbellino de ideas que te inspira la lámina presentada. _Escribe en el espacio punteado (.......) una sola palabra._			EMOCIONES removidas en el/la lector/a. Coloca una cruz **X**	SENTIMIENTOS * despertados por el/la lector/a. Coloca una cruz **X**	HABILIDADES desarrolladas por el/la lector/a. Coloca una cruz **X**	DESCUBRIMIENTOS personales del/a lector/a. Coloca una cruz **X**
Sobre la persona						
del/la **Agresor/a**	de la **Víctima**	del/los **Espectador/es**				
1.-	1.-	1.-	1.- Alegría ☐	1.- Celos **(N)** ☐	1.- Observar ☐	1.- Culpabilidades ☐
2.-	2.-	2.-	2.- Aceptación ☐	2.- Culpa **(N)** ☐	2.- Reflexionar ☐	2.- Fracasos ☐
3.-	3.-	3.-	3.- Amor ☐	3.- Desesperanza **(N)** ☐	3.- Analizar ☐	3.- Límites ☐
			4.- Anticipación ☐	4.- Frustración **(N)** ☐	4.- Imaginar ☐	4.- Inseguridades ☐
4.-	4.-	4.-	5.- Asco ☐	5.- Hostilidad **(N)** ☐	5.- Expresar ☐	5.- Vulnerabilidad ☐
5.-	5.-	5.-	6.- Aversión ☐	6.- Ira **(N)** ☐	6.- Argumentar ☐	6.- Vergüenzas ☐
			7.- Coraje ☐	7.- Miedo **(N)** ☐	7.- Empatizar ☐	7.- Satisfacciones ☐
6.-	6.-	6.-	8.- Curiosidad ☐	8.- Tristeza **(N)** ☐	8.- Tristeza ☐	8.- Logros ☐
7.-	7.-	7.-	9.- Desagrado ☐	9.- Alegría **(P)** ☐	9.- Filtrar Infor. ☐	9.- Disfrutes ☐
			10.- Esperanza ☐	10.- Amor **(P)** ☐	10.- Interactuar ☐	10.- Habilidades ☐
8.	8.-	8 -	11.- Expectativa ☐	11.- Esperanza **(P)** ☐	11.- Planificar ☐	
			12.- Felicidad ☐	12.- Felicidad **(P)** ☐	12.- Tolerar ☐	
9.-	9.-	9.-	13.- Ira ☐	13.- Gratitud **(P)** ☐	13.- Resolver ☐	
			14.- Miedo ☐	14.- Compasión **(P)** ☐	14.- Transformar ☐	
10.-	10.-	10.-	15.- Odio ☐	15.- Sorpresa **(NE)** ☐	15.- Evaluar ☐	

*Positivo **(P)**; Negativo **(N)** y Neutro **(NE)**

AGRUPAMIENTOS para trabajar con el alumnado en el aula. Coloca una cruz **X**	**A.I.** ☐	**T.C.** ☐	**G.G.** ☐				
COMPETENCIAS/ HABILIDADES _Desarrolladas_	**CL** ☐	**STEM** ☐	**CD** ☐	**IEE** ☐	**CPSAA** ☐	**CSC** ☐	**CCEE** ☐
EVALUACIÓN DE LA ACTIVIDAD REALIZADA	**NS** (0-4) ☐		**S** (5-6) ☐		**MS** (7-8) ☐		**EX** (9-10) ☐

ACAE (ASTURIAS)

Entidad estatal fundada y dirigida por Encarna García (2004) y radicada en Asturias. Tomé (2011) señala que, en el año 2011, las consultas efectuadas ascendían a 1.100 posibles casos de episodios bullying. Muchos de ellos, proceden del País Vasco. En esta comunidad ya en dicha época, figuraban 150 casos sin resolver, con el peligro de cronificarse en el tiempo. En el 2022 se contabilizaron 427 casos. Las llamadas para pedir ayuda proceden de todo el país y la atención es totalmente altruista. En multitud de ocasiones, las familias no dan parte por escrito a las inspecciones educativas, por miedo. Los casos más graves y frecuentes, los protagonizan las niñas.

Figura 69

Ayuda a Niños y Adolescentes en Riesgo (ANAR)

Tabla 69

Torbellino de ideas que te inspira la lámina presentada. *Escribe en el espacio punteado (.......) una sola palabra.*			EMOCIONES removidas en el/la lector/a. Coloca una cruz **X**	SENTIMIENTOS * despertados por el/la lector/a. Coloca una cruz **X**	HABILIDADES desarrolladas por el/la lector/a. Coloca una cruz **X**	DESCUBRIMIENTOS personales del/a lector/a. Coloca una cruz **X**
Sobre la persona						
del/la **Agresor/a**	de la **Víctima**	del/los **Espectador/es**				
1.-	1.-	1.-	1.- Alegría ☐	1.- Celos **(N)** ☐	1.- Observar ☐	1.- Culpabilidades ☐
			2.- Aceptación ☐	2.- Culpa **(N)** ☐	2.- Reflexionar ☐	2.- Fracasos ☐
2.-	2.-	2.-	3.- Amor ☐	3.- Desesperanza **(N)** ☐	3.- Analizar ☐	3.- Límites ☐
			4.- Anticipación ☐	4.- Frustración **(N)** ☐	4.- Imaginar ☐	4.- Inseguridades ☐
3.-	3.-	3.-	5.- Asco ☐	5.- Hostilidad **(N)** ☐	5.- Expresar ☐	5.- Vulnerabilidad ☐
4.-	4.-	4.-	6.- Aversión ☐	6.- Ira **(N)** ☐	6.- Argumentar ☐	6.- Vergüenzas ☐
5.-	5.-	5.-	7.- Coraje ☐	7.- Miedo **(N)** ☐	7.- Empatizar ☐	7.- Satisfacciones ☐
			8.- Curiosidad ☐	8.- Tristeza **(N)** ☐	8.- Tristeza ☐	8.- Logros ☐
6.-	6.-	6.-	9.- Desagrado ☐	9.- Alegría **(P)** ☐	9.- Filtrar Infor. ☐	9.- Disfrutes ☐
7.-	7.-	7.-	10.- Esperanza ☐	10.- Amor **(P)** ☐	10.- Interactuar ☐	10.- Habilidades ☐
			11.- Expectativa ☐	11.- Esperanza **(P)** ☐	11.- Planificar ☐	
8.-	8.-	8.-	12.- Felicidad ☐	12.- Felicidad **(P)** ☐	12.- Tolerar ☐	
9.-	9.-	9.-	13.- Ira ☐	13.- Gratitud **(P)** ☐	13.- Resolver ☐	
			14.- Miedo ☐	14.- Compasión **(P)** ☐	14.- Transformar ☐	
10.-	10.-	10.-	15.- Odio ☐	15.- Sorpresa **(NE)** ☐	15.- Evaluar ☐	

*Positivo **(P)**; Negativo **(N)** y Neutro **(NE)**

AGRUPAMIENTOS para trabajar con el alumnado en el aula. Coloca una cruz **X**	**A.I.** ☐		**T.C.** ☐		**G.G.** ☐		
COMPETENCIAS/ HABILIDADES *Desarrolladas*	**CL** ☐	**STEM** ☐	**CD** ☐	**IEE** ☐	**CPSAA** ☐	**CSC** ☐	**CCEE** ☐
EVALUACIÓN DE LA ACTIVIDAD REALIZADA	**NS** (0-4) ☐		**S** (5-6) ☐		**MS** (7-8) ☐		**EX** (9-10) ☐

Figura 70

La Barandilla

LA BARANDILLA
911 385 385

Tabla 70

Torbellino de ideas que te inspira la lámina presentada. *Escribe en el espacio punteado (.......) una sola palabra.*			EMOCIONES removidas en el/la lector/a. Coloca una cruz **X**	SENTIMIENTOS * despertados por el/la lector/a. Coloca una cruz **X**	HABILIDADES desarrolladas por el/la lector/a. Coloca una cruz **X**	DESCUBRIMIENTOS personales del/a lector/a. Coloca una cruz **X**
Sobre la persona						
del/la **Agresor/a**	de la **Víctima**	del/los **Espectador/es**				
1.-	1.-	1.-	1.- Alegría ☐	1.- Celos **(N)** ☐	1.- Observar ☐	1.- Culpabilidades ☐
2.-	2.-	2.-	2.- Aceptación ☐	2.- Culpa **(N)** ☐	2.- Reflexionar ☐	2.- Fracasos ☐
3.-	3.-	3.-	3.- Amor ☐	3.- Desesperanza **(N)** ☐	3.- Analizar ☐	3.- Límites ☐
4.-	4.-	4.-	4.- Anticipación ☐	4.- Frustración **(N)** ☐	4.- Imaginar ☐	4.- Inseguridades ☐
5.-	5.-	5.-	5.- Asco ☐	5.- Hostilidad **(N)** ☐	5.- Expresar ☐	5.- Vulnerabilidad ☐
6.-	6.-	6.-	6.- Aversión ☐	6.- Ira **(N)** ☐	6.- Argumentar ☐	6.- Vergüenzas ☐
7.-	7.-	7.-	7.- Coraje ☐	7.- Miedo **(N)** ☐	7.- Empatizar ☐	7.- Satisfacciones ☐
8.-	8.-	8.-	8.- Curiosidad ☐	8.- Tristeza **(N)** ☐	8.- Tristeza ☐	8.- Logros ☐
9.-	9.-	9.-	9.- Desagrado ☐	9.- Alegría **(P)** ☐	9.- Filtrar Infor. ☐	9.- Disfrutes ☐
10.-	10.-	10.-	10.- Esperanza ☐	10.- Amor **(P)** ☐	10.- Interactuar ☐	10.- Habilidades ☐
			11.- Expectativa ☐	11.- Esperanza **(P)** ☐	11.- Planificar ☐	
			12.- Felicidad ☐	12.- Felicidad **(P)** ☐	12.- Tolerar ☐	
			13.- Ira ☐	13.- Gratitud **(P)** ☐	13.- Resolver ☐	
			14.- Miedo ☐	14.- Compasión **(P)** ☐	14.- Transformar ☐	
			15.- Odio ☐	15.- Sorpresa **(NE)** ☐	15.- Evaluar ☐	

*Positivo **(P)**; Negativo **(N)** y Neutro **(NE)**

AGRUPAMIENTOS para trabajar con el alumnado en el aula. Coloca una cruz **X**	**A.I.** ☐	**T.C.** ☐	**G.G.** ☐				
COMPETENCIAS/ HABILIDADES *Desarrolladas*	**CL** ☐	**STEM** ☐	**CD** ☐	**IEE** ☐	**CPSAA** ☐	**CSC** ☐	**CCEE** ☐
EVALUACIÓN DE LA ACTIVIDAD REALIZADA	**NS** (0-4) ☐		**S** (5-6) ☐		**MS** (7-8) ☐		**EX** (9-10) ☐

LA BARANDILLA

La Asociación La Barandilla nace en 2016. Está formada por personas con discapacidad, familiares y profesionales de la salud, rehabilitación y reinserción social. Se trata de una asociación sin ánimo de lucro, cuyos integrantes están impregnados por ánimo y la fuerza suficiente, para emprender múltiples proyectos y llevarlos a buen término. La persona que piensa en suicidarse "realmente no quiere morir" sino "librarse de un profundo dolor emocional". Fuente. (https://www.labarandilla.org/). Además del teléfono facilitado en la figura 70, las personas que lo necesiten, también pueden ponerse en contacto con dicha Asociación, por medio del correo electrónico que se facilita seguidamente: info@labarandilla.org

VOCABULARIO TÉCNICO

Acorde con el Manual Diagnóstico y Estadístico de Trastornos Mentales (DSM-5)

El presente vocabulario tiene por objeto dar a conocer algunas de las secuelas que ocasiona el acoso escolar en sus dos modalidades (bullying y cyberbullying). Se hace un esfuerzo especial, dado que se facilita la clasificación de algunas de ellas, que son consideradas como **trastornos** por la Asociación Americana de Psiquiatría (DSM-5). Dicha entidad realiza una guía práctica, funcional y flexible para organizar la información que facilite el **diagnóstico preciso y el tratamiento de los trastornos mentales** que figuran en la misma. Es un instrumento que pretende ayudar a clínicos, psiquiatras, investigadores, forenses, letrados y estudiantes.

El autor de este volumen pretende, además, acercar también los códigos de clasificación, para que el profesorado y de manera especial los departamentos de orientación, puedan familiarizarse con las clasificaciones que más utilizan y que deben ir nombrando con mayor rigurosidad y profesionalidad en la elaboración de sus informes.

A modo de ejemplo: si un alumno sufre un problema académico o educativo en general la APA (DSM-5) lo ha clasificado con unos códigos. El código establecido por dicha asociación es el que sigue y ya vienen dados. Código de clasificación: **V62.3** (Z55.9) (723). Para familiarizarse con los que figuran en las secuelas, se puede acudir al vocabulario científico, acorde con el Manual Diagnóstico y Estadístico de Trastornos Mentales (DSM-5). Se puede observar que hay alguna de las secuelas que aún no están clasificadas en dicho manual. Por ello, figuran como no clasificadas o "sin catalogar" en esta obra.

Abulia

Definición:

Farré (1999) la define como el deterioro de la voluntad para actuar. Esto se traduce en una indecisión e impotencia. Es una perturbación propia de la depresión y la melancolía. Presente también en algunos tipos de esquizofrenia. Saz (2000) la define como un debilitamiento de la voluntad de actuar, que conlleva un sentimiento continuado de impotencia. Perturbación bastante frecuente en las personas obsesivas y las que sufren depresión. La RAE (2022) indica que procede del griego (*aboulía*) y significa pasividad, desinterés y falta de voluntad. Bvgpsicologia.com (2022) lo define como una apatía extrema con falta de energía, sensación de vacío y pocas ganas para llevar a cabo cualquier iniciativa. https://bvgpsicologia.com/abulia-que-es-causas-sintomas-y-tratamiento/

Clasificación del DSM-5: *Sin catalogar.*

Características:

- Disminución de las relaciones sociales.
- Falta notable de compromiso.
- Ausencia de toma de decisiones.
- Pocas ganas de realizar actividad física.
- Cansancio generalizado.
- Estado de bloqueo personal y poca toma de decisiones.
- Abandono del cuidado personal y de la propia imagen.
- Somnolencia.

Absentismo escolar

Definición:

Cruz (2020) lo define como la inasistencia injustificada a las aulas de un menor en edad de escolarización obligatoria, que en España se circunscribe a los niños y niñas de entre los 6 a los 16 años. El 28% han faltado 1 ó 2 días; dos o más días el 24%; 3 ó 4 días el 30% y más de 5 días el 1%.

Clasificación del DSM-5: *Problema académico o educativo V62.3 (Z55.9) (723).*

Características:

- El alumnado que falta a clase puede tener bajas expectativas familiares y/o personales.
- El alumnado que no acude al centro educativo puede estar sufriendo bullying.
- La oferta formativa de la escuela es poco atractiva, monótona y poco útil.
- El alumnado piensa que la oferta de la escuela no permite ni facilita el acceso al mundo laboral.
- Algunos alumnos creen que pueden lograr trabajo rápido en las redes sociales, con menos esfuerzo y dedicación (influencers, youtubers, instagramers, etc.).
- El discente puede tener altas capacidades y en clase se aburre (no recibe lo que necesita).

AGORAFOBIA

Definición:

El sujeto teme o evita dichas situaciones debido a la idea de que escapar podría ser difícil o no dispondría de la ayuda necesaria; si aparecen síntomas de pánico u otros indicios incapacitantes o embarazosos (por ejemplo: un anciano puede tener miedo a caer en la calle y por ello no sale).

Clasificación del DSM-5: *300.22 (F40.00).*

Características:

- Miedo a utilizar transportes (autocares, automóviles, aviones, barcos, etc.).
- Temor a permanecer en lugares abiertos (mercados, puentes, etc.).
- Imposibilidad de permanecer en lugares cerrados (ascensores, cines, teatros, etc.).
- Hacer cola o permanecer en medio de una multitud (pescadería, carnicería, etc.).
- Encontrarse a solas, sin compañía, fuera de casa.
- Trata de ir siempre acompañado.
- Evita quedarse a solas en casa.

ANGUSTIA - TRASTORNO DE ANGUSTIA

Definición:

Carral (2022) indica que se caracterizan por presentar variadas crisis de ansiedad o de pánico, seguidas de miedo a la reaparición de los síntomas. Pueden durar alrededor de una hora y van acompañadas de un cortejo vegetativo (sequedad de boca, abundante sudoración, problemas abdominales, problemas de respiración y miedo).

Clasificación del DSM-5: *CIE-10.*

Características:

- Dolor torácico.
- Sensación de mareo.
- Entumecimiento.
- Abundante sudoración.
- Agitación y/o temblores.

ANOREXIA - TRASTORNO DE EVITACIÓN/RESTRICCIÓN DE INGESTIÓN DE ALIMENTOS

Definición:

Trastorno alimentario o de la ingestión de alimento (falta de interés aparente por comer o alimentarse; evitación a causa de las características organolépticas de los alimentos; preocupación en relación a las consecuencias repulsivas de la acción de comer). Se pone de manifiesto por el fracaso persistente para cumplir las adecuadas necesidades nutritivas y/o energéticas asociadas a uno o más de los hechos que se citan a continuación.

Clasificación del DSM-5: *307.59 (F50.8).*

Características:

- Pérdida significativa de peso o fracaso para lograr el aumento y/o crecimiento esperado del mismo.
- Deficiencia nutritiva relevante.
- Dependencia de la alimentación enteral o de suplementos nutritivos por vía oral.
- Interferencia comprobable en el funcionamiento psicosocial.

ANSIEDAD (TRASTORNO)

Definición:

Preocupación excesiva (anticipación aprensiva) que se produce durante más días de los que ha estado ausente un mínimo de seis meses, en relación con los diversos sucesos o actividades (como la actividad escolar o laboral). La ansiedad se define como la presencia de dos o más de los síntomas que se citan, durante la mayoría de los días de un episodio de depresión mayor o trastorno depresivo persistente (distimia).

Clasificación del DSM-5: *311 (F32.9).*

Características:

- El alumnado se muestra nervioso y/o tenso.
- Inquietud generalizada.
- Dificultades para la concentración dado el cúmulo de preocupaciones (o tensiones).
- Manifestaciones de miedo a que pueda suceder algo grave o terrible.

- Sensación de que se puede perder el control sobre uno mismo.
- Se considera leve cuando se muestran dos síntomas; moderado, cuando son tres; y moderado grave, en el caso de que sean cuatro o cinco síntomas.

ATRIBUCIÓN FALSA

Definición:

Farré (1999) señala que dicho término hace referencia a las explicaciones que alguien atribuye a su forma de comportarse. Dicha teoría de la atribución proviene de la psicología social, la cual permite a las personas explicar su conducta. Habitualmente el ser humano, explica la conducta de los demás teniendo en cuenta sus predisposiciones y las causas internas.

Schaub y Zenke (2001) indican que se trata de una palabra procedente del latín "attribuere": asignar, imputar. Proceso de la adquisición de causas para la conducta de la persona humana. Puede tener motivos que están en mí ("autoa") o motivos que están fuera de mí ("heteroa"). De esta manera se pueden valorar positiva o negativamente. Tiene mucha importancia para la conducta futura, influyendo en el concepto que cada persona tiene de sí misma. La persona "perdedora" cuando se presenten los problemas, tenderá a justificar su situación en la autoa (causas que están fuera de mí). En contraposición, la persona que anhela y busca éxitos, la mayor parte de las veces, se los atribuye a la propia capacidad y al esfuerzo personal (autoa *positiva*).

Clasificación del DSM-5: *No catalogado.*

Características:

- La falsa atribución es propia de estados depresivos.
- Se justifican los fracasos a causas internas de tipo personal ("soy muy despistado", "tuve mala suerte", etc.).
- Dicha actitud disminuye la autoestima.
- Puede desencadenar trastornos de ansiedad.
- Puede desvirtuar la realidad.
- La verdadera atribución fomenta el esfuerzo personal y favorece la autoestima.

DELINCUENCIA

Definición:

Schaub y Zenke (2001) facilitan la procedencia de la palabra (del latín *"delinquere"*: cometer una falta, faltar, ser culpable de algo. En inglés *"delinquency"*). Infracciones menores, llevadas a cabo por niños y jóvenes.

Clasificación del DSM-5: *V62.89 (Z65.4).*

Características:

- Puede obedecer a causas diversas (personales, familiares, escolares, etc.).
- En ocasiones tiene su génesis en el desamparo familiar.
- Puede obedecer a una manifiesta ausencia de límites y normas familiares.
- Algunos niños y jóvenes son influenciados por las bandas y comienzan a ejercer la violencia.
- Presenta trascendencia el visionado de películas, series o videojuegos en las que se da una manipulación que incita a cometer delitos y agresiones sexuales en grupo ("manadas"): En estos casos, la responsabilidad queda diluida en el grupo.

DEPRESIÓN – TRASTORNO DEPRESIVO DE DESREGULACIÓN DESTRUCTIVA DEL ÁNIMO

Definición:

Canda et al., (2009) lo definen como un decaimiento del ánimo o la voluntad. Estado patológico en el que se da una disminución de la actividad psíquica y que afecta especialmente al componente afectivo de la personalidad.

Clasificación del DSM-5: *296.99 (F34.8).*

Características:

- El joven manifiesta accesos de cólera incipientes recurrentes, manifestados verbalmente (rabietas) y/o de comportamiento con agresiones físicas a las personas o hacia sus propiedades.
- La intensidad y la duración pueden resultar desproporcionadas a la situación o provocación.
- Dichos accesos pueden repetirse tres o más veces por semana.

- El estado de ánimo acostumbra a ser irritable o irascible durante la mayor parte del día.

- Dicha irritabilidad es observada por los compañeros de clase, los docentes y los padres.

- Puede manifestarse antes de los 10 años, si no existe otro desencadenante.

- La fatiga y la sensación de pérdida de energía son un síntoma muy frecuente.

- Dificultad para concentrase y sentimiento de inutilidad.

- Sensación de un estado de vacío, pérdida de la felicidad y ausencia de placer.

- La combinación de cinco factores hace que el trastorno se convierta en depresión mayor.

DESAMPARO

Definición:

Saz (2002) facilita su procedencia (del inglés "distress": abandono). Sentimiento de abandono experimentado por alguien, en una situación crítica, que hace necesaria una ayuda exterior. Se puede presentar el desamparo afectivo como respuesta a la partida de la madre. Pérez (2022) basándose en el Código Civil, lo define como una situación que se produce de **hecho**, a causa del incumplimiento o el inadecuado ejercicio de los **deberes de protección** establecidos por las leyes, para la guarda de los menores, cuando éstos quedan privados de la necesaria asistencia moral o material.

Clasificación del DSM-5: *Posible trastorno de apego reactivo, al no ser atendidos debidamente por sus progenitores. APA (DSM-5) 313.89 (F94.1) (265).*

Características:

- Ausencia de una ambiente cálido, acogedor, asistencial y formativo.

- Privación de las necesidades básicas para sobrevivir y crecer integralmente como persona.

- Sensación de abandono en todos los órdenes de la vida.

- Falta de autoestima.

- Ausencia de progreso en todos los ámbitos vitales.

- Denigrante aprendizaje vicario (aprendido de sus padres).

- Sufrimiento por múltiples secuelas: como el **trastorno esquizoafectivo**. Clasificado como trastorno por Asociación Americana de Psiquiatría, *APA (DSM-5) (105)*; **trastornos derivados de un posible apego reactivo**, al no recibir las atenciones necesarias por parte de sus progenitores; o **trastornos relacionados con la conducta alimentaria**, *APA (DSM-5)*. Anorexia nerviosa *307.5 (F50.2) (345).*

DESENSIBILIZACIÓN

Definición:

Saz (2000) lo define como un método terapéutico cuyo objetivo consiste en lograr la desaparición de una sensibilidad anormal. La cual puede ser la presunta causa del malestar ante ciertos agentes, que de por sí acostumbran a ser tolerados sin dificultad por una inmensa mayoría de los sujetos. Para Farré (1999) consiste en una técnica terapéutica de tipo cognitivo-conductual, basada en la inhibición entre la ansiedad y una respuesta contrapuesta. Se trata de construir una jerarquía de estímulos, desde el que provoca menos ansiedad, hasta la circunstancia con mayor poder de respuesta ansiosa.

Clasificación del DSM-5: *No catalogado.*

Características:

- Lograr una relajación muscular.
- Obtener mayor serenidad y adaptación a las circunstancias y/o situaciones.
- Poder superar diversos ítems de las escalas trabajadas con el paciente.
- Conseguir que se vaya controlando la situación.
- Acrecentar la propia autoestima por medio de los logros positivos.

Disforia (de género, en niños y jóvenes)

Definición:

Marcada incongruencia entre el sexo que uno/a siente o expresa y el que se le asigna, de una duración mínima de seis meses. La disforia no sujeta a la consideración de género y acorde con Canda et al. (2009) hace referencia a un estado de ánimo desagradable, con inestabilidad de humor, inquietud, tristeza y ansiedad. La disforia de género no especificada *302.6 (F64.9)* se aplica a presentaciones en las que el clínico no especifica el motivo del incumplimiento de los criterios de una disforia de género. Además, no existe suficiente información para llevar a efecto un diagnóstico más específico.

Clasificación del DSM-5: *306.6 (F64.2).*

Características:

- Manifiesto deseo de pertenecer al otro sexo; insistencia de que alguien pertenece al sexo opuesto.
- En los niños y jóvenes varones (con sexo asignado) se observa una gran preferencia por el travestismo o por simular la indumentaria femenina.
- En las niñas y jóvenes hembras (con sexo asignado) se manifiesta una fuerte tendencia a utilizar únicamente ropa masculina.
- Marcada preferencia por los juguetes, juegos o actividades común y culturalmente practicados por el sexo contrario.
- Amplio deseo de poseer caracteres sexuales del sexo opuesto.
- Notable disgusto con la propia anatomía sexual.
- Estas situaciones conllevan un malestar que provoca un deterioro social, escolar o en otros ámbitos.

Disminución (del apoyo social)

Definición:

Saz (2000) basa el apoyo social en los lazos afectivos que unen unas personas a otras o de un animal con un congénere. Entiende que existen determinados comportamientos que facilitan la proximidad entre las personas, al igual que los vínculos emocionales y sociales, surgidos de tal interacción.

Clasificación del DSM-5: *Exclusión o rechazo social V62.4 (Z60.5).*

Características:

- Clara insatisfacción para el sujeto al quedarse con menos amistades.
- En la adolescencia es fundamental la aceptación del grupo.
- Sentimiento de culpa ("¿qué habré hecho mal?").
- Disminución de la autoestima.
- Posible búsqueda de nuevas amistades en las redes sociales.
- Los niños y jóvenes pueden sentirse obligados a realizar "proezas" en las redes para alcanzar aceptación.
- La realización de actividades "anómalas" "diferentes" o "únicas", puede hacerles caer en peligrosos retos, como el de la "Ballena azul".
- Pueden volverse más introvertidos.
- Pueden verse como "bichos raros" y sentir que nadie los quiere.

- Pueden alimentar **ideaciones suicidas**.
- Hay peligro de que se inicien en las **autolesiones**; antesala del **suicidio**.

Enuresis

Definición:

Emisión repetida de orina en la cama y/o ropa, ya sea de manera involuntaria o voluntaria.

Clasificación del DSM-5: *307.6 (F98.0).*

Características:

- Se considera significativo dicho comportamiento cuando se repite dos veces por semana durante un mínimo de tres meses consecutivos.
- Presencia de malestar clínicamente significativo o deterioro en lo social, académico y/o laboral, u otras áreas importantes del funcionamiento.
- La edad cronológica de la persona debe ser de al menos cinco años o un grado de desarrollo equivalente.
- El comportamiento no se puede atribuir a los efectos de una determinada sustancia o medicina (diurético o similar).
- Tampoco se debe relacionar con una afección médica (espina bífida, epilepsia, diabetes, etc.).
- Se debe especificar si la emisión se origina durante el día, sólo durante la noche o combina los dos subtipos anteriores.

Estrés postraumático

Definición:

Exposición a la muerte, lesión grave o violencia sexual, ya sea real o amenaza, en una (o más) de las formas especificadas a continuación.

Clasificación del DSM-5: *309.81 (F43.10).*

Características:

- Hace referencia a la experiencia directa del suceso traumático.
- Presencia directa del suceso ocurrido a otros.
- Conocimiento de que el suceso ha ocurrido a un familiar próximo o a un amigo cercano. En los casos de amenaza o realidad de muerte de un familiar o amistad, el suceso ha de haber sido violento o accidental.
- Exposición repetida o extrema a detalles repulsivos traumáticos (por ejemplo: socorristas recogiendo restos humanos, policías expuestos a detalles del maltrato infantil, etc.).
- Dichos criterios no se aplican a la exposición de medios electrónicos (televisión, películas o fotografías, a menos que dicha exposición esté relacionada con el trabajo).
- Recuerdos angustiosos recurrentes, involuntarios e intrusivos del suceso traumático.
- En los niños menores de seis años, se pueden producir juegos repetitivos en los que se expresen situaciones traumáticas.
- Malestar psicológico mantenido al exponerse a factores internos que simbolizan o se asemejen a un episodio del acontecimiento traumático.
- Estado emocional negativo persistente (miedo, culpabilidad, vergüenza, etc.).

Fatiga – Síndrome de fatiga crónica

Definición:

DSM-5 (2014) define la fatiga como estado asociado con la debilidad o el agotamiento físico de la persona y/o los recursos mentales. Implica desde un estado de letargo, a una percepción específica de sensación de ardor, inducida durante un trabajo muscular. También se denomina agotamiento, cansancio, letargo, languidez, laxitud y apatía. La fatiga física se manifiesta en la musculatura. La mental, se manifiesta externamente en forma de somnolencia.

Clasificación del DSM-5: *No catalogado.*

Características:

- Denominada encefalomielitis miálgica (fatiga crónica).
- En ocasiones impide realizar actividades normales.
- Las personas que la padecen, desean no salir de la cama.

- Tiene una etiología compleja y variada.

- Afecta a personas de 40 a 60 años.

- Se da con mayor frecuencia en las mujeres.

- Se trata de una fatiga persistente (no mejora con el descanso).

- Dicha situación se aprecia después de realizar un esfuerzo físico o mental.

- Dificulta la conciliación del sueño.

- Se combina el dolor con los mareos.

- Dificulta la concentración y el razonamiento.

FOBIAS – TRASTORNO DE ANSIEDAD POR FOBIAS (FOBIA SOCIAL)

Definición:

Miedo o ansiedad intensa en una o más situaciones sociales en las que el individuo está expuesto al posible examen por parte de otras personas (cuando un alumno tiene que salir al encerado a explicar su trabajo delante de la clase, alzar la mano para aporta alguna idea a la clase, etc.). Martos (2020) define las fobias (del griego "fobos": temor) como una repulsión o pánico, ligada específicamente a un objeto. La fobia en los niños suele ir unida a temores nocturnos y miedo a algunos animales. Van remitiendo con la edad (por ejemplo: el miedo a las serpientes y a las cucarachas).

Clasificación del DSM-5: *300.23 (F40.10).*

Características:

- La persona tiene miedo de actuar de cierta forma, mostrando síntomas de ansiedad que pudieran ser catalogados de forma negativa y sentir vergüenza o humillación.

- En los niños y jóvenes, dichas situaciones sociales generalmente provocan miedo y ansiedad.

- En niños de corta edad, las situaciones citadas, pueden provocarles reacciones diversas (llanto, rabietas, paralizaciones, encogerse, aferrarse o la incapacidad para hablar en situaciones sociales, reuniones, etc.).

- La forma natural de soportar dichas situaciones es la manifestación de miedo o la ansiedad intensa.

- Pero el miedo y/o la ansiedad, acostumbran a ser desproporcionadas a la amenaza real planteada.

- En el citado trastorno, el miedo, la ansiedad o la evitación es persistente durando normalmente, seis meses.

MELANCOLÍA – TRASTORNO DEPRESIVO DE DESREGULACIÓN DESTRUCTIVA DEL ÁNIMO CON CARACTERÍSTICAS MELANCÓLICAS

Definición:

APA (DSM-5, 5.ª Ed.) define la melancolía como un estado mental caracterizado por depresión muy severa (p. 826).

Clasificación del DSM-5: *296.99 (F32.9).*

Características:

- Pérdida del placer por la mayoría de las actividades.

- Falta o ausencia de reactividad a estímulos placenteros. No sentirse mejor, aunque disfrute de buenas noticias.

- Mostrar desaliento profundo.
- Sentirse mal de manera especial, por las mañanas. Despertarse al menos dos horas antes de lo habitual.
- Desaliento profundo.
- Sentirse agitado y con cierto retraso psicomotor.
- Posible anorexia con la consiguiente pérdida de peso.
- Culparse de forma excesiva y desmedida.

Neurosis

Definición:

Schaub y Zenke (2000) sostienen que es una palabra procedente del griego "neuron": célula nerviosa; del inglés: "neurosis"). Hace referencia a un trastorno psíquico que se deja sentir sobre las funciones motoras, sensoriales, vegetativas y/o emocionales.

Clasificación del DSM-5: *300.02 (F41.1) (222).*

Características:

- No se constatan causas orgánicas.
- Provoca cambios anímicos.
- Se le atribuyen conflictos de represión incompleta entre el **yo** y el **ello**.
- Los trastornos neuróticos son bastantes corrientes y se les suele catalogar en cinco categorías: a) **trastornos ansiosos**, **pánico** y **fobia** (caracterizados por un cierto grado de ansiedad generalizada, como ataques de pánico, agorafobia y fobias simples o sociales); b) **trastornos obsesivos-compulsivos** (TOC); c) **trastornos histéricos** (con sus versiones somatizadas); d) **trastornos somatoformes e hipocondría**; y e) **trastornos depresivos y reactivos al estrés**.

Onicofagia

Definición:

Canda et al. (2009) lo entienden como un hábito morboso consistente en morderse las unas de forma reiterada. Dicha actividad se puede entender como una actividad de descarga del estrés acumulado.

Clasificación del DSM-5: *No catalogado.*

Características:

- Deforma la arcada, las encías y el paladar.
- Provoca infecciones favorecedoras de la gingivitis enfermedades periodontales.
- Favorece las aftas y los herpes en la mucosa oral.
- Existen más posibilidades de padecer caries.
- Afecta a la restauración dental.
- Puede provocar la ruptura de la porcelana de las coronas colocadas sobre los dientes y en los implantes.

Pánico - Trastorno

Definición:

Aparición súbita de miedo intenso o malestar profundo que alcanza su máxima expresión en minutos y durante este tiempo, se producen cuatro o más de los síntomas que se citan a continuación.

Clasificación del DSM-5: *300.01 (F41.0).*

Características:

- Palpitaciones, golpeo del corazón y aceleración de la frecuencia cardíaca.
- Abundante sudoración.
- Temblores o sacudidas.
- Apreciación de asfixia y dificultad para respirar.
- Sensación de ahogo.
- Molestias a la altura del tórax y posible dolor.
- Náuseas o malestar abdominal.
- Sensación de mareo.
- Escalofríos y miedo a morir.
- Miedo a perder el control.
- Se puede sentir dolor de cuello y cabeza.

Pesadilla - Trastorno

Definición:

Ensueño angustioso y tenaz que se produce de forma prolongada y repetida. Acostumbra a ser desagradable y se recuerda con facilidad. Implica grandes esfuerzos para "defender" la vida, la seguridad y la integridad personal. Sobreviene en la fase principal del sueño.

Clasificación del DSM-5: *307.47 (F51.5).*

Características:

- Las pesadillas no se deben a efectos psicológicos.
- Cuando el sujeto despierta de dichos sueños, se orienta y permanece alerta.
- La coexistencia de trastornos médicos y trastornos mentales no explica suficientemente la existencia de sueños disfóricos.
- Si las pesadillas duran un período de un mes, se considera un trastorno leve.
- Cuando duran más tiempo (inferior a seis meses) se considera subagudo.
- Si duran seis meses o más, se considera persistente.
- Cuando se producen todas las noches, el problema es grave.

Taquicardias

Definición:

Para Saz (2000) consiste en el incremento de la frecuencia cardíaca. Constituye una respuesta de la alerta y la emoción, mediatizada por el sistema nervioso simpático. Lo contrario, es la bradicardia. RAE (2022) hace referencia a su etimología (procedente del latín "tachycardia", y éste del griego "taxús", "tachýs": veloz; y "kardía": corazón). Frecuencia excesiva del ritmo de las contracciones cardíacas.

Clasificación del DSM-5: *No catalogado.*

Características:

- Sensación de latidos acelerados y fuertes o golpeteos en el pecho (palpitaciones).
- Pulso acelerado: más de 100 latidos por minuto.
- Dolor en el pecho.
- Desmayos (síncopes).
- Posible falta de aire.
- Aturdimiento.

Terrores nocturnos

Definición:

Episodios recurrentes de despertar brusco con terror, que comienzan con gritos de pánico. En dichos episodios, existe un miedo considerable, favoreciendo la alerta máxima y las taquicardias.

Cuando se producen, la persona que los sufre manifiesta una cierta insensibilidad para consolar a la "víctima" de los citados episodios.

Clasificación del DSM-5: *307.46 (F51.4).*

Características:

- Las personas que sufren dichos episodios, no los recuerdan o lo hacen de forma vaga e imprecisa.
- Estas situaciones, pueden causar un malestar clínico o deterioro social y/o laboral.
- La alteración no se debe atribuir a los efectos fisiológicos de algunas sustancias consumidas (medicamentos o drogas).
- La amnesia de los episodios casi siempre está presente.
- El terror nocturno conlleva varias manifestaciones (sudoración, taquicardias o respiración rápida).

Tics - Trastorno

Definición:

Un tic es una vocalización o movimiento súbito, rápido, remitente y no rítmico.

Clasificación del DSM-5: *307.21 (F95.0).* / Trastorno no especificado, código: *307.20 (F95.9).*

Características:

- Tics motores y/o vocales únicos o múltiples.
- Están presentes durante menos un año, desde la aparición del primero.

- Comienza antes de los dieciocho años.

- El trastorno no se atribuye a efectos fisiológicos de una sustancia (por ejemplo: la cocaína).

- Nunca se cumple el criterio de persistente (crónico).

TRASTORNO POR DÉFICIT DE ATENCIÓN

Definición:

Patrón de inatención y/o hiperactividad-impulsividad, que interfiere con el funcionamiento o el desarrollo. Se produce inatención, cuando persisten los síntomas durante seis meses en un grado que no concuerda con el nivel de desarrollo y que afecta directamente a las actividades sociales, académicas o laborales (APA, DSM-5, p. 33).

Clasificación del DSM-5: *314.00 (F90.0).*

Características:

- El alumnado, puede levantarse cuando debería permanecer sentado.

- En ocasiones puede ir asociado con hiperactividad.

- A veces, juega y/o golpea con las manos, puede retorcerse en el asiento.

- Olvida actividades cotidianas normales.

- Manifiesta comportamientos de oposición, desafío, posible hostilidad o fracaso para comprender o llevar a cabo las tareas.

- Puede manifestarse antes de los doce años.

- Puede aparecer cuando el alumnado siente opresión por alguna situación (trastorno de ansiedad, trastorno del estado de ánimo, etc.).

TRAUMAS

Definición:

Schaub y Zenke (2001) analizan su procedencia (del griego "trauma": herida; del inglés "trauma"). Consiste en una sacudida o herida anímica intensa. En determinados traumas anímicos, pueden quedar trastornos favorecedores de la neurosis y deben ser tratados adecuadamente. Canda et al. (2009) sostienen que se trata de un choque emocional que deja huella en el subconsciente. Acontecimiento de la vida del sujeto caracterizado por la intensidad y la incapacidad del sujeto de responder al mismo, de forma adecuada. Provoca trastornos y efectos patógenos duraderos o persistentes en la organización psíquica del sujeto.

Clasificación del DSM-5: *300.4 (F34.10).*

Características:

- Cambios frecuentes de humor.
- Enfado e irritabilidad.
- Abundante confusión.
- Ansiedad y nerviosismo
- Tristeza y poca esperanza.

Tristeza

Definición:

Farré (1999) habla de la tristeza patológica como estado emocional en el que el sujeto se encuentra afligido desanimado o desanimado.

Clasificación del DSM-5: *300.4 (F41.10).*

Características:

- La persona se muestra apagada.
- Tiene poca reactividad emocional.
- Puede manifestar tendencia al llanto.
- Se puede manifestar una baja autoestima.
- Sentimiento de culpabilidad.
- Expresión facial del estado emocional.
- Lentitud de movimientos.
- Tendencia al aislamiento.

Suicidio

Definición:

APA (DSM-5, 5.ª Ed.) lo define como el acto de causar la propia muerte de forma intencionada. Martos (2020) afirma que el suicidio es el acto de quitarse la vida de forma voluntaria. Se sabe que la finalidad de la conducta suicida es la autodestrucción. Supone, en consecuencia, un fallo del instinto de conservación.

Clasificación del DSM-5: *Ansiedad generalizada 300.2 (F41.10) (222).*

Características:

- El pensamiento suicida incluye altas dosis de soledad.
- Los presuntos suicidas no se sienten valorados.
- No se perciben como imprescindibles en el mundo.
- Tienen pocas habilidades sociales.
- Cuentan con pocas estrategias para abordar las dificultades.
- En ocasiones, no soportan la frustración.
- Nadie se dará cuenta si desaparecen.
- Únicamente la muerte les permite "matar" ese dolor interno.

EPÍLOGO ARTÍSTICO

He trabajado con adolescentes durante décadas en muchos temas relacionados con el acoso escolar, las diferentes manifestaciones de este tipo de violencia y las relacionadas con sus múltiples expresiones pudiendo comprobar el crecimiento de este modo de violencia en los centros escolares y también fuera de los mismos a través del acoso en la red.

Se hace necesario señalar la importancia de frenar este tipo de conductas y la necesidad de adoptar posturas proactivas frente a la violencia por parte de toda la sociedad, es por ello por lo que debo agradecer a Emilio Tresgallo y a Lucía Polanco (como ilustradora de todo el volumen), la enorme valentía al abordar este tema desde una perspectiva diferente, haciendo hincapié en la imagen como registro y expresión de esta lacra social. La simbiosis que se produce entre el trabajo de Emilio y la parte visual de Lucía Polanco refleja muy bien todas aquellas situaciones en las que, sin darnos cuenta, empezamos a normalizar la violencia en nuestra sociedad.

En el libro se observa una clara atención hacía la mirada del espectador, el público adolescente, penetra de manera directa invitando a la reinterpretación y análisis de éstas. Dejar de mirar las imágenes y no trazar un pensamiento crítico alrededor de las mismas se hace difícil. Impregna nuestro pensamiento haciéndonos cuestionar las terribles atrocidades que se producen en torno a la violencia de género, el bullying, los agresores, las víctimas, la ley del silencio, la violencia escolar y la propia génesis de la violencia.

Cuando conocí la obra pictórica de Lucía, me atrajo la infinidad de colores que inundaban sus trabajos, o como bien define la autora plástica "El color es vida, y los ojos, la ventana donde la observo". Su obra es extremadamente luminosa y trasmite mucho positivismo. Al verla, sin embargo, tras recibir este libro, empecé a visualizar una obra con un mensaje muy distinto. Su obra está llena de un terrible dramatismo (totalmente justificado), las imágenes, en ocasiones muy duras, trasmiten justo lo que la obra necesita, sensibilizar al público que las observa. Es una obra gráfica muy necesaria con la intención clara de fomentar el impacto visual (en blanco en negro y con trazos que expresan en su misma esencia la violencia) trata de despertar al espectador y junto con la parte pedagógica, ahondar en la búsqueda de un cambio de actitudes.

La sociedad es representada, en la mayoría de las imágenes, cómo partícipe de esta violencia (visible en las figuras de la 21 a la 31; en ellas, la ilustradora representa de una manera directa estas cuestiones). Tampoco deja del lado la violencia que provocan las redes sociales y la tecnología que, en la actualidad, posiblemente sean una de las causas más directas relacionadas con la falta de autoestima, la visión negativa de la autoimagen y el suicidio entre los jóvenes (véanse las figuras de la 36 a la 65).

A mi juicio son destacables, por su impacto visual, las figuras que representan los estados emocionales a los que se puede llegar si no se ponen estrategias al servicio del centro escolar, enfocadas a intervenir como herramientas de protección de nuestro alumnado (véanse las figuras 64 y 65 con alto grado de representación de estos estados anímicos). He de destacar que a pesar de la crudeza de algunas imágenes la ilustradora nos regala (véanse figura 66) una imagen con un gran halo de esperanza, retratando a nuestro alumnado mediador escolar cómo lo que son, héroes que trabajan al servicio de sus iguales, obsequiando al profesorado y al propio alumnado, con una educación en valores inigualable.

El libro que tenéis en vuestras manos es una herramienta muy valiosa para trabajar en el aula y con vuestros jóvenes. Permite reflexionar, sensibilizar y, sobre todo, prevenir la violencia en sus múltiples manifestaciones (acoso escolar, ciberacoso, violencia familiar, violencia de género, etc.) tanto al profesorado, como a las familias y como al propio alumnado.

Sin lugar a duda, el libro es una enorme aportación al mundo de la educación que plasma todos aquellos aspectos relacionados con los valores que puede aprender nuestro alumnado para no seguir perpetrando este tipo de violencia o al menos tratar de identificarlo y frenarlo.

Como educadora y experta, recomiendo este libro ya que representa tanto desde la parte pedagógica de Emilio como Lucia desde la parte creativa de las imágenes, un documento necesario e imprescindible para tratar de identificar, frenar y sobre todo prevenir la violencia en todas sus manifestaciones. Agradecer al autor y a la ilustradora, la posibilidad que me han brindado al poder participar en la lectura y análisis de las imágenes de este libro que estoy segura tendrá una larga trayectoria.

El trabajo conjunto de ambos (autor e ilustradora) es una aportación que en el marco de la educación será recibida con gran necesidad y estima ya que representa un requisito ineludible en la educación de nuestros jóvenes para la llamada educación en valores, muy necesaria en la actualidad.

Lourdes Chesa Carda,
Artista audiovisual.
Experta en Mediación escolar
y Coordinadora de Protección y Bienestar

EPÍLOGO PEDAGÓGICO

Esta obra aborda con esmero el problema de la violencia desde los tres agentes de socialización principales en la actualidad: la familia, la escuela y los medios de comunicación y medios tecnológicos. Estos agentes socializadores son responsables tanto de la transmisión intergeneracional del acervo cultural, como del desarrollo de una identidad.

La irrupción de las plataformas digitales en nuestras vidas ha transformado nuestra forma de interactuar con el medio desde bien pequeños, lo que ha provocado un cambio en los referentes culturales que regulan la conducta e identidad de los miembros de la sociedad. Los estereotipos de género se siguen trasmitiendo no solo a través de chistes y anuncios publicitarios, sino también de los nuevos agentes de socialización, como las redes sociales o los videojuegos. La forma de ejercer el poder entre iguales también ha ampliado su espectro a los medios digitales, cobrando protagonismo la violencia psicológica, la que se genera cuando te sientes amenazado las veinticuatro horas del día, sin escapatoria. En una edad donde todavía no se cuenta con suficientes recursos psicológicos para afrontar la amenaza continua, es posible que no encuentren más salida que la muerte.

Por todo ello, resulta fundamental trabajar desde edades tempranas en la prevención y detección precoz de los distintos tipos de violencia. Sin duda, hoy en día contamos con muchos materiales educativos dirigidos a infancia y adolescencia. Pero las charlas ya no son efectivas. La idea de que una imagen vale más que mil palabras es más necesaria que nunca. Niños y jóvenes están acostumbrados a la estimulación rápida, no se detienen a reflexionar sobre el torbellino de emociones generadas por el aluvión de imágenes consecutivas que ven a lo largo del día en medios digitales. Se necesitan recursos y materiales que lleguen a estos colectivos de forma directa, sin tapujos ni discursos que los lleven a abstraerse en su mundo. Un mensaje impactante que les llegue al corazón y les conecte con sus emociones y experiencias, que les permita transformar su percepción del mundo y transitar hacia actitudes y conductas basadas en el respeto y la igualdad.

Cada vez más centros reconocen la necesidad de abordar la educación emocional para la formación integral de la persona, y la incorporan de forma transversal en las distintas disciplinas. Para todos ellos está dirigida esta magnífica obra gráfica, donde el autor y la ilustradora han puesto el foco tanto en el fondo como en la forma, presentando un conjunto de escenas de rostros sufrientes, que expresan los dañinos efectos de la violencia extrema perpetrada en los ámbitos familiar y escolar, como son la violencia de género, la violencia filio-parental y el bullying o ciberbullying. Cada escena se acompaña, además, de una breve fundamentación teórica donde se define el concepto que se pretende trabajar.

Con cada una de estas imágenes afectivas se pretende impactar al espectador, suscitar emociones para promover reacciones empáticas con la víctima, y contribuir a revertir la desensibilización sistemática cada vez más generalizada en una sociedad cargada de competitividad y abuso de poder. Ofrece muchas posibilidades para trabajar la prevención de la violencia con niños y adolescentes desde su raíz, de manera directa, a través de la educación emocional, ya sea profundizando en un tema en particular o bien de forma completa.

Entre los valores que promueve el libro destacan los siguientes:

- El **respeto** hacia la otra persona, independientemente de su posición social, sexo u ocupación.
- La **valentía** que deben mostrar el alumnado y los espectadores "silentes" que, al no delatar la victimización, también se convierten en cómplices.
- La **igualdad** de género para prevenir la violencia de género desde el origen.

- La **empatía** para situarse en el lugar del otro, especialmente en el lugar de las víctimas que sufren.
- La **responsabilidad** de todos los agentes integrantes de cualquier tipo de violencia.
- La **solidaridad** y el **acompañamiento** que debería existir con todas las personas que sufren violencia.

Ojalá esta obra no se quede solo en imágenes, y sea acogida con ilusión por muchos centros educativos empeñados en contribuir al desarrollo de una sociedad más justa e igualitaria, a través de la nueva figura del Coordinador de Bienestar Emocional.

M.ª Pilar Tormo Irún,
Directora del Máster Universitario en Prevención
e intervención psicológica
en problemas de conducta en la escuela
de la Universidad Internacional de Valencia (VIU)

REFERENCIAS BIBLIOGRÁFICAS

Abadio de Oliveira et al. (2015). Causas del bullying: resultados de la investigación Nacional de la Salud Escolar. *Revista Latino-Americana de Enfermagem, 23* (2), 275-282. <https://www.scielo.br/j/rlae/a/kbysthNprHBwbVCSZpNb5vQ/?format=pdf&lang=es#:~:text=Entre%20las%20causas%2Fmotivos%20del,de%20origen%201%2C7%25>.

Agencia de los Derechos Fundamentales de la Unión Europea (FRA) (2014). *Violencia de género contra las mujeres: una encuesta a escala de la U E*. Oficina de Publicaciones de la Unión Europea, 2014. Viena-Austria. <https://violenciagenero.igualdad.gob.es/marcoInternacional/ambitoInternacional/unionEuropea/instituciones/Otros/FRA/docs/Encuesta_EscalaUE_Principales_Resultados.pdf>.

Albadalejo-Blázquez et al. (2013). ¿Existe violencia escolar en educación Infantil y Primaria? Una propuesta para su evaluación y gestión. *Anales de Psicología, 29* (3) (octubre), 1060-1069. <http://dx.doi.org/10.6018/analesps.29.3.158431>.

Ander-Egg, E. (1997). *Diccionario de pedagogía*. Editorial. Magisterio.

Arslam, S., Savase, S., Hallet, V y Balci, S. (2012). Cyberbullying among primary school students in Turkey: Self-reported prevalence and associations with home and school life. *CyberPsychology, Behavior & Social Networking, 15* (10), 527-533. Doi:10.1089/cyber.2012.0207. <https://www.diva-portal.org/smash/get/diva2:1487555/FULLTEXT01.pdf>.

Aroca, C. (2010). *La violencia filio-parental: Una aproximación a sus claves*. Tesis doctoral, Universidad de Valencia. <file:///C:/Users/Emilio/Downloads/AAIU607585%20(1).pdf>.

Aroca et al. (2014). La violencia filio-parental: un análisis de sus claves. *Anales de Psicología, 30 (1)*. *Versión On-line* ISSN 1695-2294. *Versión impresa* ISSN 0212-9728. <https://scielo.isciii.es/scielo.php?script=sci_arttext&pid=S0212-97282014000100017>.

Asociación Altea-España (2008). *Proyecto: Violence Intrafamiliaridade: Mineurs qui agressent leurs parents*. <https://ruidera.uclm.es/xmlui/bitstream/handle/10578/21380/18.pdf?sequence=1&isAllowed=y>.

Asociación Americana de Psiquiatría (2013). *Guía de consulta de los criterios diagnósticos del DSM 5*. Arlington, VA, Asociación Americana de Psiquiatría.

Asociación Americana de Psiquiatría (2014). *Manual diagnóstico y estadístico de los trastornos mentales (DSM-5)*, 5.ª Edición. Arlington, VA, Asociación Americana de Psiquiatría. <https://www.federaciocatalanatdah.org/wp-content/uploads/2018/12/dsm5-manualdiagnsticoyestadisticodelostrastornosmentales-161006005112.pdf>.

Asociación Nacional de Profesorado Estatal (ANPE) (21 de noviembre de 2021). *ANPE presenta su informe estatal de servicio de Defensor del Profesor del curso 2021/2022*. <https://www.anpe.es/notices/24373/ANPE-presenta-su-informe-estatal-del-servicio-de-Defensor-del-Profesor-del-curso-202122>.

Banks, M. (2007). *Using visual data in qualitative Research*. London SAGE.

Barrera, S. (2020). *Nuestros hijos en la red. 50 cosas que debemos saber para una buena prevención digital*. Editorial Plataforma Editorial.

Basilin, C., Tobeña, R. y Sarasa, M.ª D. (2007). Menores que agreden a sus padres: resultados de la revisión bibliográfica. *Revista de Psicología General y Aplicada, 60* (1-2), 135-148.

Berrocal et al. (2008). Inteligencia emocional en la Educación. *Revista Electrónica de Investigación Psicoeducativa, ISSN. 1696-2095. Nº 15, 6* (2), 421-436. <https://www.redalyc.org/pdf/2931/293121924009.pdf>.

Bisquerra, R. (2003). Educación emocional y competencias básicas para la vida. *Revista de Investigación Educativa, 21* (1), 7-43. <file:///C./Users/Admin/Downloads/99071-Texto%20del%20art%C3%ADculo-397691-1-10-20100316.pdf>.

Bvgpsicologia.com (2022, 8 de enero). *Abulia: Qué es, causas, síntomas y tratamientos*. <https://bvgpsicologia.com/abulia-que-es-causas-sintomas-y-tratamiento/>.

Calmaestra, J. Ortega, R. y Mora-Merchán, J. A. (2008): Las TIC y la convivencia. Un estudio sobre formas de acoso en el ciberespacio. *Investigación en la Escuela, 64*, 93-103.

Calvo, G. y Bejarano, C. (2014). La violencia de género: evolución, impacto y claves para su abordaje. *Enfermería Global, 13* (33) Murcia.

Calvo, G. y Camacho, R. (2014). La violencia de género: evolución, impacto y claves para su abordaje. *Enfermería Global, 13* (33). <https://scielo.isciii.es/scielo.php?script=sci_arttext&pid=S1695-61412014000100022>.

Canda et al. (2009). *Diccionario de pedagogía y psicología*. Editorial Cultural.

Carral, L. (2022). Trastornos de ansiedad y miedos. En Alonso, S. (Coord.) et al., (2022). *Manual de salud mental infanto-juvenil*. Editorial Servicio Cántabro de Salud. <https://www.scsalud.es/documents/2162705/2163013/Manual+Salud+Mental+Infanto-Juvenil+2022.pdf/6684d15d-ba6b-f85f-8fe3-656afcf0a9fb?t=1654605242056>.

Carrasco, N. (2014). Violencia Filio-Parental: características personales y familiares de una propuesta de Servicios Sociales. *Trabajo Social Hoy, 73*, 63-68. DOI: <http://dx.doi.org/10.12960/TSH 2014.0016>.

Castells, P. (2007). *Víctimas y matones. Claves para afrontar la violencia en niños y jóvenes*. Editorial Ceac.

Ceballos, N. y Susinos, T. (2019). Me gusta "la selva" porque es un lugar salvaje, donde puedo esconderme: El uso de la fotografía participativa en las geografías de la infancia. *Documents d´Análisis Geográfica, 65* (1), 43-67. <https://dag.revista.uab.cat/article/view/v65-n1-ceballos-susinos/506-pdf-es>.

Cerezo, F. (2010). *Conductas agresivas en edad escolar*. Editorial Pirámide.

Cerezo, F. y Méndez, I. (2012). Conductas de riesgo social y de salud en adolescentes. Propuesta para una intervención contextualizada para un caso de bullying. *Anales de Psicología, 28* (3), 705-719. Doi: <10.6018/analesps.28.3.156001>.

Chinchilla et al. (2005). *Un fenómeno emergente: Cuando el menor descendiente es el agresor*. Universidad de Zaragoza. <https: www.unizar.es/sociologia_juridica/vionistafamilair /magresor.pdf>.

Copes, et al. (2018). Photo-elicitation interviews whit vulnerable populations: Practical and ethical considerations. *Deviant Behaviors, 39* (4), 475-494. <https: doi.org/10.1080/01639625.2017.1407109>. <https://www.researchgale.net/publication/348876/51_Foto-Elicitacion_e_indagacion narrativa_visual_en_estudio_de_casos_y_grupos_de_discusion#fullTextFileContent>.

Cottrell, B., y Monk, P. (2004). Adolescent-to parent abuse. A qualitative overview of common themes. *Journal of Family Issues, 25* (8), 1072-1095.

Contreras, M. Fresno, A. y Hernández, O. (2022). Violencia filio-parental: Una revisión sistemática de la literatura. *Revista Argentina de ciencias del Comportamiento, 14* (2), 13-36. <file:///C:/Users/Admin/Downloads/Dialnet-ViolenciaFilioParental-8555555.pdf>.

Corominas, J. (1973). *Breve diccionario etimológico de la lengua castellana*. Editorial Gredos.

Cotán, A. y Ruiz. J. A. (Coordinadores) et al. (2021). *Muros de discriminación y exclusión en la construcción de identidades: una mirada de las Ciencias Sociales*. Editorial Dykinson.

Cotán et al. (2022). *Trabajando desde la subjetividad del alumnado: la foto-elicitación y la narrativa audiovisual como instrumento de aprendizaje*. Editorial Octaedro.

Cruz, J. A. (2020). Absentismo escolar en España. Datos y reflexiones. *Contextos educativos, 26*, 121-135. <file:///C:/Users/Admin/Downloads/bibybape,+06_Cruz_121_135%20(1).pdf>.

De la Fuente, E. (2017). Enseñanza de la Matemática por la Mayéutica. *Praxis Investigativa ReDIE, 8* (17), 53-60. <file:///C:/Users/Admin/Downloads/Dialnet-EnsenanzaDeLaMatematicaPorLaMayeutica-6560023.pdf>.

DeVries et al. (2013). The global prevalence of intimate partner violence agaist women. *Scienne Magazine, 340* (6140), 1.527-1.528.

Doménech, M. (2016). *Edúcame bien. 100 respuestas para madres y padres preocupados.* Editorial Debolsillo.

Dueñas, M. L. & Senra, M. (2008). Habilidades sociales y acoso escolar: Un estudio en centros de enseñanza secundaria de Madrid. *Revista Española de Orientación y Psicopedagogía, 20* (1), 39-49.

Edenborough et al. (2008). Living in the red zone: the experience of child-to-mother violence. *Chil and Family social Work,* 13, 465-473. <https://ruidera.uclm.es/xmlui/bitstream/handle/10578/21380/18.pdf?sequence=1&isAllowed=y>.

Eslea et al. (2004). Friendship andlonelines among bullies and victims: Data from seven countries. *Aggressive Behaviour, 30* (1), 70-83.

Etimologias.dechile.net (2001-2023). *Diccionario etimológico Castellano en Línea (DECEL).* <http://etimologias.dechile.net/?valor>.

Farré, J. (1999). *Diccionario de psicología.* Editorial Océano.

Ferrer-Pérez, V.A. y Bosch-Fiol, E. (2019). El género en el análisis de la violencia contra las mujeres en la pareja: de la "ceguera" de género a la investigación específica del mismo. *Anuario de psicología Jurídica. 29* (1), 69-76.

Fundacionamigo.org (2020). La violencia filio-parental en España. <https://fundacionamigo.org/wp-content/uploads/2021/09/vfp2021.pdf>.

Fundación ANAR. *Quiénes somos. Sobre nosotros.* <https://www.anar.org/quienes-somos/sobre-nosotros/>.

Fundación Mutua Madrileña y Fundación ANAR (2020-2021). *III Informe de prevención del acoso escolar en centros educativos en tiempos de pandemia (2020-2021).* <https://www.observatoriodelainfancia.es/oia/esp/documentos_ficha.aspx?id=7603>.

Garaigordobil, M. y Martínez-Valderrey, V. (2018). *CYBERPROGRAM 2.0. Programa de intervención para prevenir y reducir el ciberbullying.* Editorial Pirámide.

GARRIDO, V. Y GALVIS, M. I. (2016). La violencia filio-parental: una revisión de la investigación empírica en España y sus implicaciones para la prevención y tratamiento. *Revista de Derecho Penal y Criminología, 3 Época* (16), 339-374. <http://espacio.uned.es/fez/view/bibliuned:revistaDerechoPenalyCriminologia-2016-16-5035:>.

GOLBERG, X. (2022, 23 de febrero). Violencia de género. ¿Por qué la violencia contra las mujeres es un problema de salud pública? *El País.* <https://elpais.com/salud-y-bienestar/2022-11-23/por-que-la-violencia-contra-las-mujeres-es-un-problema-de-salud-mental-publica.html>.

GONZÁLEZ, J. F. (2003). *Ser padres. Aprende a ser un padre del siglo XXI.* Editorial Edimat Libros.

GONZÁLEZ, N. Y GONZALO, V. (2020). *La emoción de educar. Manual práctico para familias (im) perfectas.* Ediciones Oregón (G.A.).

GOBIERNO DE ESPAÑA. MINISTERIO DE IGUALDAD (2022). *Por una sociedad libre de violencia de género.* <https://violenciagenero.igualdad.gob.es>.

HERNÁNDEZ DE FRUTOS, T. Y CASARES, G. E. (2002). *Aportaciones teóricos-prácticas para el conocimiento de actitudes violentas en el ámbito escolar: Encuesta realizada al alumnado de E.S.O. en Navarra desde una perspectiva de género.* Instituto Navarro de la mujer.

IBABE, I. (2007). *Perfil de los hijos adolescentes que agreden a sus padres. Investigación realizada en la C.A.V.* Gabinete Psikologia eta Portaedra Zeintzjen Metodología Saila. Victoria-Gasteiz, 23, noviembre, 1-2.

IBABE, I. Y JAUREGUIZAR, J. (2011). ¿Hasta qué punto la violencia-parental es bidireccional? *Anales de Psicología, 27* (2), 265-277.

JIMÉNEZ, L. (2020). Repercusiones infantiles de la violencia familiar/doméstica. Familia. *Revista de Ciencias y Orientación Familiar 58*, 99-115. <https://doi.org/10.36576/summa.131285>. ISSN: 1130-8893. <https://revistas.upsa.es/index.php/familia/article/view/126>.

LA BARANDILLA. LA VOZ DE LA DIVERSIDAD. (S/F). *¿Quiénes somos?* <https://www.labarandilla.org/>.

LARROSA MARTÍNEZ, F. (2010). Vocación docente versus profesión docente en las organizaciones educativas. *Revista Electrónica Interuniversitaria de Formación del Profesorado, 13* (4), 43-51.

Ley Orgánica 8/2021, de 4 de junio, de protección integral a la infancia y a la adolescencia frente a la violencia. Ley 9347 de 2021. Por la que se regula la protección de niños y adolescentes, frente a cualquier tipo de violencia. 5 de junio de 2021. B.O.E. Nº 134. Referencia: BOE-A-2021-9347. <https://www.boe.es/eli/es/lo/2021/06/04/8/con>.

Ley 9347 de 2021, Por la que se otorga la Protección integral a la infancia y a la adolescencia frente a la violencia. 5 de junio de 2021. B.O.E. Nº 134. Referencia (BOE-A-2021-9347). <https://www.boe.es/eli/es/lo/2021/06/04/8/con>.

Ley 3296 de 2022, Por la que se establecen la ordenación y las enseñanzas mínimas de Educación Primaria. 2 de marzo de 2022. B.O.E. Nº 3296. Referencia (BOE-A-2022-3296). <https://www.boe.es/buscar/act.php?id=BOE-A-2022-3296>.

LODEIRO, D. (2001). *La violencia simbólica, instrumental y directa en el sistema educativo y en los centros escolares: propuestas de investigación.* Tesis Doctoral, Universidad complutense de Madrid. <http://repositorio.minedu.gob.pe/handle/20.500.12799/1841>.

MARCHESI ULLASTRES, A. & DÍAZ FOUT, T. (2007). Las emociones y los valores del profesorado. *Cuadernos Fundación SM. 5*

MARÍN, A. (2023, 11 de enero). Los niños que sufrieron bullying muestran problemas de salud hasta ahora desconocidos en adultos. *Ciencia.*

MARTOS, A. (2020). *La trastienda de la mente. Claves para detectar los trastornos psicológicos y sanarlos.* Editorial Ediciones Corona Borealis.

MÉNDEZ, I., Y CEREZO, F. (2018). Bullying y factores de riesgo para la salud en estudiantes de secundaria. *European Journal of Education and Psychology, 3* (2), 209-218.

MIRANDA, M. (7 de marzo de 2023). La desigualdad de género también está presente en los algoritmos. *Clínica Universitaria de Navarra.* <https://www.unav.edu/opinion/-/contents/07/03/2023/la-desigualdad-de-genero-tambien-esta-presente-en-los algoritmos/content/CnBM7sduyZOb/44295301>.

MOLINA DEL PERAL, J. A. Y VECINA-NAVARRO, P. (2017). *Bullying, ciberbullying y sexting. ¿Cómo actuar ante una situación de acoso?* Editorial Pirámide.

OLWEUS, D. (1998). *Conductas de acoso y amenazas entre escolares.* Editorial Morata.

OLWEUS, D. (2011). Bullying at school and later criminality: Findinsgs three swedish community samples of males. *Criminal Behabior and Mental Health, 11* (2), 151-156.

OLWEUS, D. (2013). School bullying. development and some important challenges. *Annual Review of Clinical Psychology, 9,* 751-780. <https://doi.org/10.1146/annurev-clinpsy-050212-185516>.

OÑATE, A. PIÑUEL, I. (2007). *INFORME CISNERO X. "Acoso y violencia escolar en España".* Instituto de Innovación Educativa y Desarrollo Directivo (Iieddi). <http://www.acosoescolar.com>.

Oñederra, J. A. et al. (2005). *El maltrato entre iguales, Bullying en Euskadi: Educación Secundaria*. Vitoria-Gasteiz: Gobierno Vasco. Departamento de Educación, Universidades e Investigación. ISSEI-IVEI.

Organización Mundial de la Salud (OMS) (20 de junio de 2013). *OMS afirma que la violencia de género es un problema de salud pública*. Noticias ONU. Mirada global historias humanas. <https://news.un.org/es/story/2013/06/1275001>.

Ortega, R., Calmaestra, J. & Mora-Merchán, J.A. (2008). Cyberbullying. *International Journal of Psychology and Psychological Therapy, 8*, 183-192.

Ortega, F. (2008). *Malos tratos entre escolares: De la investigación a la intervención*. Ministerio de Educación, Política Social y Deporte. Subdirección General de Información y Publicaciones. <https://www.observatoriodelainfancia.es/oia/esp/documentos_ficha.aspx?id=2839>.

Ortega, D. (2015). La violencia filio-parental. ¿Un subtipo de violencia de género? Una revisión bibliográfica de la figura de la víctima. *Revista de Educación Social,* (21), 45-63.

Palacios, I., Alonso, S. y Alonso, L. (2022). Acoso escolar. En Alonso, S. (Coord.) et al., (2022). *Salud mental Infanto-Juvenil*. Editorial Servicio Cántabro de Salud, 342-379. <https://www.scsalud.es/documents/2162705/2163013/Manual+Salud+Mental+Infanto-Juvenil+2022.pdf/6684d15d-ba6b-f85f-8fe3-656afcf0a9fb?t=1654605242056>.

Pareja, J. A. (2002). *La violencia escolar en contextos interculturales. Un estudio de la Ciudad Autónoma de Ceuta*. Tesis doctoral de la Universidad de Granada.

Parrilla, A. y De la Fuente, A. (2013). Foto-voz: la escuela vista por los pequeños. *Revista Infancia: educar de 0 a 6 años, 138*, 22-23. <https://dialnet.unirioja.es/servlet/articulo?codigo=4172543>.

Patró, R. y Limiñana, R.M. (2005). Víctimas de violencia familiar: consecuencias psicológicas en hijos de mujeres maltratadas. *Anales de Psicología, 2* (1), 11-17. <file:///C:/Users/Admin/Desktop/Luc%C3%ADa-Dibujos-/Victims_of_family_violence_Psychological_effects_o.pdf>.

Pedreira, J. L. (2004). La infancia en la familia con violencia: factores de riesgo y contenidos psicopatológicos. *Psiquiatría.com 7*(4). <https://psiquiatria.com/trastornos-infantiles-y-de-la-adolescencia/la-infancia-en-la-familia-con-violencia-factores-de-riesgo-y-contenidos-psico-pato-logicos/>.

Pérez-Camarero, S. (2019). *La violencia de género en los jóvenes. Una visión general de la violencia de género aplicada a los jóvenes en España*. Editorial Instituto de la Juventud. <file:///C:/Users/Admin/Desktop/Luc%C3%ADa-Dibujos-/estudio_violencia_web_injuve.pdf>.

Piñuel, I. (2006). *Estudio Cisneros VIII. Violencia contra profesores en la enseñanza pública de Comunidad de Madrid.* Instituto de Innovación Educativa y Desarrollo Directivo. Defensor del Profesor. Sindicato ANPE-Madrid. <https://eldefensordelprofesor.es/openFile.php?link=documentos/22/estudios_cisneros_viii_t1511269778_22_a.pdf>.

Pérez, M. (2022). *El menor y la situación de desamparo.* Grado en Derecho, Universidad de Valladolid. <https://uvadoc.uva.es/bitstream/handle/10324/59587/TFG-D_01514.pdf?sequence=1&isAllowed=y>.

Punset, E. (2017, 2019). *El libro de los momentos felices. Pensamientos, secretos y hábitos para vivirlos.* Ediciones Destino.

Ramos, S. y Feria, Y. (2016). La noción de sentido de lugar: una aproximación por medio de textos narrativos y fotografías. *Innovación Educativa, 16* (71), 83-110. ISSN: 1665-2675.

Real Academia Española (RAE) (1992). *Diccionario de la Lengua Española* (21.ª ed., tomos I y II). Editorial Espasa.

Real Academia Española (RAE) (2022). *Diccionario de la Lengua Española* (30.ª edición). Edición del Tricentenario. <https://dle.rae.es/abulia>.

Rebollo-Catalán et al. (2022). Recursos que ayudan a las adolescents a recuperarse de una experiencia de violencia de género en el noviazgo. *Revista de Investigación Educativa, 40* (1), 203-208. DOI: <//dx.doi.org/10.6018/rie. 463081>. <file:///C:/Users/Admin/Downloads/463081-Texto%20del%20art%C3%ADculo-1800821-1-10-20220110.pdf>.

Rechea, C., Fernández, E. y Cuervo, A. L. (2008). *Menores agresores en el ámbito familiar.* Centro de Investigación en Criminología. Informe nº 5, 1-8. <https://ruidera.uclm.es/xmlui/bitstream/handle/10578/21381/19.pdf?sequence=1&isAllowed=y>.

Rechea, C., y Cuervo, A. L. (2009). *Menores agresores en el ámbito familiar (Estudio de casos).* Centro de investigación en Criminología. Informe nº 15, 1-80. <https://ruidera.uclm.es/xmlui/handle/10578/21380.

Ricou, J. (2005). *Acoso escolar.* Editorial Rd. Editores.

Rojas-Marcos, L. (2016). *Hablar y aprender. Conversaciones con mi padre.* Editorial Debolsillo.

Rodríguez, N. (2004). *Guerra en las aulas.* Editorial Temas de hoy.

Rubio Hernáez et al. (2019). Bullying y Cyberbullying: la respuesta de las comunidades autónomas. *Revista electrónica Interuniversitaria de Formación del Profesorado, 22* (1), 145-157. Doi: <http://dx.doiörg/10.6018/reifop.22.1.332311>.

Ruiz-Repullo, C. y López-Morales, J. (2020). La coeducación como estrategia para prevenir las violencias machistas. En D. Cobos-Sanchiz et al. (2020) (Eds.). *Claves para la innovación pedagógica ante nuevos retos: respuestas en la vanguardia de la práctica educativa, 4268-4274*. Editorial Octaedro.

Saavedra, C., Martín, A. y López, R.A. (2020). La conexión epistémica entre formación humanista y educación profesional universitaria. *Sophia, colección de Filosofía de la Educación, 32,* 275-295. <https://www.redalyc.org/journal/4418/441869722009/html/>.

Sanitas.es (s.f.). *Onicofagia y estética dental.* <https://www.sanitas.es/sanitas/seguros/es/particulares/biblioteca-de-salud/salud-dental/prevencion/diagnostico/onicofagia.html#:~:text=La%20onicofagia%20es%20el%20h%C3%A1bito,las%20enc%C3%ADas%20y%20el%20paladar>.

Schaub, H. y Zenke, K. (2001). *Diccionario Akal de pedagogía.* Editorial Akal.

Save The Children (2016). Yo a ese juego no juego. Bullying y ciberbullying en la infancia. *Informe de Save The Children* <https://www.plataformadeinfancia.org/bullying-ciberbullying-infancia-informe-save-the-children/>.

Saz, A. (2000). *Diccionario de psicología.* Editorial Libro-Hobby-Club.

Schaub, H. y Zenke, K. (2001). *Diccionario Akal de pedagogía.* Editorial Akal.

Serrano, A. & Iborra, I. (2005). *Violencia entre compañeros en la escuela.* Editorial Centro Reina Sofía para el Estudio de la Violencia.

Stockl et al., (2013). The global prevalence of intimate partner homicide: Asystematic review. *The Lancet, 382* (9895), 859-865.

Tomé, J. (12 de noviembre de 2011). Muchos casos de acoso escolar no se atajan para proteger el buen nombre del colegio. *El Correo.* <https://www.elcorreo.com/vizcaya/v/20111112/pvasco-espana/muchos-casos-acoso-escolar-20111112.html>.

Tresgallo, E. (2020). *Acoso escolar: los graves peligros de las redes sociales. Pautas de intervención.* Editorial Pirámide. <https://www.agapea.com/Emilio-Tresgallo-Saiz/Acoso-escolar-9788436842883-i.htm>.

Tresgallo, E. (2021). *Violencia escolar entre iguales. Tercer Ciclo de Educación Primaria de la Comunidad Autónoma de Galicia.* [Tesis Doctoral. Departamento de Métodos de Investigación y Diagnóstico en Educación II (OEDIP). Facultad de Educación. UNED, Madrid]. <http://e-spacio.uned.es/fez/view/tesisuned:ED-Pg-Educac-Etresgallo>.

Uruñuela, N. (2006). *Estudio sobre la convivencia y conflictividad en las aulas. Análisis conceptual.* Congreso *La disrupción en las aulas.* Editorial Ministerio de Educación y Ciencia.

Urra, J. (2006). *El arte de educar. Mis pensamientos y aforismos.* Editorial La Esfera de los Libros.

Urra, J. (2018). *Educar con criterio. Criterios para educar.* Editorial Salvat.

Urruela, I. (2022). *Violencia filioparental: dinámica internacional entre el sistema familiar y el judicial.* [Tesis doctoral, Universidad Complutense de Madrid].

Velasco, J., Seijo, D. y Vilariño, M. (2013). Consecuencias del acoso escolar en la salud psicoemocional de niños y adolescentes. En R. González Cabanach, R. Fernández Cervanters, R. Arce y M. del Ferradás y C. Freire (eds.), *Psicología y salud II. Salud física y mental,* 113-126. Editorial GEU Editorial.

Watt, T. (2015). *Atlas de las emociones humanas. 156 emociones que has sentido, que no sabes si has sentido o que nunca sentirás.* Editorial Blackie Books.

Zenkov et al. (2014). Picturing Kids and "Kids" as Researchers: Preservice Teachers and Effective Writing Instruction for Diverse Youth and English Language Learnes. *The New Educator, 10* (4), 306-330. DOI: <10.1080/1547688X.2014.965107>. <https://www.researchgate.net/publication/317087177_Picturing_Kids_and_Kids_as_Researchers_Preservice_Teachers_and_Effective_Writing_Instruction_for_Diverse_Youth_and_English_Language_Learners>.

ANEXO

Tabla 32

Detección y medición de los indicios de los distintos tipos de violencia

Ámbitos en los que se produce la violencia	Tipo de violencia detectada	Ítems	Siempre (1)	Frecuentemente (2)	Alguna vez (3)	Rara vez (4)	Nunca (5)
Tabla para la detección de posibles *indicios de violencia de género, filio-parental y bullying*			NIVEL DE INCIDENCIA (señala con una X donde corresponda)				
ÁMBITO FAMILIAR	VIOLENCIA DE GÉNERO	1.- Controla lo que hace su pareja a lo largo del día.					
		2.- Espía las amistades y los lugares que frecuenta su pareja, y se muestra muy posesivo.					
		3.- Durante el noviazgo, ejerce un control férreo sobre su pareja (vigila todos sus movimientos). A veces, le acosa por las redes ("dating violence").					
		4.- Cuando pareja sale de cena con sus amigos, envía continuamente mensajes de control y, en ocasiones, se presenta en el restaurante con falsas disculpas.					
		5.- Fiscaliza la indumentaria que lleva su pareja (falda corta, escotes, etc.).					
		6.- Cuando su pareja no lo ve, supervisa su móvil y/o mensajería instantánea.					
		7.- Impide que su pareja tenga vida social y la aparta de forma progresiva de sus amistades (familiares y amigos).					
		8.- Acusa a su pareja de coquetear o insinuarse a otros. No confía en ella. Y ésta se siente acosada psicológicamente ("Gaslight").					
		9.- Cuando discute con su pareja, siempre necesita salir "victorioso" y anula sus ideas. Lleva a cabo una especie de lavado de cerebro.					
		10.- Culpabiliza a su pareja de su falta de cariño y afecto.					
		11.- Mientras su pareja va al supermercado, consume alcohol con amistades, asumiendo ella todas las tareas domésticas.					
		12.- Cuando terminan de comer, su pareja recoge, mientras que la otra sestea o visualiza una película. No le ofrece ningún tipo de colaboración.					
		13.- Cuando va por la calle con su pareja y alguien le mira, se pone celoso y tiende a pedirle responsabilidades y la culpa de insinuarse.					
		14.- Mi pareja da a entender que siempre tiene razón. No considera mi opinión, ni mis ideas y en ocasiones, me ignora y descalifica públicamente.					
		15.- Cuando su pareja le presenta una posible separación, él la amenaza con chantajes afectivos o con subir a las redes sociales, sus intimidades o las de su familia (un posible "Sexting" o "Stalking").					

Ámbitos en los que se produce la violencia	Tipo de violencia detectada	Ítems	Siempre (1)	Frecuentemente (2)	Alguna vez (3)	Rara vez (4)	Nunca (5)
Tabla para la detección de posibles *indicios de violencia de género*, filio-parental y bullying			NIVEL DE INCIDENCIA (señala con una X donde corresponda)				
ÁMBITO ESCOLAR	BULLYING Y CYBERBULLYING	1.- Cuando los progenitores ponen normas a su hijo, éste no las acepta y reacciona violentamente (desde tierna edad, les da patadas y puñetazos).					
		2.- Cuando no consigue lo que desea, se frustra y golpea los objetos y los muebles, con violencia.					
		3.- Se ofrece la participación en las tareas de la casa, pero las rechazan reiteradamente. Se avergüenzan de los padres y los ningunean.					
		4.- Cuando el hijo asiste al parque, pega y quita los juguetes a los otros niños. Los padres no saben qué hacer, y lo dan por imposible.					
		5.- Cuando le hijo pide un regalo en la calle y lloriquea, se le comparamos, ya que a los padres nos les gusta quedar mal en público.					
		6.- Cuando se hace una visita a la casa amigos, el hijo se muestra hiperactivo (corre por toda la casa, tirando los juguetes de los otros). Ello causa mucha vergüenza en los padres, y no saben qué hacer.					
		7.- Cuando el hijo ofrece contestaciones inadecuadas los padres optan por callar; pues temen ser tachadados de "maltratadores". Así, conforme el hijo crece, dicha actitud se va incrementando.					
		8.- Cuando el hijo pugna por un juguete, trata de conseguirlo por la fuerza, nunca dialoga y se contraría muchísimo, sino lo consigue.					
		9.- El hijo se queda visualizando películas y/o jugando con videojuegos, hasta altas horas de la madrugada. Al día siguiente, se muestra agresivo/a y no rinde en sus estudios en el instituto.					
		10.- Exige dinero para "alternar" con sus amigos, para comprar las últimas novedades en videojuegos y/o para satisfacer sus caprichos. Los padres se sienten maltratados.					
		11.- El hijo se mezcla con malas compañías, y beben, fuman, frecuentan las drogas y practican el absentismo escolar.					
		12.- Desde hace algún tiempo, el hijo falsifica las calificaciones y engaña. Ello supone un maltrato psicológico hacia los padres.					
		13.- El hijo intenta controlar la cuenta bancaria de los padres, llegando a extorsionarlos económicamente.					
		14.- El hijo culpabiliza y responsabiliza de todas sus carencias personales a sus padres.: "Me habéis fallado como padres".					
		15.- El hijo se muestra apático, irritable, egocéntrico y prepotente.					

Ámbitos en los que se produce la violencia	Tipo de violencia detectada	Ítems	Siempre (1)	Frecuentemente (2)	Alguna vez (3)	Rara vez (4)	Nunca (5)
		Tabla para la detección de posibles *indicios de violencia de género, filio-parental y bullying*	NIVEL DE INCIDENCIA (señala con una X donde corresponda)				
ÁMBITO ESCOLAR	BULLYING Y CYBERBULLYING	1.- Cuando regresa del colegio, el hijo llega a casa con la ropa sucia, rota y/o destrozada. Elude dar explicaciones por miedo a su agresor.					
		2.- El hijo hace "novillos" sin motivo aparente. Practica el absentismo escolar.					
		3.- El hijo sale de casa para asistir a clase. Los padres deducen que falta reiteradamente, o se enteran de ello cuando trae las notas de final de trimestre. Figuran muchas faltas de asistencia injustificadas.					
		4.- Antes salía mucho a la calle (fiesta, cine, etc.). Ahora permanece encerrado en casa, y evitar hacer salidas.					
		5.- El hijo comienza a tener tics nerviosos por alguna tensión insospechada.					
		6.- El alumno ha bajado drásticamente el rendimiento académico. Antes, aprobaba con magníficas notas. Ahora suspende varias materias académicas.					
		7.- En clase permanece distraído, ausente y con la vista perdida en el infinito.					
		8.- Ha dejado de lado su higiene personal. Antes se duchaba y se ponía colonia, frecuentemente. Pretendía ligar.					
		9.- Va dejando de lado las rutinas alimentarias. Antes, comía muy bien. Ahora, se niega a ingerir alimentos; pudiendo sufrir anorexia y/o bulimia.					
		10.- Duerme mal y no logra conciliar el sueño adecuadamente. Parece que libra "batallas" con sus enemigos. Se levanta sobresaltado por presuntos terrores nocturnos.					
		11.- No tiene paciencia, discute sin piedad, con sus padres y sus hermanos, cuando regresa de su centro educativo.					
		12.- La víctima padece un alto grado de ansiedad y manifiesta algunas fobias o temores inexplicables.					
		13.- El domingo por la tarde siente dolor de cabeza y/o vientre y no desea que llegue el lunes, por temor a lo que le puedan tener preparado sus agresores.					
		14.- Padece una apatía, o falta de voluntad, para realizar sus tareas escolares o cualquier actividad.					
		15.- Pasa mucho tiempo mordiéndose las uñas, como muestra de la tensión padecida y/o acumulada.					

Ámbitos en los que se produce la violencia	Tipo de violencia detectada	Ítems	Siempre (1)	Frecuentemente (2)	Alguna vez (3)	Rara vez (4)	Nunca (5)
Tabla para la detección de posibles *indicios de violencia de género*, filio-parental y bullying			NIVEL DE INCIDENCIA (señala con una X donde corresponda)				
PUNTUACIÓN PARCIAL (VIOLENCIA ESCOLAR)							
MEDICIÓN DEL NIVEL DE INCIDENCIA, PELIGROSIDAD Y SATISFACCIÓN DE LOS DISTINTOS TIPOS DE VIOLENCIA ABORDADADOS (VG, GFP Y BULLYING)			MUY PELIGROSA Índice de satisfacción (1)	PELIGROSA Índice de satisfacción (2)	DE ALERTA Índice de satisfacción (3)	RECOMENDABLE Índice de satisfacción (4)	ÓPTIMA Índice de satisfacción (5)
PUNTUACIÓN TOTAL							

ASPECTOS A CONSIDERAR SOBRE LA TABLA

La presente tabla pretende evaluar los distintos niveles de violencia, en los tres ámbitos abordados: violencia de género , violencia filio-parental y violencia escolar ("bullying"). Para ello, se presentan 45 ítems (15 relativos a cada modelo de violencia trabajado en la tabla adjunta). Dicha table pretende ser una especie de Test, para que las familias, las parejas, los novios, el alumnado, el lector en general, puedan reflexionar sobre los diversos ítems, y de esta forma, puedan determinar en qué nivel de presunta violencia, se encuentran (muy peligroso, peligroso, de alerta, recommendable u óptimo).

Hay cinco niveles de satisfacción. Nivel 1 (Muy peligroso), nivel 2 (Peligroso), nivel 3 (de Alerta ante el hecho valorado), nivel 4 (Recomendable) y finalmente el nivel 5 (el Óptimo y hacia el que se debe tender).

La persona puede cumplimentar la tabla de violencia. Para ello, puede ir colocando cruces en las respectivas celdas habililitadas para ello. Cuando termina, puede hacer recuento del número de cruces y de la posición que éstas ocupan. Si aparecen en el 1, 2, 3 significa que tiene que mejorar habilidades, conductas, sentimientos, actuaciones. En esta caso, la persona en cuestión, se encuentra en situación de cambio necesario, al llevar a cabo actividades que anuncian una inminente Alerta (nivel de logro 3), Peligrosa (nivel de logro 2) o Muy Peligrosa (nivel de logro 1). Si las cruces aportadas, coinciden en las celdas de Recomendable (nivel de logro 4) indica que dicha persona evoluciona hacia el camino correcto, pero debe seguir progresando, porque debe alcanzar el nivel ÓPTIMO (nivel de logro 5).

1.- NIVELES DE INCIDENCIA

a) **Nivel de logro (1)** ("Muy peligroso") que es negativo y siempre se ha de evitar. En cualquiera de las tres modalidades de violencia que figure, es negativo, dado que, se produce con la máxima intensidad (siempre) y ocasiona actitudes muy peligrosas.

b) **Nivel de logro (2)** ("Peligroso"). No es tan intenso, como el nivel anterior, pero se da con bastante asiduidad. En consecuencia, se debe controlar porque desarrolla actitudes perniciosas y favorece cualquier tipo de violencia.

c) **Nivel de logro (3)** ("Alerta") en el que se debe permanecer en estado de permanente vigilancia, dado que las actividades de violencia, surgen en alguna ocasión y cuando se trata de violencia, nunca se debe dejar ningún resquicio sin programar, ajustar y/o aquilatar.

d) **Nivel de logro (4)** ("Recomendable") porque rara vez se llevan a cabo actividades de agresión hacia la persona de las víctimas. Pero se debe perfeccionar, porque no es el estado recommendable.

e) **Nivel de logro (5)** ("Óptimo"). Se trata del estado ideal. Cuando se está en el mismo, nadie sufre acosos, manipulaciones, y la persona, tiende a pensar por sí misma y a tener todo tipo de autonomía en todos los aspectos de la vida. Se debe de educar a los hijos y al alumnado en esta dirección. Permite, la adquisición de valores y actitudes beneficiosas para los demás (respeto, solidaridad, pensamiento propio, independencia, capacidad crítica y una eutoestima adecuada).

2.- POSIBLES SECUELAS

- En cualquiera de los ámbitos estudiados, se pueden observar facetas negativas para todo tipo de víctimas.
- En el ámbito de la violencia de género desde el noviazgo se observan secuelas negativas para las presuntas víctimas. Rebollo-Catalán et al. (2022) aportan algunas de las principales secuelas emocionales negativas: mayor vergüenza, disminiución de la autoestima, normalización de las conductas machistas en las relaciones íntimas y control por celos (como pueba de amor).

- En la violencia filio-parental también figuran aspectos negativos para los progenitores. Aroca et al. (2014) cita algunos, tales como, los conflictos personales, la frustración, traumas, problemas diversos de pareja, secretismo, vergüenza u otros.
- En la escuela, también se conocen efectos negativos sobre las víctimas de bullying. Marín (2023) señala que el bullying, no es cosa de niños, ya que puede afectar a la víctima de por vida. Además, puede tener repercusiones sobre la salud física y/o psicológica, con graves consecuencias. Indica que afecta a la salud cardio metabólica, provoca cansancio, falta de apetito, problemas para dormir, dolores de estómago y de espalda, jaquecas, mareos, ansiedad y depression, trastornos de pánico y tendencias suicidas.

3.- POSIBLES CAUSAS

Urruela (2022) aporta algunas de las causas posibles de tanta violencia:

- Falta de una educación que forme la conciencia del alumnado.

  Abundancia de conflictos en las relaciones de pareja.
- Vivir en una sociedad muy competitiva, que genera estrés parental.
- Un mayor y más amplio acceso a los bienes de consumo negativos.
- Una sociedad que preconiza el hedonismo y el consumismo.

4.- IMPLICACIONES EDUCATIVAS

- Establecer tareas y asignaciones a todos los componentes del seno familiar, con independencia de su rol y/o su género.
- Favorecer una educación basada en el respeto a la persona, a su autonomía y a los valores personales, éticos y sociales.

- Educar a los hijos para ser libres y defenderse de posibles ataques personales, escolares, sexuales, cibernéticos u otros.
- Ayudar a los hijos a ser únicos y personales, manifestando capacidad crítica.
- Acrecentar desde la familia, los valores de la justicia, la responsabilidad, el respeto mutuo, la libertad del otro y la empatía.
- Enseñar desde la familia y la escuela, a crecer en valores de solidaridad, verdad, justicia, equidad y valentía, para situarse al lado de las víctimas.
- Ser valientes para delatar situaciones de injusticia y ayudar a las víctimas a mejorar su situación de dominio, sumisión y victimización.
- Luchar por mejorar la situación de la mujer en el mundo actual desde la más tierna infancia.
- Educar a los diversos miembros de la familia, en tareas, derechos y obligaciones.

ÍNDICE GENERAL

CAPÍTULO 2

Capítulo 3

Capítulo 4

CAPÍTULO 5

Capítulo 6

Secuelas del bullying 159